A. Wagener Gimeno

Die Pentagramm- und Karmadiagnose

A. Wagener Gimeno

Die Pentagramm- und Karmadiagnose

Ein Schlüssel zu ganzheitlicher Gesundheit

BAUER
Verlag Hermann Bauer
Freiburg im Breisgau

Die Deutsche Bibliothek – CIP-Einheitsaufnahme

Wagener Gimeno, Adolfo:
Die Pentagramm- und Karmadiagnose : ein Schlüssel zu ganzheitlicher Gesundheit / A. Wagener Gimeno. – 1. Aufl. – Freiburg im Breisgau : Bauer, 1999
ISBN 3-7626-0599-8

1. Auflage 1999
ISBN 3-7626-0599-8

Illustrationen: Markus Nies-Lamott, Freiburg i. Br.
Einband: Ralph Höllrigl, Freiburg i. Br.
Satz: Fotosetzerei G. Scheydecker, Freiburg i. Br.
Druck und Bindung: Wiener Verlag GmbH, Himberg
Printed in Austria

Gewidmet meinen Patienten –
die mich stets herausforderten, das Wesen der
Krankheit anders zu betrachten und neue diagnostische
und therapeutische Wege zu suchen.
Sie sind die wahren Verfasser dieses Buches,
denn ohne sie wäre es nie entstanden.

Danksagung

Besonderer Dank gebührt meiner Kollegin
aus den Niederlanden,
Ria Gerritsen, die mich mit Geduld und Liebe vor Jahren
die Pentagrammdiagnose lehrte,
und meiner Kollegin Rosemarie Burkert, die mir mit dem
Redigieren des Manuskripts unermüdlich zur Seite stand.

INHALT

III. Kapitel
Die Pentagrammdiagnose

IV. Kapitel
Die Karmadiagnose

V. Kapitel
Arbeit mit den Chakren, den unsichtbaren Erhaltern unseres Lebens

VI. Kapitel
Hilf deinem Nächsten wie dir selbst

VII. Kapitel
DIE THERAPIE

ANHANG

Vorwort

Alle Bücher dieser Welt bringen dir kein Glück,
doch sie weisen dich geheim in dich selbst zurück.
Dort ist alles, was du brauchst, Sonne, Stern und Mond,
denn das Licht danach du fragst, in dir selber wohnt.

Friedrich Rückert

In meinem Buch werde ich Sie mit einer neuen Methode der Diagnose und der Selbst- und Fremdbehandlung bekannt machen. So neu ist diese Methode allerdings nicht: Ich würde sagen, sie ist unbekannt, aber nicht neu, denn sie wurzelt in jahrtausendealtem Wissen, in der kosmischen Seele. Als ich in meiner Praxis damit zu arbeiten anfing, hatte ich zunächst manche Schwierigkeiten. Mit der Zeit erzielte ich jedoch immer bessere Ergebnisse.

So lassen auch Sie sich nicht entmutigen, wenn nicht alles auf Anhieb klappen sollte!

Ich übergebe Ihnen, liebe Leserinnen und Leser, mit diesem Buch die Summe meiner Erfahrungen, die ich in langen Jahren der Arbeit mit der Pentagramm- und Karmadiagnose habe sammeln können. Mögen sie auch für Ihr Leben – sei es als Behandler oder nach ganzheitlicher Gesundheit Strebender – bald Früchte tragen.

Santa Cruz de Tenerife
im Herbst 1998

Einführung

Über die Notwendigkeit, sich genauer zu erkennen

Auf den nächsten Seiten werde ich Sie mit »anderen« Methoden der Diagnostik und der Therapie bekannt machen. Sie sind sicher nicht neu, denn alle wurzeln in uralten (Er)Kenntnissen. Sie sind auch nicht alt, denn sie waren immer da. Für manche Leser werden sie mindestens zum Teil bekannt sein, für andere – so hoffe ich – eine Herausforderung.

Die *Pentagramm- und Karmadiagnose* ist ein leichter Weg zur Selbsterkenntnis, eine Einladung für den Ausflug zum eigenen Selbst. Das Ziel ist der energetische Ausgleich der Chakren als Pfad zur Vereinigung mit dem Kosmos in uns. Pentagramm- und Karmadiagnose sind Teil der sanften Medizin. Sie sind für Fachleute und Laien gleichermaßen geeignet, und ihre Hilfe ist angenehm, sanft und wirksam wie die Frühlingssonne. Diese Diagnoseformen gründen auf Weisheiten, die waren, sind und sein werden – denn vor der Dunkelheit war das Licht, vor der Armut der Überfluß, vor der Krankheit die Gesundheit.

Rufen Sie sich Tagores Worte ins Gedächtnis: »Wenn du nachts die Abwesenheit der Sonne beweinst, werden deine Tränen dich daran hindern, die Schönheit der Sterne zu sehen.« Halten Sie diese fest in Ihrem Herzen; denn vor der Schöpfung schon waren die Gedanken der Liebe und der Schönheit, die wahren Wege zu dem, wo alles ruht seinen Ursprung hat – auch die Gesundheit!

Lassen Sie sozusagen die Hubbrücke in Ihrem Inneren herunter, und gehen Sie frohen Herzens zum anderen Ende, zu sich selbst, hinüber. Übernehmen Sie die Verantwortung für Ihr Leben und Ihre Gesundheit, dann werden Sie heil sein!

Die Pentagrammdiagnose ist nur dazu da, uns auf unsere Schwächen aufmerksam zu machen: Die Handhabung und Transformation derselben liegen in unserer Verantwortlichkeit.

Es ist wichtig, den Hauptunterschied zwischen Pentagramm- und Karmadiagnose zu erkennen. Die Pentagrammdiagnose macht auf Schwächen aufmerksam, die wir – zum Teil von unseren Vorfahren – in latenter Form in die Welt mitgebracht haben und die ausbrechen *könnten.* Die Folge davon wäre die Krankheit. Die Karmadiagnose dagegen erinnert uns an die Aufgabe, die wir uns selbst für diese Inkarnation ausgesucht haben. Sie erinnert uns daran, unserem Ziel so nahe wie möglich zu kommen oder es gar zu erreichen. Diese Diagnoseformen haben also verschiedene Informationswerte. Die erste zeigt genetische Möglichkeiten, die ein Teil unseres Seins sind, eine Prägung, die wir nach der Geburt nicht mehr ändern können. Die zweite dagegen erinnert uns an eine freiwillig gewählte Aufgabe, die wir nach Wunsch erledigen oder aber vernachlässigen können. Frei nach Goethe: Das zweite steht uns frei, beim ersten sind wir Knechte!

Wollen wir uns vorbeugend selbst behandeln, ist es wichtig, etwas über die Neigungen, Schwächen und Belastungen, die wir in dieses Leben mitgebracht haben, zu erfahren und unsere wahre seelische Struktur zu erfassen. Der tiefe Sinn einer Selbstbehandlung ist, alles zu bereinigen, was uns im Wege steht, inneren Frieden und innere Harmonie zu erreichen. Dazu will dieses Buch einen Beitrag leisten. Wenn wir zusätzlich noch gezielte therapeutische Maßnahmen brauchen, sollen wir dies stets dem fachkundigen Arzt oder Heilpraktiker überlassen.

Sobald wir über die Pentagrammdiagnose und die Zahlenwerte der Karmadiagnose Antwort auf unsere Fragen erhalten haben, sind wir in der Lage, die Richtung der Störungen zu entdecken und den Weg zur wahren, ganzheitlichen Genesung zu beschreiten.

Durch die Arbeit mit dem Pentagramm und mit den Zahlen bekommen wir auf sehr einfache Weise Informationen über

- genetisch belastete Organe,
- ggf. therapiebedürftige Chakren (und somit Organe) und
- die Stärken und Schwächen der Seele, sprich des eigenen Charakters.

Zwischen Chakren, Akupunkturmeridianen und Organen besteht eine Verbindung und somit eine gegenseitige Beeinflussung. Blockierte Chakren beeinflussen die Organe negativ, genauso wie nicht richtig funktionierende Organe unsere Energie-Zentren in ihrer Arbeit belasten. Deshalb sollten wir alles, was mit unserem Körper und seinen Funktionen zu tun hat, in diesem größeren Zusammenhang sehen.

Mittels der Pentagramm- und Karmadiagnose gefährdete Bereiche zu erkennen oder manifest gewordenen Störungen auf die Spur zu kommen verkürzt unsere Arbeit erheblich und ist auch eine unschätzbare Hilfe als Ergänzung anderer diagnostischer Methoden und Befunde. Arbeiten wir mit ihnen - ohne andere Methoden, die ebenfalls notwendig sein könnten, zu vergessen -, haben wir damit nicht nur die Krankheitsgeschichte untersucht, also eine Anamnese erhoben und alle ursächlichen Informationen gesammelt, sondern auch eine Art Untersuchung durchgeführt und die therapeutische Richtung erfahren. Die klassische medizinische Anamnese, die daraus besteht, dem Behandler Informationen über uns mitzuteilen, brauchen wir bei diesem Ansatz nicht, und die momentanen Beschwerden sind uns selbst ohnehin bekannt.

- Es sei aber schon hier ausdrücklich darauf hingewiesen, daß bei jeder ernsthaften oder längerdauernden Störung der Arzt oder Heilpraktiker hinzugezogen werden sollte!

Doch auch in dieser Anamneseerhebung gelten die gleichen Prinzipien wie bei der »Fachanamnese«: Je genauer unsere diesbezügliche Arbeit ist, desto brauchbarer sind auch die Informationen, die wir dadurch bekommen.

I. Kapitel

Eine Gute Diagnose ist die halbe Heilung

Vermesse dich, die Pforten aufzureißen,
an denen jeder gern vorüberschleicht!
Goethe

1. Die heutige Denkweise der Medizin und die traditionelle Diagnose-Erhebung bewirken häufig nur eine Behandlung der Symptome

»Guten Morgen, meine Damen und Herren! Vergessen Sie nicht, daß eine gute Diagnose, also das Erkennen der Krankheit, eine halbe Heilung ist!« Mit diesen Worten eröffnete einer unserer Lehrer in der Heilpraktiker-Fachschule seine Unterrichtsstunde. Für ihn war diese wöchentliche Eröffnung des Unterrichts fast eine rituelle Handlung, eine Ermahnung. Er versuchte, uns durch ständige Wiederholung diese Offenbarung einzuprägen. Die Tiefe dieser Worte erkannten wir jedoch erst, als wir selbst in der täglichen Praxis mit dem Phänomen namens »Krankheit« konfrontiert waren.

Für mich wurde die Frage: »Wie stellt man eine richtige Diagnose?« zum Hauptbestandteil meiner 22jährigen Arbeit als Heilpraktiker. Diese Frage gebar andere, wie z.B.: »Was soll die Diagnose erfassen?«, »Wie tiefgreifend soll sie sein?«, »Soll sie spezifisch – d.h. symptomorientiert – oder generell verstanden werden?« und »Was soll ich mir unter einer generell verstandenen Diagnose vorstellen?« Diese Fragen verursachten andere, und jene wieder neue usw. Später wurde mir klar, daß ich dieses Problem erst dann lösen konnte, wenn ich die wahre Tragweite des Begriffs »Krankheit« und deren Entstehung erkannte.

Meine Erfahrungen zeigten mir bald, daß es nicht genügt, die Krankheit als *Konglomerat* von Symptomen zu betrachten, wenn ich ein klares Bild davon bekommen wollte, was dem Patienten tatsächlich fehlt. Bei dieser Betrachtungsweise blieb die Kausalität des Geschehens im Dunkel verborgen. Um die Ursache zu finden, mußte ich eine tiefgreifende

Eigen- und Familien-Anamnese erheben. Da aber eine wirklich brauchbare Information in der Anamnese äußerst selten von Patienten geliefert wird bzw. geliefert werden kann, befand ich mich in einem Teufelskreis, den ich nicht so schnell durchbrechen konnte.

Langsam distanzierte ich mich von der orthodoxen Meinung, daß Krankheit nur eine Unausgeglichenheit des Stoffwechsels darstellt, die die normalen Funktionen des Körpers aus dem Gleichgewicht bringt, und daß die pathologische Reaktion des Organismus sich ausschließlich im physischen Bereich äußert. Dieses Denken, das sich nur mit der Wirkung von Ursachen (jedoch nicht mit den Ursachen selbst) befaßt, wurde mir persönlich unerträglich. Mehr und mehr neigte ich dazu, den physischen Körper als eine Art Fußballplatz zu betrachten, auf dem energetische Unzulänglichkeiten und seelische »Defekte« die Tore machen.

Für mich wurde klar, daß die klassische Denkweise der Medizin und die traditionelle Methode der Diagnose-Erhebung nur in eine Behandlung der Symptome münden kann, die häufig eine ineffiziente »Übertherapierung« nach sich zieht. Die Ursache – der wahre Urheber der Erkrankung – findet in dieser Methode keine Berücksichtigung.

2. Voraussetzung für eine gute, ganzheitliche Diagnose ist u. a. eine tiefgreifende Anamnese

Ein Beispiel: Gallensteine verursachen ein Gefühl des Unwohlseins, Unverträglichkeit mancher Lebens- und Genußmittel, Neigung zu Blähungen, Völlegefühl u. ä. Konzentriert man sich aber nur auf diese Symptome, wird die wahre Ursache für die Gallensteine selbst unerforscht bleiben. In meiner Praxis habe ich mehr als einmal erlebt, daß Patienten, die eine operative Behandlung dieses Leidens hinter sich hatten, später Nierensteine entwickelten! Operiert werden muß zweifelsohne, wenn die Steine Leben und/oder Gesundheit gefährden. Aber was kann man tun, um die Entstehung der Steine zu vermeiden, d. h., wie kann man erkennen, was es ist, das in der *gesamten* Struktur eines Menschen vorliegt und die Bildung von Steinen verursacht? Diese Patienten sind in der Regel verbittert, hart – besonders gegen sich selbst – und häufig von falschem Stolz erfüllt. Wo kommt diese seelische Struktur, die für die Bildung von Steinen im Körper mitverantwortlich ist, her?

Natürlich plädiere ich nicht dafür, jede Anamnese-Befragung ad absurdum zu führen. Ich bin für eine Anamnese, die alle menschlichen

Ebenen einschließt. Es ist wirklich unbefriedigend, eine Diagnose, die nur auf momentanen Symptomen, einer meistens unvollständigen Eigen- und Familien-Anamnese und ein paar ergebnislosen oder nur unvollständige Informationen ergebenden Untersuchungen beruht, kritiklos zu akzeptieren! So, wie eine gute Diagnose schon die halbe Heilung ist, ist auch eine umfassende Anamnese die halbe Diagnose.

Der Vorteil der Pentagrammdiagnose ist, daß sie - wie wir später sehen werden - sowohl Diagnose als auch Anamnese der erblich bedingten Störungen und Tendenzen darstellt. Diese Methode bliebe aber auch nur ein Teilchen des Puzzles, wenn wir sie nicht mit den anderen Verfahren, die zum Aufspüren der Ursachen einer Erkrankung führen, bereichern würden. Alles spielt eine Rolle, und alles muß an seinem Platz sein.

Die anderen Komponenten, die unbedingt zu einer ganzheitlichen Diagnose gehören, sind die karmischen, die häufig genug die tiefliegendste Ursache darstellen. Diesbezüglich haben wir heutzutage unter manchen medizinischen Mißverständnissen zu leiden. Meine Erfahrung hat mir gezeigt, daß karmabedingte Anomalien immer wieder mit Geisteskrankheiten verwechselt werden. Es ist sicher oft nicht einfach, das eine vom anderen zu unterscheiden. Dennoch führt eine diesbezügliche Unterscheidung zur Klärung und somit zur Heilung von Situationen, die auf den ersten Blick als unheilbar betrachtet werden. Ich spreche von Situationen und nicht von Krankheiten, weil ich meine, daß hier keine Krankheit vorliegt, sondern eine Verwirrung der Seele auf ihrem Weg zur Lösung des karmischen Auftrags.

In meiner Praxis habe ich erhebliche Erfolge beobachten dürfen, als ich diese »Geistesstörung« durch Rebirthing oder Pastlife-Arbeit behandelte, denn diese seelischen (nicht geistigen!) Störungen beruhen häufig auf Mustern und/oder Prägesituationen, die durch einen Schock in diesem oder einem früheren Leben entstanden sind und heute Hindernisse auf unserem Weg darstellen. Zur Klärung dieser Situation leistet die karmische Diagnose, die von der Pentagrammdiagnose nicht getrennt werden darf, uns bei medizinischen Problemen eine großartige Hilfe.

Wir müssen uns bei medizinischen Problemen stets vor Augen halten, daß die Seele den Körper beeinflußt und der Körper die Seele. Gerade hier erkennen wir die Wichtigkeit einer Anamnese, die *alle* diese Komponenten einschließt. Denn beschränken wir uns, wie es heute leider oft noch Brauch ist, auf die Symptome, kommt der Tag, an dem der Patient - durch fehlgeschlagene Behandlungsversuche desillusioniert – nicht mehr ein noch aus weiß und der Behandler in tiefster wissenschaftlicher Finsternis tappt.

Lassen Sie uns zusammenfassen:

Eine wirklich effektive Anamnese, die die unentbehrliche Voraussetzung für eine brauchbare Diagnose ist, muß aus folgenden Teilen bestehen:

- Erfassung der Symptome
- individueller Anamnese
- Familien-Anamnese
- Anamnese der erblich bedingten Störungen und Tendenzen (Pentagrammdiagnose)
- karmischer Anamnese (karmischem Einfluß)

Der karmische Einfluß besteht wiederum aus der karmischen Aufgabe, d.h. dem Ziel der Seele in der jetzigen Inkarnation, und den Möglichkeiten, die uns bei der Geburt mitgegeben worden sind, um diese Aufgabe zu meistern. Diesen Sachverhalt den Patienten zu erklären und deutlich zu machen stellt schon einen erheblichen Bestandteil der Behandlung dar!

3. Krankheit ist ein Alarmsignal unserer Seele

Aufgrund meiner diesbezüglichen Erfahrungen behaupte ich, daß die Unfähigkeit und manchmal auch der Mangel an Bereitschaft, den Karma-Auftrag zu erfüllen, der sicherste Weg zu Krankheiten jeder Art ist. Der Mensch ist nicht immer fähig, selbst zu erkennen, wenn er auf dem Weg stehengeblieben ist oder wenn er diesen verlassen hat. Hier ist Hilfe vonnöten! Wir sollten uns stets erinnern an die Worte des großen Arztes Paracelsus: »Krankheit ist ein Zeichen dafür, daß du oder deine Vorfahren den Weg verlassen habt« und an die Mahnung von Dr. Arthur Janov, daß Krankheit das Verleugnen des Fühlens ist. Diese Gedanken haben zu unrecht ihren Platz in der heutigen Medizin verloren. Die Alarmzeichen werden häufig unter »vegetativer Dystonie« ad acta gelegt oder mit der Empfehlung, Urlaub zu nehmen, abgetan. Und der Kranke selbst hat in der Regel die Fähigkeit verloren, die Sprache der Seele zu erkennen.

So sind die allerersten »Meldungen« einer Krankheit die Ermahnungen der Seele, die sich als Unruhe, Unzufriedenheit, Depression und

Verlust der Zentriertheit kristallisieren. Wenn diese Alarmzeichen nicht verstanden und rechtzeitig behandelt werden, düngen sie den Boden, aus dem die körperlichen Beschwerden entstehen. Später nehmen sie Form an, anfangs leise, dann oft mit vulkanischer Gewalt. Zuerst versucht der Mensch, sich zu zerstreuen, um die innere Unruhe und Unzufriedenheit zu beseitigen oder gar zu meistern. Vergeblich! Arbeitswut, Zigaretten, Alkohol, sogar Drogen können sich dann in die tägliche Routine einschleichen. Die Lawine hat sich in Bewegung gesetzt, die energetischen Verhältnisse und somit auch die Funktion der Chakren werden gestört, eine unaufhaltsame, destruktive Tätigkeit hat begonnen. Sie greift zuerst jene Organe an, die genetisch schwach sind. Der Rest ist bekannt.

4. Ätiologie und Diagnose sind nicht zu trennen

Die erste Frage, die man sich in bezug auf die Anamnese stellen muß, lautet: »Wo kommt meine/seine/ihre Krankheit her?« Ich sage »meine/seine/ihre« und nicht »die«, weil eine Krankheit eine Störung der Privatsphäre des Individuums darstellt, jedoch häufig auch eine Inbesitznahme von niedrigen, negativen Schwingungen bzw. Energien, denen wir meist unbewußt erlauben, in uns zu agieren. In jedem Fall ist sie privat, intim, einmalig, denn so, wie jeder Mensch ein unwiederholbares Einzelwesen ist, so sind es auch seine Krankheiten. Dadurch wird deutlich, daß eine Diagnose privat, intim, einmalig und allumfassend sein muß.

Betrachten wir das Mysterium der Diagnose aus diesem Blickwinkel, sehen wir, daß die Begriffe *Ätiologie* – als Erforschung der Krankheitsursache – und *Diagnose* unzertrennbar sind. Dadurch rücken wir dem Problem näher, und manche Schatten und Rätsel offenbaren sich allmählich. Es ist notwendig, wollen wir das Phänomen Krankheit richtig verstehen, sie als »Korrektur«, als *Weg*, d.h., karmisch bedingt oder zumindest gefärbt zu verstehen.

Wenn wir uns auf die Definitionen der Krankheit durch Paracelsus und Janov stützen, dann entsteht die Krankheit durch unsere Unfähigkeit, den Karma-Auftrag zu bewältigen, und durch unser Unvermögen, zu fühlen. Diese Fakten, die wir nicht länger ignorieren sollten, machen die Ergänzung der Diagnose über den Rahmen der Schulmedizin hinaus absolut unentbehrlich.

Wenn wir uns mit den eigenen Krankheiten objektiv auseinandersetzen und hinter die Kulissen der lästigen Symptome schauen, werden wir erkennen, in welchem Stadium unseres Karma-Auftrages wir stehengeblieben sind. Somit fand ich es immer von primärer Bedeutung, die karmische Aufgabe und die genetischen Belastungen, also die schwachen Punkte des Patienten diagnostisch zu erfassen.

Daß ich so hartnäckig auf dem Gesagten bestehe, hat einen Grund: Die Äußerung Hahnemanns, des Begründers der Homöopathie, »Wage zu wissen« darf nicht als homöopathische Reliquie verstanden sein. Wir müssen danach denken und danach handeln! Die Notwendigkeit, sich mit diesen Aspekten zu beschäftigen, führen uns immer und immer wieder jene Patienten vor Augen, die alle Untersuchungen über sich ergehen ließen, ohne eine Erklärung für ihre sogenannte »Krankheit« zu finden. Um zu verstehen, daß die Unvollständigkeit mancher Untersuchungen zwangsläufig zu einer falschen oder unvollständigen Diagnose führt und daß es notwendig ist, anamnestisch/diagnostisch tiefer zu graben, wollen wir im folgenden die Entstehung einer Krankheit präziser betrachten.

5. Die Krankheit manifestiert sich in drei Phasen

- Allgemeine energetische Störungen:
  Die Vitalenergie, in anderen Kulturen auch Prana, Ch'i oder Ki genannt, erreicht das Zielorgan nur unvollständig. Diagnostisch wird dies offenkundig, weil der Patient über Beschwerden klagt, die sich wiederholen. Diese Beschwerden treten sporadisch auf und erscheinen bzw. verschwinden ohne einen ersichtlichen Grund oder sonstige Logik. Weisen die Patienten keine klinischen Abnormitäten auf (was meistens der Fall ist), dann können wir sicher sein, daß wir es mit einem Energie-Mangelzustand zu tun haben.
- Funktionelle Störungen:
  Die Beschwerden sind stets präsent, meistens jedoch ohne klinischen Befund.
- Organische Störungen bzw. klare Krankheitsbilder:
  Das Organ ist in irgendeiner Form geschädigt. Seine normale physiologische Arbeit kann nicht mehr aufrechterhalten werden. Die Krankheit ist jetzt klinisch faßbar.

  Dies bedeutet: Organische Störungen entstehen durch eine eingeschränkte Funktion des Organs; ein funktioneller Verlust/Mangel ist vorhanden. Dieser tritt aber erst ein, wenn die Energieversorgung des Organs unvollständig ist, und da die energetische Versorgung des Organismus den Energiezentren (Chakren oder Chakras genannt) unterliegt, müssen wir die Arbeitsweise der Chakren verstehen und sie in die Pentagrammdiagnose mit einbeziehen.

6. Früherkennung der Krankheiten

Bereits in der ersten Phase, bevor klare Krankheitsbilder sichtbar sind, finden wir mit Hilfe der Pentagrammdiagnose und durch eine Analyse der Chakren-Situation Anzeichen der Krankheit.

Die Unfähigkeit der herkömmlichen diagnostischen Methoden, von denen oben die Rede war, bedeutet, daß man heute kaum in der Lage ist, die Erkrankung in ihrer ersten Phase (Inkubationszeit) zufriedenstellend zu diagnostizieren. Aber gerade in dieser Phase finden wir so viele Anzeichen für unsere karmischen Probleme!

Der karmische Auftrag besteht darin, in jeder Inkarnation mindestens eine negative Eigenschaft zu verwandeln.

Die totale Integration eines Menschen in die kosmischen Gesetze, kann wie eine endlose Aufgabe aussehen. Aber wir dürfen hierbei nicht vergessen, daß auch wir zu jener Dimension gehören, in der Raum und Zeit nicht existieren und die nur aus dem Prinzip der *reinen Liebe* handelt, lebt und ist. Dieses Prinzip der selbstlosen Liebe gibt uns jede Möglichkeit der Erkenntnis und der Integration, und diese Möglichkeiten haben wir durch eine Analyse der Chakren-Situation, denn die Chakren sind nicht nur Energie-Transformatoren, sondern auch der konkave Spiegel, der unsere Aufgabe und unsere Möglichkeiten offenbart. Besonders jene negativen Eigenschaften, die wir in der jetzigen Inkarnation zu verwandeln haben, werden hier deutlich sichtbar, wie es in den Kapiteln II (»Die Zahlen sind verborgene Ratgeber«) und IV (»Die Karmadiagnose«) ausführlich dargelegt wird.

Die Kenntnisse, die wir durch die ganzheitliche Pentagramm- und Karmadiagnose erwerben, befähigen uns auch, anderen zu helfen, ihre Lebensaufgabe zu erfüllen. Doch dies kann nur gelingen, wenn wir uns dem Willen des Kosmos ergeben, wenn wir um seine Genehmigung ersuchen, helfen zu dürfen, und wenn wir seine Gesetze respektieren.

Kehren wir kurz zurück zur Krankheitsentstehungs-Theorie. Mit der auf Seite 24 gegebenen Definition über die 3 Phasen der Entstehung der

Krankheit ist es nicht gänzlich getan, denn die Frage nach der Kausalität, die die Abschwächung der Energie und deren verheerende Folgen verursacht, bleibt immer noch offen. Ich bin überzeugt, daß eine Krankheit ein Zusammentreffen von Situationen darstellt, die sich in einem unglücklichen Moment innerhalb der seelischen Strukturen eines unglücklichen Menschen zusammentun, um einen unglücklichen Prozeß ins Leben zu rufen. Bitte verstehen Sie diese Definition nicht als Wortspiel oder rhetorische Kapriole. Die Erfahrung lehrt, daß eine Krankheit nur auf dem Boden des Unglücksgefühls und der Unzufriedenheit gedeihen kann. Ich wage zu glauben, daß manche unheilbaren Krankheiten nur deshalb entstehen, um der unerträglich gewordenen Last des irdischen Lebens zu entfliehen. Eine salonfähige Variante des Selbstmordes also?

7. Erst wenn wir die tief verborgene Ursache gefunden haben, die manchmal nur durch die Karmadiagnose offenbar wird, ist Heilung möglich

Ungeachtet dessen, wie wir das Phänomen Krankheit betrachten, sicher ist, daß jede Erkrankung aus verschiedenen Komponenten oder Sphären besteht und deshalb nur richtig diagnostiziert werden kann, wenn wir über eine diagnostische Methode verfügen, die allen diesen Ebenen gerecht wird. Ohne eine exhaustive Diagnose, die eine tiefgreifende Behandlung ermöglicht, wird eine vollständige Heilung immer fraglich bleiben.

In meiner Praxis durfte ich manchmal feststellen, daß auch bei Patienten, bei denen alle klinischen und außerklinischen diagnostischen Methoden inclusive der Pentagrammdiagnose übereinstimmten – und somit die Diagnose als richtig gelten mußte –, die Heilung ausblieb. In diesen Fällen blieb mir nichts anderes übrig, als die diffizile Ebene der Karmadiagnose zu betreten. Manchmal fand ich hier die Gründe des ausgebliebenen Erfolgs. Und erst dann, wenn wir die tiefverborgene Ursache gefunden haben, können wir heilen, es sei denn, daß der Patient aufgrund kosmischer Bestimmungen diese Krankheit durchmachen muß.

Ist dies der Fall, dann hat man sich – als Behandler – dem Willen des Schöpfers zu beugen ... und dennoch alles zu versuchen (man weiß nie, ob das therapeutische Versagen durch eigene Unfähigkeit oder durch höhere Bestimmungen geschieht), um am Ende in Demut alles so gehen zu lassen, wie es Gott gefällt.

II. Kapitel

Die Zahlen sind verborgene Ratgeber

Das ist Magie: Außen und Innen vertauschen, nicht aus Zwang, nicht leidend, sondern frei, wollend. Rufe Vergangenheit, rufe Zukunft herbei: beide sind in dir! Du bist bis heute der Sklave deines Inneren gewesen. Lerne sein Herr sein! Das ist Magie.

H. Hesse

1. Die uralten Wurzeln der Pentagramm- und Karmadiagnose

Bevor wir uns in die Pentagramm- und Karmadiagnose vertiefen, möchte ich eine kurze Einführung geben, um Mißverständnisse und Irrtümer bei der Anwendung zu vermeiden: Die Grundlage der Diagnose ist die Numerologie.

Die *Numerologie* (ein Teil der jüdischen Mystik, der Kabbala) ist ein mystisch-arithmetisches System, das seit über 11 000 Jahren existiert. Niemand kann mit Gewißheit sagen, wo und wann sie zum erstenmal das Licht der Welt erblickte und ob schon Völker der Antike sie als Orakel benutzten oder nicht.

In die Erforschung der Psyche wurde die Numerologie erst im 6. Jh. v. Chr. eingeführt. Sie ist eine Kunst, die weder mit Magie noch mit einer falsch verstandenen Esoterik etwas gemein hat oder je hatte. Eines ist jedoch sicher: Die Numerologie hat ihren Orakelcharakter, die Möglichkeit, Tendenzen aufzuzeigen, nicht verloren. Sie ist eine Wissenschaft, die – was Charakter und Strukturen eines Menschen betrifft – unglaublich treffend ist. Es kann jedoch manchmal so aussehen, als ob die aus den Lebensdaten (Geburtsdatum, Name u. a.) gefundene Zahl der Situation, dem Charakter, der Gesundheitslage usw. des Betreffenden nicht entspricht. Dies ist aber kein Grund, enttäuscht zu sein: die Interpretation der Numerologie ist schwieriger, als es im ersten Moment erscheint. Und es passiert häufig, daß die gefundene Zahl uns nach und nach tiefe Einsichten offenbart, die uns zuvor völlig entgangen sind. Die Zahlen enthüllen den verborgenen Menschen und haben nichts mit dem Bild zu tun, das uns gezeigt wird bzw. das wir uns von uns selbst machen. Um Routine in der Ausdeutung der Zahlen zu erlangen, braucht man Geduld, Übung, Intuition, Ausdauer und Beobachtungsgabe. Je ehrlicher man sich zugesteht, Fehler gemacht zu haben, desto schneller werden auch diesbezügliche Fähigkeiten mit der Zeit wachsen.

Diese anfänglichen Schwierigkeiten mit den Zahlen sind vergleichbar mit den ersten Schritten der Einzelhomöopathie. Ich werde einen Fall in meiner Praxis nie vergessen: Ein junger Patient kam zu mir und berichtete seine Probleme. Viele der Beschwerden entsprachen – bis auf eine – ziemlich genau dem Krankheitsbild von Sulfur. (In der Homöopathie werden ähnlich wie bei den Bach-Blüten die Mittel den Beschwerden oder dem persönlichen Erscheinungsbild zugeordnet). Allerdings war dieser junge Mann absolut adrett, gepflegt und gut angezogen, während der Sulfurmensch das genaue Gegenteil ist: Er erscheint etwas schlampig, kümmert sich nicht sonderlich um sein Aussehen und neigt häufig zu Unsauberkeit. Die äußere Erscheinung meines Patienten widersprach dem Sulfur-Bild so grundsätzlich, daß ich beschloß, dieses Mittel für ihn aus meinem Therapieplan auszuschließen. Doch meine anderen Bemühungen erwiesen sich als total erfolglos; ich kam und kam nicht weiter. Eines Tages kam seine Mutter in meine Praxis. Ich bat sie um Details aus der Kindheit ihres Sohnes. Die Mutter erzählte, als Kind hätte er sich kräftig gegen die Badewanne gewehrt! Nach dieser Mitteilung gab ich dem Patienten bei der nächsten Konsultation Sulfur. Der Erfolg setzte ein. Er wurde gesund.

(Homöopathische Mittel sind Medikamente, die – wie die Bach-Blüten – auch auf und durch die seelisch-geistige Struktur des Patienten wirken. So ist bei dem Mittel Sulfur eines der Hauptsymptome die Abneigung gegen Wasser.)

2. Die numerologische Umwandlungstabelle

Während wir für die Pentagrammdiagnose nur die Geburtstagszahlen des Patienten benutzen, ist der erste Schritt, um mit der Karmadiagnose zu arbeiten, die Numerologisierung des Namens. Hierfür ersetzen wir die Buchstaben des Namens durch die entsprechenden Zahlen, die aus folgender Tabelle zu entnehmen sind:

A	B	C	D	E	F	G	H	I	J	K	L	M
1	2	3	4	5	8	3	5	1	1	2	3	4
N	O	P	Q	R	S	T	U	V	W	X	Y	Z
5	7	8	1	2	3	4	6	6	6	6	1	7

Tabelle 1

Die hier gebrauchte Zuordnung entspricht dem kabbalistischen oder hebräischen Zahlensystem. Diese Tabelle entstammt dem Buch *Numerologie. Ihre Glückszahlen – Eine Kabbala des 20. Jahrhunderts* von Jules Silver (siehe Bibliographie).

Persönlich benutze ich sie, weil

a) ich die besseren Resultate damit erziele und
b) die Numerologie in der Kabbala wurzelt.

Zu dieser zweiten Feststellung, möchte ich im folgenden etwas weiter ausholen.

Die Geburt der Numerologie ist ein multikulturelles Phänomen, das man nicht in einem Volk oder in einer Kultur allein orten kann. Wir finden die Numerologie in Babylon, Caldäa, Ägypten, Griechenland, bei den Mayas und Hindus und vielen anderen Völkern, häufig lang bevor sie als *Gematria*, spirituelle Numerologie, in der hebräischen Mystik ihren Platz einnimmt.

Dies ist leicht zu verstehen, denn die Juden werden erst nach der Flucht aus Ägypten zu einem Volk, d.h. in einer Zeit, in der andere Völker ihren kulturellen Zenith längst erreicht hatten. Und dennoch: Sprechen wir heute über oder von Numerologie, beziehen wir uns, ohne daß es uns bewußt wird, auf die Kabbala. Auch dies ist verständlich, denn die großen Kulturen, die die Erde vor der Entstehung des Judentums bewohnten und das Zahlenwissen in der Vollendung besaßen, verschwanden langsam – eine nach der anderen – oder wurden so schwach, daß ihr Einfluß auf einen sehr kleinen Kreis von Adepten beschränkt war. Das Gegenteil geschieht mit der Kabbala, die sich mit dem jüdischen Volk immer weiter verbreitet.

Natürlich finden wir heute auch noch in anderen Kulturkreisen wie im Hinduismus, Buddhismus, Islam, Sufismus, Konfuzianismus u.a. ein numerologisch codiertes spirituelles Wissen, das aber die große Masse nicht mehr erreicht und somit nur für eine Handvoll von Adepten zugänglich ist.

Die heutige Numerologie - sowohl als Mittel zur Beschreibung des Charakters als auch als Weg bzw. als Instrument zur Erkenntnis mystischer Geheimnisse (*Gematria*) - können wir von der Dualität der Moses-Kabbala nicht trennen: Als Moses uns die Kabbala gab, teilte er sie in zwei Abschnitte, die theoretische, die niedergeschrieben wurde, und die mündliche, die zwar der Schlüssel zur Verständigung des ersten Teils war, doch im Laufe der Zeit verlorenging.

Der erste Teil oder die theoretische Kabbala wird in Symbolik, positive Dogmatik und metaphysische Spekulation geteilt und die Symbolik wiederum in *Themura*, mystische Berechnung, *Gematria* und *Notarikon* (nach M.S. Munk, *Melanges de philosophie juive et arabe*, 1859). Hierbei verdient die Gematria unsere besondere Aufmerksamkeit, denn sie lehrt uns u.a. das Wissen über die Umsetzung von Buchstaben in Zahlen, d.h. die Numerologie.

»Da Moses ein ägyptischer Eingeweihter war, muß die Kabbala eine vollständige Darlegung der Mysterien Mizraïms (alter Name für Ägypten) enthalten« (so Papus in *Die Kabbala*, siehe Literaturverzeichnis). Der ägyptische Priester und Historiker Manethón behauptete, daß Hasarship (erster Name von Moses) ein Priester von Osiris war.

Der zweite Teil der Kabbala, der Schlüssel, ging mit der Zeit verloren; das vernebelte die Lehre Moses und machte sie unverständlich. Später - durch die Essäer, die den Schlüssel besaßen - fand die komplette Kabbala ihren Platz im Christentum, was die Bezeichnung »christliche Kabbala« durchaus rechtfertigt.

Im Laufe der Zeit entwickelte sich ein politisches, wirtschaftliches, religiöses und vielleicht auch kulturelles Phänomen, das sich langsam über die Erde verbreitete und bis zum 20. Jahrhundert ausdehnte: die Verfolgung des Judentums. Das trug leider sehr effektiv zur Verschüttung fast aller Reste dieses Wissens bei. Diejenigen, die davon wußten bzw. es praktizierten, wurden verfolgt und zum Teil vernichtet, was zu einer streng geheimgehaltenen Arbeit zwang.

Diese Verfolgung war nicht ausschließlich gegen die Juden gerichtet, sondern auch gegen alle, die sich direkt mit dem Judentum beschäftigten und gegen die sogenannten Okkultisten wie z.B. die Alchemisten.

Die Gründe dafür waren verschiedenster Natur, aber Neid und Mißverständnisse, wie z. B. der Glaube an die Verwandlung von Blei in Gold, waren sicherlich nicht auszuschließen. Die spirituelle Bedeutung dieser Arbeit wurde nicht begriffen, sondern von vornherein als Teufelswerk verstanden und abgestempelt. Ihre Transzendenz und »Über-Natürlichkeit« mußte schon deshalb übersehen werden, weil die Zeit nicht reif war, ins Herz des Natürlichen zu blicken, dorthin, wo das Übernatürliche immer lebt.

Trotz vernichtender Verfolgung des Judentums und somit der Kabbala und ihrer Anhänger erlebt diese Mystik im Laufe der Zeit neue Blüten, wie z. B. in der Provence (12. Jh.), in Spanien (13. Jh.) und später im 19. Jh. wieder in Frankreich, besonders durch die Arbeit von Papus und Levi. Aber auch in früheren Zeiten hatte die hebräische Mystik große Impulse, wie das »Sepher Jesira« (Buch der Schöpfung), das zwischen dem 3. und 6. Jh. verfaßt wurde, uns zeigt. Im 18. Jh. wurde die Kabbala (exakter: die Gematria, der Geist der Alchemie und z. T. starke Impulse vom Isis- und Osiris-Kult) von Geheimbünden übernommen, die versuchten, diesen Lehren zu folgen und sie zu verwirklichen.

Das lebendigste Beispiel der Gematria aber ist und bleibt die Bibel selbst. Da wir jedoch nicht mehr im Besitz des zweiten Teils der Kabbala sind, wird vieles davon für immer im Schoß der Dunkelheit bleiben müssen. Leider!

Als praktisches Beispiel der Tiefe der Gematria betrachten wir die Aufteilung der Bücher Mose. Er schrieb *fünf* Bücher. Nicht vier, sechs oder sieben, sondern *fünf*. Diese Zahl bedeutet, kabbalistisch betrachtet, *Gerechtigkeit oder Strenge* sowie *Gott der Mächtige.*

Die Zahl 5 ist die Zahl des Pentagramms, welche wiederum das Symbol für Jesus Christus ist. Es war aber auch ER, der die Macht und die Gerechtigkeit Gottes auf Erden offenbarte. Was Moses uns durch die Zahl 5 abstrakt mitteilte, zeigt das Pentagramm pragmatisch in und durch die Person Christi.

Allein durch diese eine Zahl gibt uns Moses eine Synthese, eine Zusammenfassung des Kerns seiner mystischen Lehre. Dies ist Gematria, dies ist spirituelle Numerologie, etwas, was auch die tiefen Schichten der menschlichen Seele zu offenbaren vermag.

Es gibt genügend andere Beispiele sowohl im Alten als auch im Neuen Testament, Beispiele, die wir leicht verstehen bzw. interpretieren könnten, hätten wir den Schlüssel Mose, die *mündliche* Kabbala, nicht verloren. (Das sind z. B. die Stellen Mo I 7,2; Mo I 7,4; Mo II 15,22;

Kö I 9,25; Je 6,2; Lk 4,25; Kor II 12,8; Off 4,1ff und unendlich viele mehr.)

Da mit der Numerologie in sehr verschiedenen Kulturkreisen gearbeitet wurde, ist es auch verständlich, daß die Deutung der Zahlen von der Mentalität und Mystik dieser Kulturen beeinflußt sein muß. So interpretiert ein Taoist eine Zahl beispielsweise völlig anders als ein Hindu, ein Maya, ein nordamerikanischer Indianer oder ein Europäer. Deshalb ist es keineswegs verwunderlich, wenn es zwei (oder mehr) verschiedene Interpretationen einer Zahl gibt! Doch die Verschiedenheiten sind in der Regel nur scheinbare. Nehmen wir als Beispiel zwei klassische Deutungen der Zahl 7:

> 7 = 3 + 4 = Die 3 ist die Zahl des Himmels und die 4 die Zahl der Erde (die vier Himmelsrichtungen). Die 7 wird somit als Zahl der absoluten Einheit und Vollendung dargestellt. Eine mosaische Prägung ist hier leicht zu ahnen.

> 7 = 3 + 4 = Die 3 ist die Zahl der vollkommenen Männlichkeit und die 4 die der absoluten Weiblichkeit. Auch hier stellt die 7 die totale Einheit und Vollkommenheit dar, wenn auch im Sinne der Yin-Yang-Philosophie.

Sie sehen: Das Endergebnis beider Deutungen bleibt gleich.

Sehr gebräuchlich im europäischen Sprachraum ist auch die pythagoräische Tabelle, in die die Buchstaben in alphabetischer Reihenfolge unter die Ziffern 1 bis 9 eingetragen sind:

1	2	3	4	5	6	7	8	9
A	B	C	D	E	F	G	H	I
J	K	L	M	N	O	P	Q	R
S	T	U	V	W	X	Y	Z	

Tabelle 2

Natürlich steht es jedem frei, zu tun, was ich am Anfang tat: beide Tabellen auszuprobieren und dann diejenige zu wählen, die seiner Arbeit besser dient. Die Fallbeispiele meines Buches basieren auf der hebräischen Tabelle.

An dieser Stelle möchte ich bereits auf die Frage der Numerologisierung der akademischen Titel Dr. und Prof. eingehen. Es ist Brauch in der Numerologie, sie als Bestandteil des Namens anzusehen. Die Begründung dafür ist, daß diese Titel einen Teil der Persönlichkeit darstellen. Diese Behauptung ist mir etwas zu schwach. Allerdings bin ich auch der Meinung, daß man Titel (in der verwendeten abgekürzten Form) mit dem Namen numerologisieren soll; aber meine dafür sprechenden Überlegungen liegen auf einer anderen Ebene. Ich versuche, Ihnen dies zu verdeutlichen:

Grundsätzlich wehre ich mich gegen den Gedanken, daß diese Titel einen Teil der Persönlichkeit bilden, denn die Numerologisierung eines Menschen richtet sich, wie an anderer Stelle des Buches dargelegt wird, auf seine *Individualität* und nicht auf seine Persönlichkeit. So gesehen müßte der Titel Dr. oder Prof., um numerologisierungswürdig zu sein, ein Bestandteil der Individualität sein. Doch kein Mensch kommt zur Welt als Dr. oder Prof., diese Titel werden erst erworben, nachdem die Persönlichkeit des Betreffenden entwickelt wurde! Dennoch: das Programm, das diesen oder jenen Menschen dazu bewegt, einen Titel zu erwerben, wurde bereits bei der Planung der Inkarnation festgelegt und ist als Teil des karmischen »Puzzles« zu verstehen. Das Wesentliche ist die Motivation, die Frage: Was bewegt einen Menschen dazu zu promovieren?

Eines steht fest: Titel verdeutlichen in hohem Maße seelische Eigenschaften ihrer Träger. Sie können sogar eine Hilfe sein, wenn es darum geht, Prägesituationen der karmischen Vergangenheit zu orten. Solange wir uns mit dem Menschen – auf welcher Ebene auch immer – beschäftigen, werden wir keine feste Regel aufstellen können oder dürfen. Zwischen Weiß und Schwarz sind alle Schattierungen zu finden. Der Einfachheit halber werde ich Titelträger in zwei große Gruppen aufteilen:

- Eine Gruppe, die durch den Titel einer karmischen Aufgabe tatsächlich näherkommt. Das ist die Gruppe der Menschen, die über ihr Fach mehr lernen, mehr erfahren wollen zum Wohle derjenigen, mit denen sie arbeiten. Dies gilt für Ärzte, Rechtsanwälte usw.;
- eine zweite Gruppe, die von denjenigen gebildet wird, die aufgrund unangenehmer Erfahrungen in einer früheren Inkarnation (Mißachtung ihrer Person oder ähnliches) entschieden haben, diesmal Ansehen, vielleicht gar Macht zu besitzen, etwas, das ihnen »damals« verweigert wurde. Die »damalige« Erniedrigung oder Enttäuschung und die entsprechend getroffene Entscheidung »zwingt« sie heute quasi dazu, einen gewissen sozialen Status anzustreben.

Es wird leicht sein, festzustellen, welche Motivation (dem Karmaauftrag näherzukommen oder im Hier und Jetzt das zu bekommen, was ihnen früher verweigert wurde) der Beweggrund für diese Personen war, um ihre jetzige Position zu schaffen. Achten Sie einfach auf ihre Lebensart: Ist es das Hauptziel dieser Menschen, anderen zu helfen, oder versuchen sie, Reichtum, Position und Einfluß zu gewinnen, dessen ungeachtet, was um sie herum geschieht? Opfern sie andere oder sich selbst, nehmen oder geben sie ...? Wenn Sie das herausfinden, haben Sie bereits die Antwort auf diese Frage. Aber richten Sie bitte nicht, denn sie machen nur ihre »Arbeit« - genauso wie Sie und ich!

Achten Sie bitte bei der Karmadiagnose besonders in diesen Fällen auf das 3. Chakra (persönliche Macht, Ego) auf der WAS-Seite, denn seine Besetzung kann uns entscheidend helfen, zu entdecken, was hinter dem Titel in Wirklichkeit verborgen ist. Im Kapitel »Die Karmadiagnose« wird der Begriff »Was-Seite« ausführlich erklärt. Trotzdem möchte ich ihn hier kurz verdeutlichen: Die »Was-Seite« ist der Teil der Karmadiagnose, der uns zeigt, welche Aufgabe wir für das jetzige Leben ausgewählt bzw. was wir uns vorgenommen haben. Doch ich glaube, es wäre ein wenig verfrüht, uns schon jetzt eingehend mit diesem Thema zu beschäftigen. Ein wenig Geduld; Sie werden es bald erfahren!

3. Die Numerologisierung von Geburtsname und Geburtsdatum

Numerologisch gesehen hat der Mensch zwei Werte, den Namenswert und den Geburtsdatumswert.

Der Sinn der Karmadiagnose ist, zu erfahren, welche Aufgabe wir in der jetzigen Inkarnation haben (Geburtsdatum) und welche Hilfe wir hierfür mitbringen (Namen). Dies wird offenbar durch die Verteilung der verschiedenen Zahlen an die entsprechenden Chakren (siehe Kapitel »Die Karmadiagnose«). Nehmen wir beispielsweise an, daß die Zahl 4 fünfmal und die Zahl 5 sechsmal in einem Namen erscheint: Dies bedeutet, daß hier eine gute Latenz der *Liebe* (4. Chakra) und der *Kommunikation* (5. Chakra) vorhanden ist.

So offenbaren sich in dieser Diagnose Stärken und Schwächen des Menschen. Die Informationen, die wir bekommen, entsprechen unserem Potential. Wenn wir dieses Potential erwecken, erfahren wir wiederum die Hilfe, die uns zur Verfügung steht, um unsere Karma-Aufgabe zu bewältigen.

Dies und die Enthüllung des karmischen Auftrages bildet den Kern der Karmadiagnose. Wie diese Arbeit gehandhabt wird, werde ich im Kapitel »Die Karmadiagnose« erklären.

Namenswert: Dieser Teil der Karmadiagnose erlaubt uns also, die uns bei der Erfüllung unserer Aufgabe zur Verfügung stehende Hilfe zu entdecken.
Der Namenswert ergibt sich aus den Zahlen, die den Buchstaben des Namens entsprechen. Die Numerologisierung des Namens offenbart das Wissen, das der Mensch bereits bei der Geburt besitzt, d.h. das Wissen, das er in den verschiedenen Inkarnationen angesammelt hat. Es handelt sich hierbei um das Wissen des Zellgedächtnisses bzw. des universellen Gedächtnisses; ein latentes, unbewußtes, aber reales Wissen, das nur darauf wartet, der Latenz zu entfliehen und aktiv werden zu können.

Geburtsdatumswert: Die Summe der Zahlen aus dem Geburtsdatum enthüllt für die Karmadiagnose den karmischen Auftrag und ist zudem Grundlage der Pentagrammdiagnose.
Ebenso wie der Namenswert ist auch dieser Wert für unsere Arbeit als Diagnostiker von großer Bedeutung. Für die Karmadiagnose müssen wir hier die verschiedenen Zahlen des Geburtsdatums ebenfalls an die Chakren verteilen, wie es im Kapitel über die Karmadiagnose ausführlich erklärt wird.

Die Pentagrammdiagnose arbeitet nicht primär mit den Chakren, sondern mit einer anderen Methodik, die ich im nächsten Kapitel erläutern werde.

4. Zahlen und Krankheitsdisposition

Wenn wir einen *Namen* numerologisieren (bei Frauen sollte der Mädchenname, so wie er auf der Geburtsurkunde steht, berücksichtigt werden) und zu einer endgültigen Zahl gekommen sind, ist es äußerst wichtig, diese Zahl gebührend zu analysieren. Von ihr und von den Zahlen, die sich in einem Namen 4mal oder öfter wiederholen, bekommen wir Informationen über die Krankheitsdispositionen eines Menschen, d.h. über seine allgemeine *konstitutionelle* Lage (im Gegensatz zu der *organischen* Spezifität des Pentagramms).

Die folgende Tabelle* verdeutlicht dies:

Zahl	*Chakra*	*Krankheit bzw. Krankheitsdisposition*
1	4 + 5	Herz/Kreislaufstörungen
2	2 + 3	Magen, Leber, Galle, Bauchspeicheldrüse, Darm
3	1, 4 + 5	Nervenleiden, Rheuma, Herz
4	1 + 3	Beine, Krampfadern, Geschwüre, seelische Störungen
5	4, 2 + 3	Atem- und Verdauungssystem, Nieren und Blase
6	1, 5, 4, 2 +3	Halsregion, Rheuma, Atem- und Verdauungssystem
7	3, 2, 1	Nerven, seelische Störungen, Blut, Muskulatur, Gewebewassersucht
8	3, 1, 4 + 5	Magen, Rheuma, Arteriosklerose
9	1, 7, 2	Kopf im weiteren Sinne, Fortpflanzungsorgane, Blasenleiden

Tabelle 3

An dieser Stelle möchte ich folgendes erklären:

1. Diese Zahlen sind die Endsumme der Numerologisierung des Namens.
2. Was sollen wir aufgrund dieser Zahlen beachten bzw. behandeln?
   a) Wir schonen die Organe, für die Krankheitsdispositionen angegeben sind, und
   b) wir behandeln das entsprechende Chakra.
3. Wie finden wir dieses Chakra?

* Diese Tabelle ist dem Buch *Numerologie. Ihre Glückszahlen – Eine Kabbala des 20. Jahrhunderts* von Jules Silver entnommen. Sie ist allerdings stark gekürzt und an meine Praxisbeobachtungen und -erfahrungen angepaßt.

Ein Beispiel: Die Endsumme des Namens eines Patienten ist die 1. Diese Zahl zeigt eine Disposition zu Herz/Kreislaufbeschwerden. Das Organfeld im Pentagramm für Herz/Kreislauf ist Feld 7, und dieses Feld gehört zum 4. und 5. Chakra. Dies sind die Chakren, die in diesem Falle zu behandeln sind. Für die anderen Zahlen gelten dieselben Prinzipien.

Die Chakra-Zuordnung in obiger Tabelle ist das Resultat meiner Praxisarbeit und der Erfahrungen, die ich dadurch gesammelt habe.

Dies bedeutet natürlich nicht, daß ein Mensch, dessen Zahl die 1 oder die 3 ist oder in dessen Geburtsdatum sich diese Zahlen 4mal oder öfter wiederholen, unbedingt durch Herzinfarkt sterben wird, aber dieser Mensch wird mehr auf sein Herz und sein Gefäßsystem achten müssen als einer mit der Zahl 5. Hier liegen wunderbare Möglichkeiten einer bewußten Vorbeugung im Gesundheitsbereich!

Erlauben Sie mir, diese Erklärung durch folgendes Beispiel zu dokumentieren:

A	L	E	X	A	N	D	E	R		M	A	R	T	I	N	I
1	3	5	6	1	5	4	5	2		4	1	2	4	1	5	1

1 + 3+ 5+ 6 + 1 + 5 + 4 + 5 + 2 + 4 + 1 + 2 + 4 + 1 + 5 + 1 =
50 = 5 + 0 = 5

Da Herr Martini die Namenszahl 5 hat, sollte er also die Systeme Atmung, Verdauung und den Urogenitaltrakt entlasten. Diese Information (auch dann, wenn sie nicht identisch ist mit der gesamten Pentagrammdiagnose) müssen oder sollten wir in unsere diagnostischen Überlegungen einschließen. Die Zahl 1 wiederholt sich bei Herrn M. 5mal. Das bedeutet, daß das kardiovaskuläre System nicht außer acht gelassen werden darf.

Die Zahlen des Geburtsdatums sind für eine allgemein-konstitutionelle Aussage wie hier bedeutungslos.

5. Zahl und erlöste/unerlöste Eigenschaften eines Menschen

Ebenso, wie auch die Zahlen in der Pentagrammdiagnose eine seelische Information beinhalten, offenbart uns die Namenszahl über die Konstitution hinaus die seelischen Eigenschaften eines Menschen, seine Wesensart. Namen ist Omen, und Zahl ist Namen. Haben wir die Zahl eines Namens (und somit eines Menschen), haben wir Einblick in seinen Charakter und seine Eigenschaften sowohl im positiven als auch im negativen Sinne. Wir sind gut beraten, wenn wir diese Information in die allgemeine Diagnose mit einschließen.

Folgende diesbezügliche Auflistung ist aus dem erwähnten Buch von Jules Silver* entnommen.

Der Grund dafür, diese Tabelle zu wählen, war, daß sich ihre Treffsicherheit in meiner jahrelangen Arbeit mit ihr und beim »Experimentieren« mit den Zahlen stets bewährte. Mit ihr bekam ich immer wieder, wie an anderer Stelle bereits erwähnt, die besten Resultate.

Zahl	*Eigenschaften*
1	*erlöst*: zielstrebig, erfolgreich, charakterstark, selbstvertrauend, selbstbewußt, ehrgeizig, gute Konzentrationsfähigkeit und gutes Gedächtnis, schöpferisch und erfindungsreich, allem Neuen und Ungewöhnlichen aufgeschlossen, selbständig, energisch, vertrauenswürdig, begeisterungsfähig. *unerlöst*: hartnäckig, aggressiv; wenig Bereitschaft, sich unterzuordnen und mit anderen zusammenzuarbeiten, keinen Ratschlägen zugängig; nicht immer angenehm im Umgang; wenig Bereitschaft, echte Freundschaft zu schließen; mangelnde Fähigkeit, tiefe Liebe zu empfinden; herrschsüchtig, tyrannisch.
2	*erlöst:* sanft, liebenswürdig, taktvoll, versöhnlich, ausgeglichen, friedliebend, harmonisch, gewissenhaft, ordentlich, bescheiden, diplomatisch, ausgeprägte intellektuelle Fähigkeiten (aber ohne eigentliche schöpferische Anlagen). *unerlöst*: wankelmütig; Neigung, Entschlüsse aufzuschieben und die »zweite Geige« zu spielen; bessere Untergebene als gute Führungspersönlichkeiten; gelegentlich Neigung zu Grausamkeit, Arglist und Falschheit.
3	*erlöst*: hochbegabt, phantasievoll, vielseitig, energisch, kühn, lebendig, geistreich, witzig, lebhaft, erfolgreich, hochtalen-

* Jules Silver: *Numerologie.* Seite 44ff.

Zahl	*Eigenschaften*
	tiert auf künstlerischem Gebiet, vom Glück begünstigt, stolz, innerlich unabhängig, ehrgeizig, dominierend, aktiv, Sinn für Gemeinschaft. *unerlöst*: diktatorisch; Unfähigkeit, irgend etwas ernst zu nehmen; gefallsüchtig, zerstreut, launenhaft, ruhelos, geschwätzig; Unfähigkeit, sich auf eine einzige Sache zu konzentrieren.
4	*erlöst*: solide, praktisch, organisatorische und verwalterische Begabung, erdverbunden, ruhig, ausdauernd, fleißig, gesellschaftlich angesehen; Fähigkeit, hart zu arbeiten. *unerlöst*: phantasielos, wenig anregend, nicht schöpferisch, ernst, finster, abweisend, schwerfällig, mißtrauisch, Anfälle von Melancholie und plötzlichen Wutausbrüchen, Anlage zu Gewalttätigkeit, jeder Erfolg muß hart erkämpft werden ...
5	*erlöst*: intelligent, sympathisch; reisefreudig, abenteuerlustig, risikofreudig, beweglich, elastisch; vielseitig, unterhaltend, begeisterungsfähig, geschäftstüchtig. *unerlöst*: undurchschaubar, geheimnisvoll, unruhig, sprunghaft, ungeduldig; Neigung zu Glücksspiel und windigen Spekulationen; aufbrausend, rücksichtslos, genußsüchtig; die negative Seite des Charakters kann zu einem höchst instabilen Liebesleben führen, wobei sich Exzesse, Ausschweifungen und Perversitäten zeigen können.
6	*erlöst*: harmonisch, häuslich, friedlich, ausgeglichen, freundlich, zuverlässig, freundlich, mütterlich, familienbewußt, treu; gewissenhaft, idealistisch, herzlich, tüchtig und gründlich. *unerlöst*: zu konservativ, wenig Sinn für materielle oder geschäftliche Belange, klatschsüchtig, eigensinnig, eingebildet, selbstgefällig; obwohl der geniale Zug fehlt, können diese Menschen dennoch erfolgreiche Lehrer oder Künstler sein.
7	*erlöst*: würdig, reserviert, selbstbeherrscht; wissenschaftliche und philosophische Neigung neben Sinn für Mystik; phantasiebegabt, intelligent, opferbereit.

Zahl	*Eigenschaften*
	unerlöst: zu ernst und wenig humorvoll, Hang zum Düsteren und Ausgefallenen; Unfähigkeit, gute Gedanken auszudrükken oder zu präzisieren; pessimistisch, enttäuscht, unnahbar, sarkastisch, wenig taktvoll.
8	*erlöst*: stark, widerstandsfähig, praktisch; Fähigkeit zu wirtschaftlichem Denken; arbeitswillig, erfolgreich durch große Anstrengungen, vorsichtig, zäh. *unerlöst*: materieller Erfolg oder Mißerfolg liegen dicht beieinander (Doppeldeutigkeit der 8); hart, materialistisch, selbstsüchtig, tyrannisch, skrupellos, Hang zum Absonderlichen, Wille zu Rebellion, wenig herzlich, schwerfällig.
9	*erlöst*: hohe geistige und spirituelle Errungenschaften, hochherzig, hellsichtig, idealistisch, romantisch, leidenschaftlich, charmant, hilfreich, freundschaftlich, willensstark, begeisterungsfähig, anziehend, inspirierend. *unerlöst*: zu impulsiv, intolerant, hartherzig, selbstgefällig, egozentrisch.

Tabelle 4

6. Unsere Chakren und die Zuordnung der Zahlen

Bevor ich im weiteren die Zusammenhänge zwischen Zahlen, Chakren und Farben herstelle, möchte ich Ihnen einen Blick in die Chakra-Ebene anbieten.

Überblick über die Funktion der Chakren

Das Chakra-System übt drei wichtige Funktionen aus:

- Vitalisierung und Erhaltung des physischen Körpers,
- Entwicklung des Selbstbewußtseins,

- Aufnahme und Weiterleitung spiritueller und physischer Energie, wobei der Mensch in einen Zustand spirituellen Bewußtseins versetzt wird oder werden kann.

Energie bedeutet Leben

Wenn wir unsere polare Welt betrachten, nehmen wir überall Veränderungen und Bewegungen wahr: Tag und Nacht, warm und kalt, Ebbe und Flut. Dies sind Unterschiede, die durch Bewegung entstehen und nur dadurch möglich sind. Auf den Kosmos übertragen, wäre eine Bewegungslosigkeit das Ende der Schöpfung, und ohne Bewegung würde der Mensch steif. Das Leben verursacht also Bewegung, und ohne Bewegung gibt es kein Leben. So ist es auch mit den Chakren. Sie sind keine statischen Gebilde, sondern befinden sich in ständiger Bewegung. Die Energie strömt in die Chakren ein, erreicht die Wirbelsäule (Chakrenwurzel), fließt dann - hoffentlich ungehindert - durch die feinen Bahnen des Ätherkörpers, die mit dem physischen Körper verbunden sind, und versorgt den physischen Körper. Schließlich kehrt diese Energie zu den Chakren zurück und bewegt sich über die Peripherie der Chakrenblütenblätter (Nadis) nach außen, in einem ständigen Aufnehmen und Hinausfließen. Die Chakren bewältigen ungeheuer viel, aber sie können nicht unsere Negativität in Optimismus und unsere krankmachenden in regenerierende Gedanken umwandeln! Dies muß jeder Mensch selbst leisten. Die Chakren leiten einfach weiter, was sie bekommen.

Vor einiger Zeit beschleunigte ich durch Reikibehandlungen und homöopathische Mittel das gesamte Chakren-System von drei Freunden, die erkrankt waren und mich um eine solche Behandlung baten. Die Resultate waren, daß jeder von ihnen sich in wenigen Minuten fast gesund fühlte! Die Symptome kehrten in zwei Fällen nicht zurück (akute Mandelentzündung und akute Bronchitis). Der Dritte fühlte sich ungefähr ein Dreivierteljahr ohne Medikamente gut (akuter Schub einer chronischen Gastritis).

Meridiane - die energetischen Leitungen des Menschen

Die Chakren nehmen Energie auf, transformieren sie in die Form, die wir benötigen, und leiten sie in der von uns gebrauchten Form und Menge dorthin, wo wir sie benötigen. Die dafür notwendigen Leitungskanäle sind die Nadis und Akupunktur-Meridiane. Jedes Chakra arbeitet mit mehreren Meridianen zusammen:

Chakra	*Meridiane*
1 Muladhara	Blase, Dünndarm, Dickdarm, Kreislauf/Sexus
2 Swadhisthana	Blase, Dünndarm, Dickdarm, Milz/Bauchspeicheldrüse
3 Manipura	Milz/Bauchspeicheldrüse, Magen, Leber, Galle, Nieren
4 Anahata	Magen, Leber, Galle, Nieren, Herz, Lungen
5 Vishuddi	Herz, Lunge, Dreifacher Erwärmer, Kreislauf/Sexus
6 Ajna	Dreifacher Erwärmer, Kreislauf/Sexus, Leber, Galle
7 Sahasrara	alle Meridiane

Tabelle 5

Das Energiesystem des Menschen

Wenn wir fühlen, daß etwas mit uns nicht so recht stimmt (Magen, Leber, Galle usw.), hilft uns diese Tabelle, das eventuell »defekte« Chakra schnell zu orten. Achten wir auf die Chakren, dann wird ersichtlich, welche enge Zusammenarbeit diesem System zugrunde liegt.

Nach dem heutigen Wissensstand besteht das Energiesystem des Menschen aus:

a) den Energiekörpern,
b) den Nadis und den Akupunkturmeridianen und
c) den Chakren.

Die Energiekörper des Menschen sind:

- Ätherkörper (Ursprung aller Krankheiten. Bearbeitung der Sonnen- und Erdenergie – 4. Chakra)
- Astral- bzw. Emotionalkörper (Energieregulation, Emotionsebene – 2. und 3. Chakra, indirekt auch das 1. und 7. Chakra)
- Mentalkörper (Gedankenwelt, Integration der kosmischen Wahrheiten in die Ratio – 5. Chakra)

Soweit uns bekannt ist, benötigt der Mensch drei verschiedene Energieformen, um existenzfähig zu sein:

Sonnenenergie (wird über das 2. und 5. Chakra aufgenommen),
Erdenergie (wird über das 1. Chakra aufgenommen) und
spirituelle Energie (wird uns über das 7. Chakra vermittelt).

Die ersten beiden Energieformen (Sonnen- und Erdenergie) werden vom Ätherleib übernommen und in »Mischform« als Lebensenergie dem physischen Körper zugeführt. Diese Energiemischung sorgt für ein lebendiges Gleichgewicht in den Körperzellen.

In der Akupunktur ist es ohne weiteres möglich, durch die Punktion eines einzigen Punktes (eines Reunionspunktes) mehrere Meridiane gleichzeitig zu beeinflussen. Ein ähnliches Phänomen begegnet uns in der Arbeit mit den Chakren: Es scheint auch hier eine Synthese zu geben, wobei die Kraft von zwei benachbarten Chakren sich im mittleren konzentriert. Die Behandlung des mittleren Chakras beeinflußt die äußeren und kann dort sogar Blockaden aufheben. Wenn ich *ein* Chakra behandele, beeinflusse ich ebenfalls sowohl das vorherige als auch das nachfolgende. Bei der Behandlung des 2. Chakras beeinflusse ich also zusätzlich das 1. und das 3.; behandle ich das 3., so beeinflusse ich auch das 2. und das 4. etc.

Das dazwischenliegende Chakra wirkt wie eine Brücke für die Energie der anderen, wie eine Art *Reunionspunkt im Chakren-System.*

Es gibt drei Nadis oder Energiekanäle, die die Hauptrolle in der Aufrechterhaltung der gesamten Energiemechanismen im Körper spielen und in der indischen Tradition seit langem bekannt sind:

Sushumna ist der Haupt-Nadi und entspricht auf der physischen Ebene der Wirbelsäule. Er verbindet alle Chakren und wird deshalb als der Kanal angesehen, durch den die Kundalini aufsteigt. Er endet im Sahasrara-Chakra.

Ida verläuft links von der Wirbelsäule. Er ist der Nadi der Mondenergie, des Unbewußten. Durch ihn fließt Manas Shakti, die mentale Stärke.

Pingala verläuft rechts von der Wirbelsäule. Er ist der Nadi der Sonnenenergie, des Bewußten. Durch ihn fließt Prana Shakti, die vitale Stärke.

Ida und Pingale münden quasi in die Nasenlöcher (Nasolabialfalte), in das Eingangstor der Prana-Energie, und sind durch die Punktion bestimmter Akupunkturpunkte zu aktivieren bzw. zu beruhigen.

Die Einflußbereiche der verschiedenen Chakren

1. Chakra:

- Nebennieren und indirekt die Drüsentätigkeiten des 2. Chakras
- Haupteinflußbereich: Wirbelsäule, Nieren, Blase, Darm, Appendix und die Organe des 2. und 3. Chakras.
- Nichtphysischer Bereich: Kundalini

2. Chakra:

- Gonaden, Prostata und indirekt die Drüsentätigkeiten des 1. Chakras
- Haupteinflußbereich: Fortpflanzungsorgane, Beine, Östrogenproduktion, Progesteronproduktion, Darm, Blase, Magen und die Organe, die dem 1. Chakra entsprechen.
- Nichtphysischer Bereich: Sexualität

3. Chakra:

- Bauchspeicheldrüse und Nebennieren (auch das 1. Chakra hat starken Einfluß auf die Nebenniere)
- Haupteinflußbereich: Nieren, Magen, Leber, Gallenblase, Nervensystem, Milz
- Nichtphysischer Bereich: Emotionen, Macht

4. Chakra:

- Thymusdrüse
- Haupteinflußbereich: Herz, Blut, Kreislauf, Parasympathicus (indirekt wirkt er auf die sexuelle Kraft), untere Lungenpartie, Lymphsystem, Leber, Gallenblase, Magen, Nieren (alle Organe, die emotional beeinflußbar sind!).
- Nichtphysischer Bereich: Verständnis, bedingungslose Liebe

5. Chakra:

- Schilddrüse, Nebenschilddrüse, Thymusdrüse
- Haupteinflußbereich: Kehlkopf und Bronchien, Sprechsystem einschließlich Stimme, obere Lungenpartie, Speiseröhre, Arme, Verdauungskanal und Herz
- Nichtphysischer Bereich: Kommunikation (besonders mit dem höheren *Selbst*)

6. Chakra:

- Hypophyse und Schilddrüse
- Haupteinflußbereich: Klein- und Zwischenhirn (Hypothalamus und Medulla oblongata), linkes Auge, Ohr, Nase, autonomes Nervensystem, Wirbelsäule, Stoffwechsel im allgemeinen
- Nichtphysischer Bereich: Hellsichtigkeit, Intuition und Konzentration

7. Chakra:

- Zirbeldrüse
- Haupteinflußbereich: Oberes Gehirn und rechtes Auge
- Nichtphysischer Bereich: Spiritualität, Verbindungsmöglichkeit mit der Kraft Gottes, Tor zu höheren Energien.

Im spirituellen Bereich werden die oberen Chakren dem Vater (7. Chakra), dem Sohn (6. Chakra) und dem Heiligen Geist (5. Chakra) zugeordnet.

Die Wirkung der Chakren auf die Organe und Körpersysteme geschieht auf zweierlei Weise:

a) direkt über das Chakra selbst, wie es z.B. beim 5. Chakra mit der Schilddrüse und der Stimme (rein energetische Energieübertragung) der Fall ist, und
b) über die Meridiane, die an die Chakren gekoppelt sind (Übertragung der Energie bis in die Peripherie des Energiebereiches).

So kann ein scheinbarer Widerspruch wie beim 5. Chakra vorkommen, daß die Arme beeinflußt werden (Meridian-Übertragung), obwohl alles Feste dem Bereich des 1. Chakras angehört. Diese Merkwürdigkeit lehrt uns, nicht nur an dem Chakra zu arbeiten, das eine direkte Beziehung zu einem Organ hat, sondern auch an anderen Chakren, weil ihre Meridiane die Energie der Zentren weit über ihren Bereich hinaus übertragen und zum Zielgebiet bringen.

Ich möchte Sie noch auf eine Kuriosität der Arbeitsweise und der Mechanismen der Chakren hinweisen: Manchmal geschieht es, daß die Harmonie zwischen verschiedenen Chakren Resultate erzeugt, die mit der eigentlichen Wirkung der Energie-Zentren keine direkte Verbindung haben. Eine dieser Erscheinungen ist z.B. die harmonische Arbeit

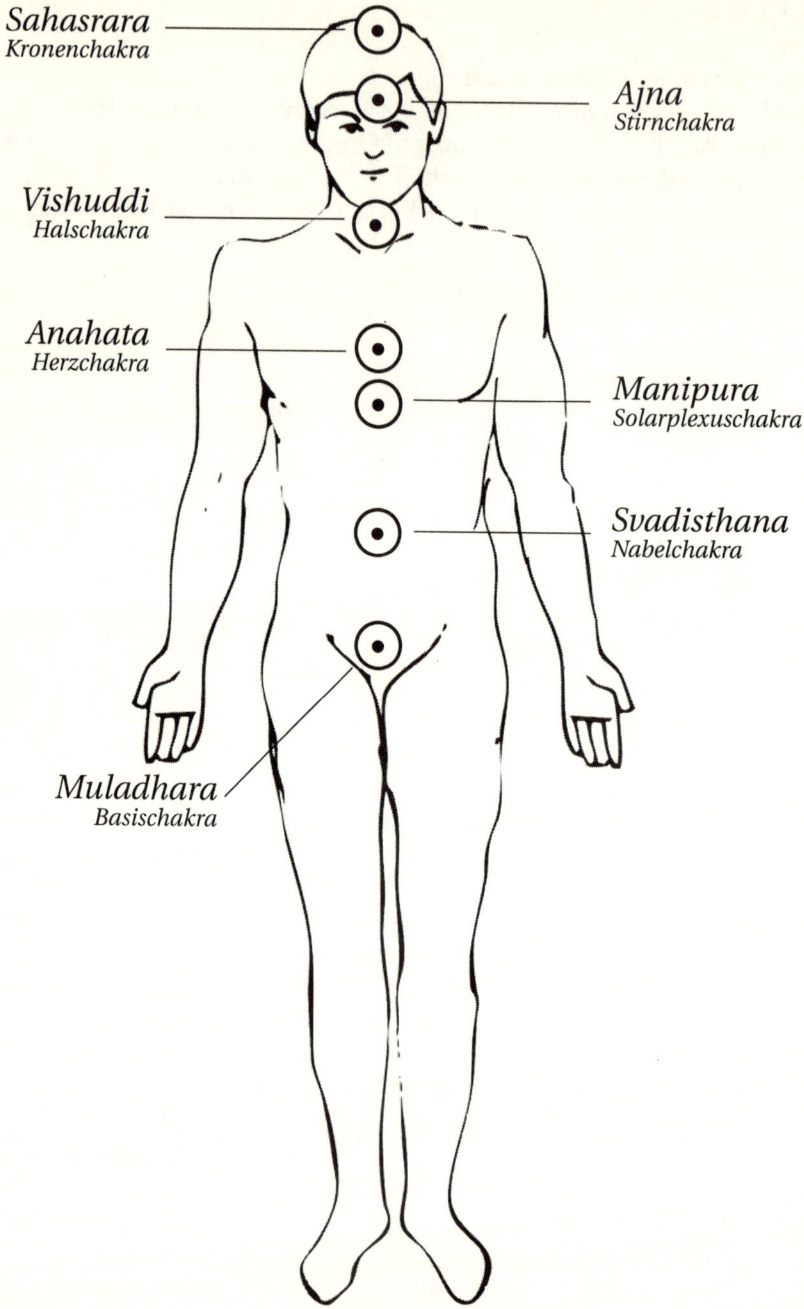
Sahasrara
Kronenchakra
Ajna
Stirnchakra
Vishuddi
Halschakra
Anahata
Herzchakra
Manipura
Solarplexuschakra
Svadisthana
Nabelchakra
Muladhara
Basischakra

der Chakren 4 und 7 untereinander, die eine verstärkt stimulierende Wirkung auf die Aktivität der Thymusdrüse ausübt. (Unter harmonischer Arbeit versteht man, daß mehrere oder alle Chakren die gleiche Energieintensität aufweisen.)*

Die 7 Hauptchakren

7. ***Chakra*** SAHASRARA
Weisheit, Verwandlung, reine Spiritualität

Element:	Äther
Symbol:	Lotus mit tausend Blättern
Farbe:	Violett oder Weiß
Stein:	Amethyst/Bergkristall
Planet:	Saturn
Bach-Blüte	Rock Rose, Walnut

6. ***Chakra*** AJNA
Tor zur reinen Spiritualität

Element:	Äther
Symbol:	Lotus mit zwei Blättern
Farbe:	Indigo
Stein:	Azurit
Planet:	Jupiter und Saturn
Bach-Blüte	Vervain

5. ***Chakra*** VISHUDDI
Kommunikation (auch mit dem höheren Selbst)

Element:	Äther
Symbol:	Lotus mit 16 Blättern
Farbe:	Hellblau
Stein:	Chalzedon
Planet:	Mars und Jupiter
Bach-Blüte	Water Violet, Wild Oat, Beech, Cerato, Pine

* *Chakra-Bewußtsein* von Jürgen Stock bietet sehr wertvolle Hinweise (Begleitbuch) und Möglichkeiten (CDs und MCs), die Chakren zu harmonisieren. Auch *Mantras – Magische Gesänge der Kraft* von Henry Marshall und der Playshop Family hat eine wunderbar heilende, energetisierende Wirkung auf die Chakren.

4. *Chakra* Anahata

Selbstlose Liebe, Nächstenliebe, Christusbewußtsein, Mitgefühl

Element:	Luft
Symbol:	Lotus mit 12 Blättern
Farbe:	Grün und Rosa
Stein:	Rosenquarz
Planet:	Venus und Sonne
Bach-Blüte	Walnut, Beech, Chicory, Holly

3. *Chakra* Manipura

Persönliche Macht

Element:	Feuer
Symbol:	Lotus mit zehn Blättern
Farbe:	Gelb
Stein:	Edeltopas
Planet:	Venus
Bach-Blüten	Larch, Mimulus

2. *Chakra* Svadhisthana

Sexualität, Dualität

Element:	Wasser
Symbol:	Lotus mit 6 Blättern
Farbe:	Orange
Stein:	Carneol
Planet:	Merkur
Bach-Blüte	Holly

1. *Chakra* Muladhara

Wille, Lebenswille

Element:	Erde
Symbol:	Lotus mit vier Blättern
Farbe:	Rot
Stein:	Rubin
Planet:	Mars
Bach-Blüte	Beech

Tabelle 6

Anmerkung:
Die angegebenen Bach-Blüten sind chakraspezifisch. Meine jahrelange Arbeit mit ihnen hat mich gelehrt, daß bei Schwäche der Chakren die Einreibung dieser Blüten auf das Energiezentrum dieses stimuliert. Diese Einreibung kann man so vornehmen, auch wenn mehrere Blüten für den Bereich eines Chakras angegeben sind.

Die angeführten Edelsteine* haben folgende Haupteigenschaften:

Amethyst:	Umwandlung	Rosenquarz:	Nächstenliebe und Vertrauen
Azurit:	Erkenntnis		
Bergkristall:	Reinheit	Rubin:	Liebe
Carneol:	Aktivität	Topas:	Entzücken
Chalcedon:	Gelassenheit		

Die Lage der Chakrenblüten

Eine exakte, übereinstimmende Topographie der Chakren gibt es anscheinend nicht. Die Angaben betreffend die Position des 3. Chakras variieren zwischen Osten und Westen um eine ganze Handbreite! Doch folgende Tabelle der Energiezentren-Blüten gibt uns eine recht akzeptable Lagebestimmung:

Chakra	*Lage der Chakrenblüte*
1	Perineum (zwischen After und Genitalien)
2	Obere Grenze der Schamhaare
3	Solarplexus (Sonnengeflecht) - etwa 3 Fingerbreit unter dem Nabel. (Demgegenüber plazieren wir dieses Chakra im Westen *über* den Nabel.)
4	Zwischen beiden Brustwarzen mitten auf der Brust
5	Im Halsgrübchen
6	Zwischen den Augen, einen Fingerbreit über der Nasenwurzel
7	Mitten auf dem Kopf

Tabelle 7

* Nach Antje und Helmut G. Hofmann: *Die Botschaft der Edelsteine* (siehe Bibliographie).

Das 1. Chakra öffnet sich nach unten, das 7. Chakra nach oben. Alle anderen öffnen sich nach vorne, wie auch vom Rücken ausgehend nach hinten, wobei alle in einer energetischen Verbindung zueinander stehen.

Der Ordnung halber sollten wir wissen, daß die Chakren nicht im physischen Körper liegen, sondern eher im Ätherleib, der wie eine Hülle den physischen umgibt. Diesbezüglich hörte ich in Indien eine Reihe verschiedener Theorien; jedoch scheint sicher zu sein, daß die Chakren (lt. Auskunft meines Lehrers gibt es ca. 44 000 [!] Haupt- und etwa 40 Nebenchakren) auf alle Körper verteilt sind und diese nicht unmittelbar berühren, sondern dazwischen »schweben«.

7. Zahl, Farbe und Chakra

Wenn wir die Zahl des Namens gefunden haben, dann wissen wir, mit wem wir »es zu tun haben«; die Grundzüge des Charakters werden offenbart. Die Hauptaufgabe einer Zahl besteht darin, den versteckten Menschen in uns zu zeigen. Hier geht es mehr um das Seelische als um das Somatische. Diese Zahlenkausalität zeigt, wie ein Mensch seelisch strukturiert ist, enthüllt seine wahre Natur. Diese seelische Struktur bestimmt die Farbe, die diese Person als Bestandteil ihres Seins »mitbringt«. Die Farbe wiederum offenbart die Struktur; diese zu entdecken ist der Schlüssel für erfolgreiche Behandlung der Chakren. Auch die Farben haben eine Zahl, die mit den Chakren korrespondiert:

Zahl	*Farbe*	*Chakra*
1	steht für *Rot*	1. Chakra
2	steht für *Orange*	2. Chakra
3	steht für *Gelb*	3. Chakra
4	steht für *Grün*	4. Chakra
5	steht für *Blau*	5. Chakra
6	steht für *Indigo*	6. Chakra
7	steht für *Violett*	7. Chakra
8	wird (s. a. Kapitel »Die Karmadiagnose«) in 3 und 5 zerlegt und entspricht den Farben *Gelb* und *Blau*; nach dem gleichen Prinzip wird	
9	in 3 und 6 zerlegt und entspricht den Farben *Gelb* und *Indigo.*	

Tabelle 8 (s.a. VII. Kapitel, »Die Wirkung der Farben«)

8. Zahl und Karma-Auftrag

Für die diagnostische Arbeit gilt folgender Grundsatz: Die Chakren, die bei der Numerologisierung des *Geburtstags* am wenigsten besetzt sind, stellen den Bereich dar, an dem wir in dieser Inkarnation arbeiten müssen. Die Chakren, die bei der Numerologisierung des *Namens* am stärksten besetzt sind, entsprechen der Hilfe, die wir zur Verfügung haben, um unsere diesbezügliche Aufgabe zu bewältigen.

Ein Beispiel soll dies verdeutlichen: Herr XY hat in seinem Geburtsdatum keine 2. Das zeigt uns, daß er karmamäßig an der Problematik der Partnerschaft arbeiten soll. Ergibt sich nun bei der Numerologisierung seines Namens eine gute Besetzung im 4. Chakra, deutet das auf ein starkes Liebespotential hin, das er entwickeln sollte. Dann wird es ihm helfen, die partnerschaftlichen Probleme zu integrieren. Hat er aber eine gute Besetzung im 5. Chakra, kann er seine Partnerschaftsprobleme über die Kommunikation bewältigen. Sind sowohl das 4. als auch das 5. Chakra gut besetzt, sind entwickelte Liebe und Kommunikation seine Helfer.

III. Kapitel

Die Pentagrammdiagnose

Nichts – auch nicht alle Armeen der Welt! – kann eine Idee aufhalten, deren Zeit gekommen ist. Victor Hugo

1. Was ist die Pentagrammdiagnose?

Die Pentagrammdiagnose beinhaltet viele Faktoren, die wir erst bei der Arbeit mit ihr langsam entdecken und zu interpretieren lernen. Dennoch will ich versuchen, Ihnen eine verständliche, allgemeine, in einfache Worte gefaßte Darstellung derselben zu geben:

Die Pentagrammdiagnose, wie bereits angedeutet, ist eine Mischung aus Ätiologie (Erforschen der Ursache einer Krankheit) und Diagnose (Erkennen derselben). Nun, um etwas zu erkennen, muß dieses »Etwas« vorhanden sein. Das, was vorhanden ist, kann wiederum nur die Folge einer Ursache sein, denn ohne Ursache gibt es keine Erscheinung, in welcher Form auch immer. Somit zeigt uns diese Diagnoseart sowohl die Ursache als auch die Erscheinung oder Folge dieser Ursache an – das, was wir erkennen und mit »Diagnose« meinen. Anders gesagt: die Pentagrammdiagnose zeigt sowohl einen wichtigen Anteil der Krankheitsursache als auch die Auswirkung dieser Ursache.

Dadurch erkennen wir, daß in der Pentagrammdiagnose der Samen der Karmadiagnose enthalten ist, denn wenn wir mit den Größen *Ursache* und *Wirkung* arbeiten, arbeiten wir mit dem karmischen Prinzip.

Was zeigt uns diese Diagnoseart, das uns gleichzeitig Ursache und Wirkung erkennen läßt? Auf der einen Seite offenbart sie die körperlichen Schwächen und Belastungen, die wir von unseren Vorfahren »geerbt« haben. Auf der anderen Seite zeigt sie uns, indem sie die am meisten therapiebedürftigen Organe offenbart, eine sichere Richtung für Diagnose und Behandlung. Die Symptome eines Menschen und die wahren Wurzeln seiner Erkrankung stimmen selten überein, was leider häufig in eine lange, nutzlose Therapie entartet. Außerdem zeigt sie uns sowohl die charakterlich-seelischen Eigenschaften eines Menschen als auch die Emotionen, die ihn beherrschen und die er gegebenenfalls umwandeln soll; ein unbesetztes Feld im Pentagramm weist auf ungelöste Emotionen in diesem Bereich hin. Die Entsprechung Pentagrammfeld – Emotionen finden Sie im Abschnitt »Die technisch-diagnostische Handhabung«.

Die Wurzeln der Pentagrammdiagnose reichen bis in das uralte Wissen der Kabbala. Wir erkennen auch eine alchimistische Prägung in ihr, denn wenn wir ihre charakterlich-seelische Aussage beherzigen, versetzt sie uns in die Lage, »Blei in Gold zu verwandeln«. Das heißt nach dem wahren alchimistischen Prinzip, aus unseren Fehlern, Unvollkommenheiten und Bedürftigkeiten die Tugenden zu schaffen, die die Stufen der Treppe für unsere weitere Entwicklung bilden.

Man kann sicher viel darüber theoretisieren. Ich habe es vorgezogen, damit in meiner Praxis zu arbeiten und ihren unbestrittenen praktischen Wert immer von neuem unter Beweis zu stellen. Zur Pentagrammdiagnose führte mich die niederländische Kollegin Ria Gerrittsen, die sie meines Wissens nach entwickelt hat. Die Einfachheit der Anwendung verblüffte mich, und ich war fasziniert von der Treffsicherheit der Aussagen. Mich bewegten viele Fragen, z. B. über den Ursprung dieser Methode, warum man von links nach rechts arbeitet u. a. m. So bemühte ich mich intensiv um eine Ergründung und Vertiefung, und langsam merkte ich, daß diese Diagnose die Karmadiagnose, die ich dann nach und nach entwickelte, in sich trug.

Aber nicht nur die organisch-diagnostische Sicherheit der Arbeit mit dem Pentagramm war frappierend: je mehr ich mich in die psychische Bedeutung der Pentagrammfelder vertiefte, desto deutlicher erkannte ich, daß die Reihenfolge im Pentagramm einen Entwicklungszyklus darstellt, wie er allem Lebendigen eigen ist. Später möchte ich Ihnen in dem Abschnitt »Der spirituelle Entwicklungszyklus« diese Symbolik/Verheißung vorstellen. Wie wir noch sehen werden, ermöglicht die Pentagrammdiagnose ein körperlich-emotional-seelisch-charakterliches, also ein wahrhaft ganzheitliches Bild des Patienten.

2. Die Interpretationsmöglichkeiten der Zahlen im Pentagramm

Jede Zahl in der Pentagrammdiagnose bietet zwei Interpretationsmöglichkeiten an: eine medizinische und eine emotional-seelisch-charakterliche. Mit der zweiten Möglichkeit werde ich Sie im folgenden bekannt machen, denn es ist unerläßlich, alle Möglichkeiten in unsere diagnostischen Überlegungen einzubeziehen, wenn wir diese Diagnoseart richtig verstehen und erfolgreich damit arbeiten wollen. Der Mensch ist eine Symbiose von Geist, Seele und Körper, und Teilaspekte zu behandeln wäre ein Fehler. Lassen Sie mich das an einem Beispiel erläutern, ehe ich auf die technisch-diagnostische Handhabung konkret eingehe.

Beispiel:
Ein Patient, geb. am 10. 5. 1953, mit chronischer Magenschleimhautentzündung, Gasbildung nach dem Essen, war extrem nervös. Dazu hatte er Kopfschmerzen, besonders nach dem Essen, sowie Herzstechen. Jahrelang wurde er wegen der Magenschleimhautentzündung erfolglos mit Säurehemmern behandelt.

Meine irisdiagnostische Untersuchung ergab eine Magenschleimhautentzündung durch Mangel an Magensäure, eine Belastung der Leber und eine Schwäche im Bereich der Bauchspeicheldrüse. Als Ursache für die Nervosität konnte ich nichts Substantielles finden. Die Tatsache, daß es sich um einen selbständigen, mit Arbeit überbelasteten Unternehmer handelte, genügte mir nicht als Erklärung. Durch die Pentagrammdiagnose offenbarte sich dann der gesuchte Grund. Sehen Sie selbst:

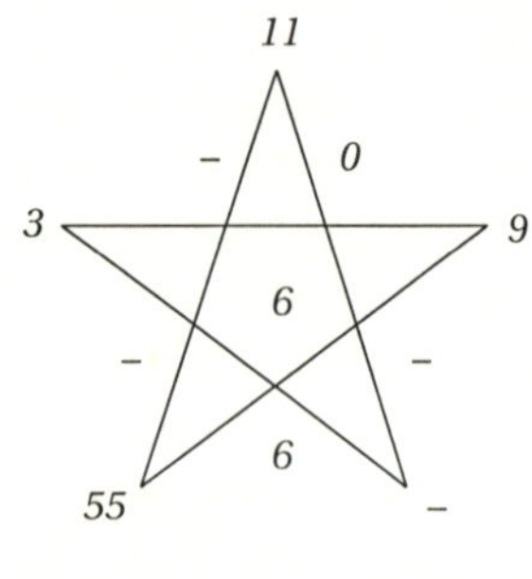

Das Geburtsdatum (10. 5. 1953 = 1 + 0 + 5 + 1 + 9 + 5 + 3 = 24 = 2 + 4 = 6) ergibt die Quersumme 6. Diese Zahl stellt eine »versteckte« Information dar. Es ist sehr interessant, daß die Zahl 6, die zur Hypophyse, dem Kontrolleur des Organismus, gehört, gerade in diesem Fall als »unterdrückte« Information erscheint: Bei diesem Mann ist die Möglichkeit der Selbstkontrolle, sogar der Beherrschung vorhanden, jedoch nur verborgen. Gebrauch davon hatte er nie gemacht.

Betrachten wir seine Pentagramm-Analyse etwas näher*: Schwächen bestehen in den Bereichen Bauchspeicheldrüse (2. Feld), Lunge (4. Feld), Herz/Kreislauf (7. Feld) und Dreifacher Erwärmer (8. Feld), der Einfluß – in diesem Falle negativ, weil leer – auf das Urogenitalsystem ausübt, sowie auf den Verdauungstrakt und das Herz-Kreislauf-System. Außerdem zeigt sich eine deutliche Belastung der Leber (das 5. Feld ist zweimal besetzt).

Was bedeutet nun die Schwäche im 4. Feld (Lungen)? Sie ist der Schlüssel zur Ursache der Magenerkrankung. Wie ich am Anfang schon erwähnte, hat jede Zahl (und somit jedes Pentagramm-Feld) zwei verschiedene Interpretationsmöglichkeiten. Betrachten wir einmal die seelische Bedeutung dieses Feldes: Seelisch-charakterlich signalisieren die Lungen die Fähigkeit des Individuums, »Luft zu bekommen«, »das Leben in sich aufzunehmen« und die Fähigkeit, zu akzeptieren. Dieser Mann war unfähig, seine Lebensweise (obwohl von ihm selbst geschaffen) zu akzeptieren; er erstickte in seiner Arbeit und bekam keine Luft. Er atmete so, wie er aß: schnell und abgehackt! Dies führte zu der Magenschleimhautentzündung.

Lange Gespräche mit dem Patienten halfen ihm, dies zu erkennen und langsam zu ändern. Von diesem Moment an begann eine rapide Besserung des Magenleidens, die zu einer völligen Heilung führte. (Medikamentös behandelte ich wohl die Leber, die Bauchspeicheldrüse und den Kreislauf, aber nicht den Magen!)

Die Berücksichtigung des seelischen Bereichs der Pentagrammdiagnose, der in den Zahlen verborgen liegt, ist also unentbehrlich, wenn wir aus der Pentagrammdiagnose alles herausholen wollen, was sie anbietet. Wir müssen uns über folgendes stets bewußt sein: Eine genetische Belastung braucht nicht *nur* organisch zu sein; sie kann auch seelisch sein.

Deshalb sollten wir, wenn eine Schwäche/Belastung im Pentagramm erscheint, drei Möglichkeiten in Betracht ziehen:

- Eine organische Schwäche/Belastung ist vorhanden (rein physiologische, genetische Belastung).
- Es sind keine organischen Schwächen/Belastungen vorhanden, sondern nur charakterlich-seelische Unregelmäßigkeiten.

  Wenn ich beide Situationen (organisch und seelisch) so drastisch trenne, dann nur, um das Bild transparenter zu machen. Jeder Krankheitsprozeß ist psychosomatisch. So, wie die Seele ohne Zweifel den

* Sie können dazu schon einen Blick auf die Abb. von S. 57 werfen.

somatischen Bereich sowohl positiv als auch negativ beeinflußt, genauso beeinflußt auch der Körper das Gemüt. Ich kann mich an den Fall einer jungen Patientin erinnern, die so stark unter Ängsten litt, daß sie nur in Begleitung das Haus verlassen konnte. Konventionelle diesbezügliche Behandlungen (Psychopharmaka u. ä.) erwiesen sich als nutzlos. Als ich jedoch den Stoffwechsel über Leber und Darm entgiftete, verschwand die Angst, und sie konnte ein ganz normales Leben führen. Diese gegenseitige Beeinflussung von Körper und Seele können wir sehr oft beobachten.

- Die Schwächen/Belastungen im Pentagramm zeigen sowohl eine organische als auch eine charakterlich-seelische Beeinträchtigung. Dies ist der häufigste Fall.

Es liegt nun an uns, durch unsere Erfahrungen und gemeinsam mit dem Patienten herausfinden, welches Moment (das seelische oder das körperliche) überwiegt. Dann kann die richtige therapeutische Entscheidung getroffen werden.

Wenn Sie sich mit der Pentagrammdiagnose ausführlicher befassen und vertrauter geworden sind, werden Sie bald merken, welche Hilfe diese Methode zur Selbsterkenntnis wie auch zur Selbst- und Fremd-Diagnose darstellt: Und mit etwas Übung erschließen sie Ihnen viele wertvolle Zusammenhänge auf Ihrem Weg zur ganzheitlichen Gesundheit - sei es Ihre oder die Ihrer Patienten.

3. Die technisch-diagnostische Handhabung

In der Pentagrammdiagnose arbeiten wir ausschließlich mit dem Geburtsdatum. Jeder Spitze und jeder Vertiefung (auch als »Feld« bezeichnet) des Pentagramms wird eine Zahl - und somit ein Organ - zugeordnet. Folgende Tabelle verdeutlicht, welches Organ zu welchem Feld gehört:

Pentagrammfeld – Organ

Pentagrammfeld	*Organ*
1	Kopf
2	Bauchspeicheldrüse (Pankreas)
3	Magen
4	Lungen
5	Leber/Galle
6	Hypophyse
7	Herz/Kreislauf
8	Dreifacher Erwärmer-Meridian*
9	Nieren
0	Darm (Dünn- und Dickdarm)

* Nach Dr. Bachmann (†) erfaßt der 3E-Meridian drei Bereiche:
1. Nahrungsaufnahme und Verdauung,
2. Atmung,
3. Urogenitalsystem und sexuelle Kraft.

Tabelle 9

Die Zuordnung der Zahlen – Organe sieht im Pentagramm dann so aus:

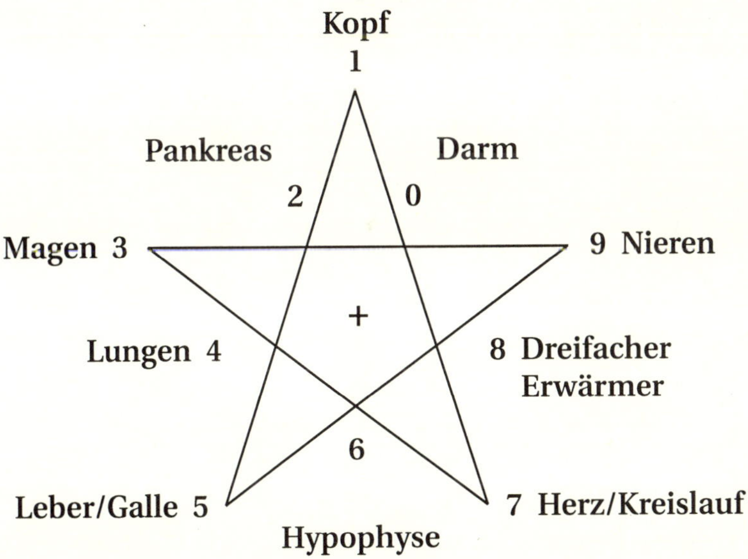

In der nachstehenden Tabelle 10 habe ich aufgelistet, welche unerlösten Emotionen zudem den einzelnen Programmfeldern entsprechen. (Diese Informationen basieren auf dem Buch *Heile Deinen Körper* von Louise L. Hay, siehe Bibliographie. Allerdings habe ich nur diejenigen Angaben aufgeführt, die ich selbst in der Praxis bestätigen konnte.)

Pentagrammfeld – Emotionen

Pentagrammfeld		*Emotionen*
1	Kopf	Sturheit, Aggressivität
2	Pankreas	Unfähigkeit, das Leben zu genießen
3	Magen	Grübeln
4	Lungen	Gefühl des Getrenntseins vom Leben und von sich selbst
5	Leber/Galle	Widerstand gegen Veränderungen, Verbitterung
6	Hypophyse	Innere Einsamkeit, besonders durch die Trennung von dem Christus in uns
7	Herz/Kreislauf	Lebensunsicherheit, Mangel an Zentriertheit, zu große Emotionalität; Unfähigkeit, Gefühle richtig auszudrücken
8	Dreifacher Erwärmer-Meridian	Hier sammeln sich die unerlösten Emotionen von Lungen, Magen, Bauchspeicheldrüse, Leber, Galle, Darm und Nieren, d.h. von allen Bereichen, in denen der Meridian wirkt
9	Nieren	Enttäuschung
0	Darm	Schwierigkeiten mit der Aufnahme neuer Gedanken und Ideen

Tabelle 10

Wie werden die Zahlen eines bestimmten Geburtsdatums den einzelnen Feldern zugeordnet?

Die einzelnen Zahlen des Geburtsdatums, also 1 (für Kopf), 2 (für Pankreas) usw. werden in die entsprechenden Felder eines vorbereiteten Pentagramms eingetragen. Sie können das Muster von S. 60/61 für Ihren Gebrauch kopieren und die Karmadiagnose dann später ergänzen. Die Summe der einzelnen Zahlen des Geburtsdatums, die Quersumme, stellen Sie in die Mitte des Pentagramms (+) und ordnen sie auch noch dem entsprenden Feld zu.

Beispiel-Diagnose

Bei einem am 24. 6. 1950 Geborenen würde die Besetzung des Pentagramms demnach wie folgt aussehen:

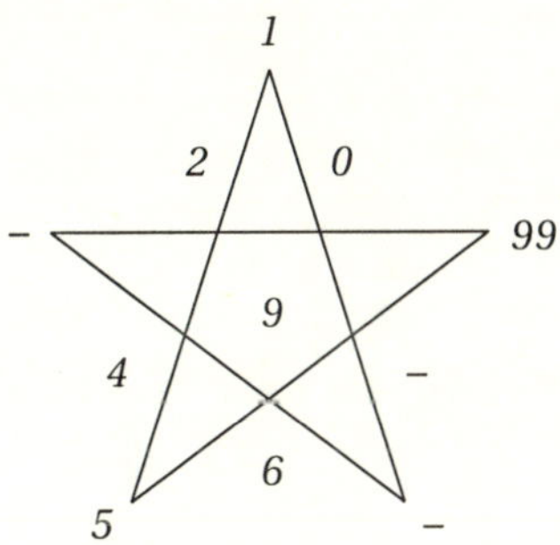

Normalerweise ist ein Feld nur schwach, wenn es *nicht* besetzt ist, bzw. belastet, wenn dort *mehrere* Zahlen erscheinen. Diese Möglichkeit der Schwäche wurzelt auf empirischen Werten.

Hier haben wir es also mit einer Belastung der Nieren zu tun. Schwächen befinden sich in den Bereichen Magen, Herz/Kreislauf und Dreifacher Erwärmer. Es handelt sich um einen Menschen ohne besondere Betonung des Intellekts.

Bei einer anderen Person, die am 18. 5. 1944 geboren ist, würde die Besetzung des Pentagramms wie folgt aussehen: Belastungen in Kopf, Lungen und Leber/Galle. Schwächen in Bauchspeicheldrüse, Magen, Hormonsystem, Herz/Kreislauf und Darm.

Pentagrammdiagnose

Geburtsdatum:

Zahlenwerte:

Quersumme:

Die Quersumme des Geburtsdatums wird in der Mitte und in das entsprechende Feld des Pentagramms *zusätzlich* eingetragen. Tragen Sie die einzelnen Zahlen in die entsprechenden Felder ein.

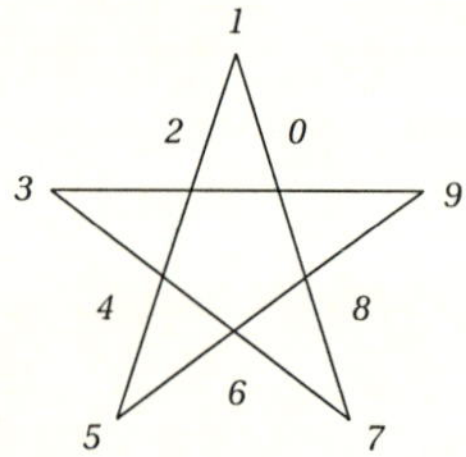

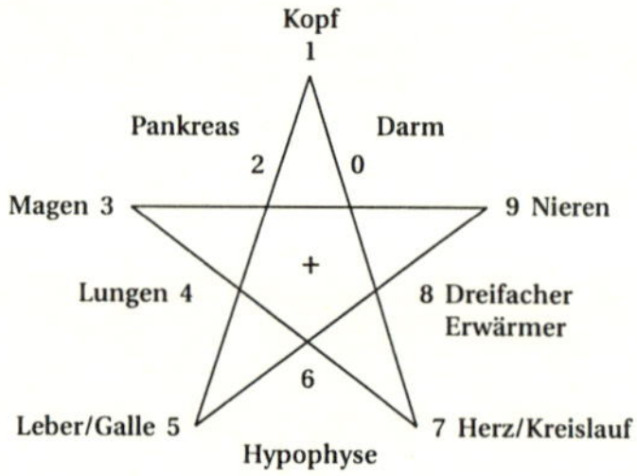

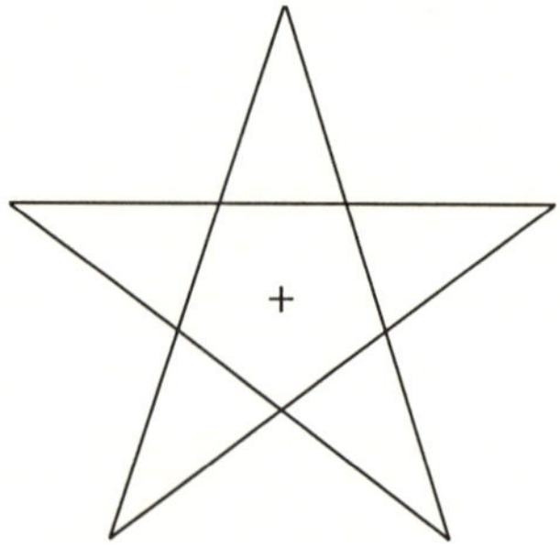

Anmerkung:
(–) leeres Feld: *latente Schwäche* der betreffenden genetischen Anlage
1 Zahl im Feld: *normal*, gesunde genetische Anlage
Mehr als 1 Zahl im Feld: *manifeste Schwäche* der genetischen Anlage – auch wenn klinisch noch nicht faßbar. (Je mehr Zahlen, um so therapiebedürftiger ist der entsprechende Bereich. Eine Ausnahme ist die 1.)

Zur Interpretation lesen Sie bitte im Kapitel Pentagrammdiagnose nach.

Karmadiagnose

Geburtsdatum:

Zahlenwerte:

Bei Frauen wird der *Mädchenname* numerologisiert. Titel wie *Dr.* oder *Prof.* werden in dieser Kurzform als Bestandteil des Namens gewertet. Tragen Sie nun entsprechend den Chakrenzahlen unter *Geburtsdatumszahlen* in die Tabelle ein, wie oft eine Zahl im Geburtsdatum vorkommt.

Umwandlungstabelle

A	B	C	D	E	F	G	H	I	J	K	L	M	N	O	P	Q	R	S	T	U	V	W	X	Y	Z
1	2	3	4	5	8	3	5	1	1	2	3	4	5	7	8	1	2	3	4	6	6	6	6	1	7

Name:

Zahlenwerte:

Tragen Sie nun entsprechend den Chakrenzahlen unter *Namenszahlen* in die Tabelle ein, wie oft diese Zahl im Namen vorkommt. **8** wird zerlegt in 5 und 3; **9** in 6 und 3.

Chakra	*Geburtsdatumszahlen* das WAS – DIE AUFGABE	*Namenszahlen* das WIE – DER WEG
7		
6		
5		
4		
3		
2		
1		

Anmerkung:
Ein *niedrig besetztes* Chakra ist immer therapiebedürftig! Taucht eine *0-Besetzung* ein und desselben Chakras im WAS- und WIE-Bereich auf, so ist die Arbeit daran in dieser Inkarnation von *sekundärer* Bedeutung. Die Arbeit an den bedürftigen Chakren erfolgt stets von unten nach oben (1→7). Das Chakra, das auf der WAS-Seite am höchsten besetzt ist, zeigt die *größte vorhandene Hilfe* dafür an.

Zur Interpretation lesen Sie bitte im Kapitel KARMADIAGNOSE nach.

Welche deutlichen Vorteile bietet diese Diagnose nun für eine Therapie an?

Sie zeigt schnell und zuverlässig sowohl den Zusammenhang zwischen uns und unserer »medizinischen Vergangenheit« als auch den Zusammenhang zwischen den Organen und ihren energetischen Verbindungen auf. Somit ist es empfehlenswert, sich in der Lebensweise gesundheitlich vorbeugend zu verhalten, damit eine gegebene Belastung latent bleibt, oder es wäre zu begrüßen, eine evtl. falsche Lebensweise so zu ändern, daß sie förderlich für Körper und Seele wirkt. Für den Behandelnden heißt es zudem, immer jene Organe zu behandeln, die im Pentagramm schwach oder belastet erscheinen, ob sie in direktem Zusammenhang mit dem momentanen pathologischen Geschehen stehen oder nicht!

Lassen Sie mich Ihnen dazu ein Beispiel aus der Praxis geben: Ein junger Patient, der seit Jahren wegen Magenschleimhautentzündung (Gastritis) und Blähungen behandelt wurde, konnte – als er zu mir kam – über keine entscheidende Besserung seines Leidens berichten. Die Behandlung war (diagnostisch gesichert) zur Gastritis und zum Reizkolon orientiert; bei ihm stimmten Symptome und Krankheitsbild überein. Die Pentagrammdiagnose ergab eine Belastung der Bauchspeicheldrüse (alle diesbezüglichen klinischen Untersuchungen erwiesen sich jedoch als ohne Befund). Ich behandelte dieses Organ zusätzlich – und nach kurzer Zeit war der Patient beschwerdefrei. Auch weitere klinische Untersuchungen ergaben keinen Befund mehr. Dies ist in meiner Arbeit mit der Pentagramm-Diagnostik kein Einzelfall!

Wie sind die Zahlen im Zusammenhang mit den Feldern für eine Diagnose zu interpretieren?

- Nur *eine Zahl* auf einem Pentagramm-Feld bedeutet eine normale, gesunde Anlage, was die erbliche Situation betrifft.
- *Keine Zahl* in einem Feld: Die betreffenden Organe sind schwach.
- Je *mehr Zahlen* auf einem Feld erscheinen, um so ungünstiger ist die Situation dieses Bereiches. Die Organe sind belastet.
- *Mehr als eine 1 im Kopf-Feld* bedeutet, daß dieser Mensch eher ein Einzelgänger, ein »Dickkopf«, »hartnäckig« und intelligent ist. Dies alles sind Eigenschaften der Zahl selbst. Ich habe bis heute nicht beobachtet, daß die Wiederholung anderer Zahlen die Zahleigenschaften im Charakter des Menschen verstärken, sondern eher eine Belastung des entsprechenden Organs darstellen. Meines Erachtens

bildet hier die 1 eine *Ausnahme*, die ich bislang nur aufgrund von Beobachtungen in meiner Praxis bestätigen kann. Dies bedeutet allerdings nicht, daß man auf Hirnprozesse nicht achten sollte, im Gegenteil. Erfahrungsgemäß haben wir es hier mit einer Doppelsinnigkeit zu tun, die ich bei keiner anderen Zahl gefunden habe.

- Wenn *drei oder mehr gleiche Zahlen* auf ein Feld fallen, spricht dies *möglicherweise* für eine Krebsgefährdung im entsprechenden Bereich.

Der Unterschied zwischen Schwäche und Belastung besteht darin, daß die Schwäche eine Latenz darstellt, die nicht manifest zu werden braucht, während die Belastung bereits manifest ist, auch dann, wenn sie klinisch noch nicht faßbar ist. Wir erkennen die Belastung stets als therapiebedürftig. Die Schwäche ist das noch nicht ausgebrochene Genetische. Die Belastung ist eine Aktualisierung der Schwäche, die man behandeln muß.

4. Das Pentagramm offenbart unsere genetischen Schwächen und Belastungen

Der große Wert dieser Diagnose liegt weiterhin darin, daß sie uns auf Schwächen aufmerksam macht, die häufig noch keine Beschwerden verursachen. Die Frage, ob diese Diagnose uns auch auf unsere Stärken aufmerksam macht, muß ich mit einem »klaren« Jain beantworten: Ja, weil ein mit nur einer Zahl besetztes Feld *normal* (frei von Belastungen) ist. Nein, weil es keine Angabe gibt, die spezifisch eine Stärke zeigt. Aber gibt es Stärkeres, als normal zu sein?

Die Pentagrammdiagnose zeigt uns unmißverständlich, auf welche genetische Anlage wir – auch im Sinne einer gesunden, vorbeugenden Lebensweise – achten sollten. Dies ist jedoch nicht immer verifizierbar, denn häufig liegt der Fall so, daß die eigenen, in der Pentagrammdiagnose gezeigten Schwächen mit den uns bekannten familiären Krankheiten nicht übereinstimmen. Dies sollte uns aber keineswegs entmutigen oder gar den Glauben an diese Diagnose rauben!

Nachfolgend schildere ich Ihnen einen Fall, in dem die Treffsicherheit der Pentagrammdiagnose offenkundig wird. Der Patient war ein kleines Kind. Ich erhob zusätzlich auch die Pentagrammdiagnose bei den Eltern. Urteilen Sie selbst!

Mutter – geb. 22.4.1959:

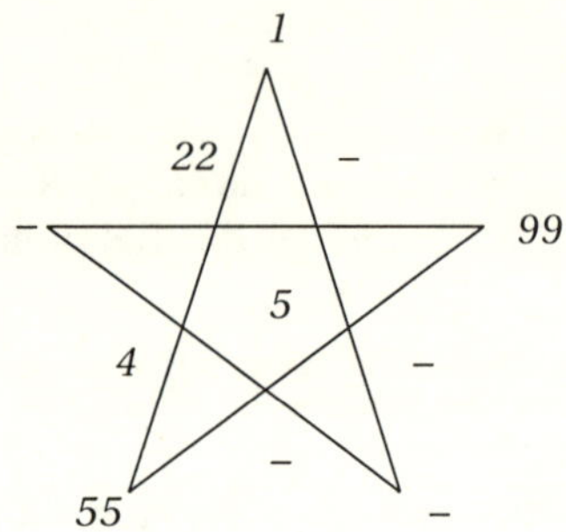

Kurze Deutung: Belastung in den Bereichen Pankreas, Leber/Galle und Nieren, Schwächen in den Bereichen Magen, Hormone, Herz/Kreislauf, Dreifacher Erwärmer und Darm.

Diese Deutung wurde von der Dame bestätigt.

Vater, geb. 24.12.1955:

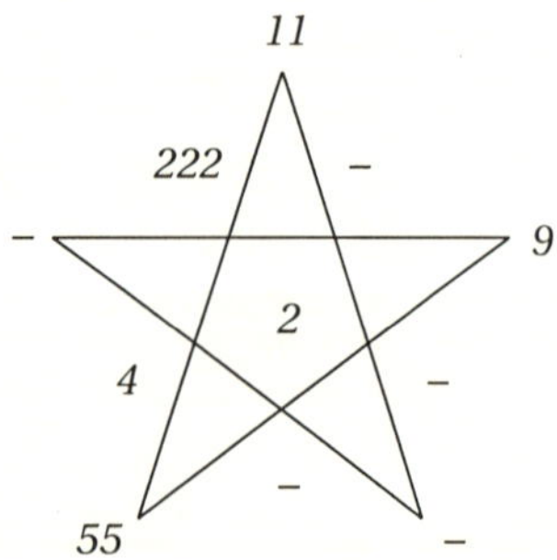

Kurze Deutung: Belastung in den Bereichen Pankreas (wie die Ehefrau, jedoch stärker) und Leber/Galle (wie die Ehefrau), Schwächen in den Bereichen Magen, Hormone, Herz/Kreislauf, Dreifacher Erwärmer und Darm (exakt wie die Ehefrau).

Auch dieser Patient bestätigte die Deutung.

Sohn - geb. 31.3.1983:

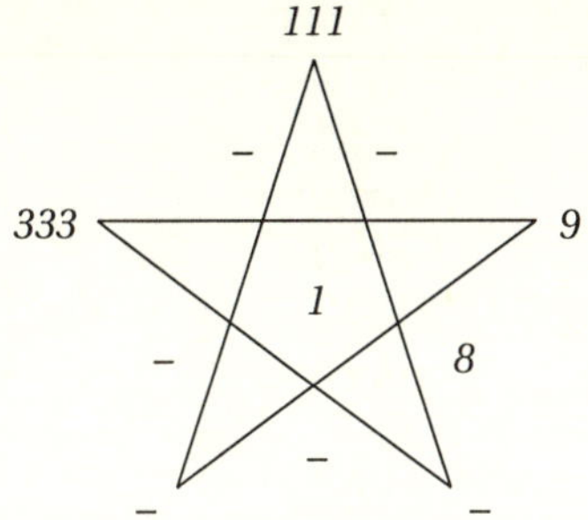

Kurze Deutung: Wenn Sie die Pentagramm-Felder, die bei Mutter und Vater schwach bzw. belastet sind, betrachten, werden Sie sehen, daß das Pentagramm des Sohns fast wie eine Zusammenfassung der elterlichen Schwächen und Belastungen aussieht. Bitte richten Sie Ihre Aufmerksamkeit auf die Felder Kopf, Magen, Bauchspeicheldrüse, Lungen, Leber/Galle, Hormone, Herz/Kreislauf und Darm im Pentagramm des Kindes, und vergleichen Sie diese mit den Pentagrammfeldern der Elternteile!

Die Treffsicherheit in diesem Beispiel war weder ein Einzelfall noch ein Zufall. Da solche Beispiele reproduzierbar sind, schließe ich Zufälligkeiten aus.

5. Die seelisch-charakterliche Zusatzdiagnose

Das Pentagramm bietet noch eine andere Möglichkeit der Diagnose an, die sich eher im Bereich des Seelisch-Charakterlichen als im Bereich des Physischen bewegt. Hier geht es um Belastungen oder Schwächen von verschiedenen Feldern *in Kombination.* Verbinden Sie nacheinander jene Punkte, die Belastungen und Schwächen aufzeigen. Die Verbindung einiger schwacher bzw. belasteter Felder miteinander ergibt eine weitere Möglichkeit der Diagnose auf der charakterlich-seelischen Ebene. Dies möchte ich etwas verdeutlichen: Die nachfolgend aufgeführten Kombinationen beruhen auf praktischen Erfahrungen:

Ich möchte Ihnen hier empfehlen, die auf S. 89ff. angegebenen Vorbeugungsmaßnahmen für die belasteten Felder zu beherzigen.

Belastungen, Schwächen oder beides kombiniert:

in den Feldern 1 und 7:

spricht für Menschen mit einem kindlichen Gemüt;

in den Feldern 2, 5 und 0:

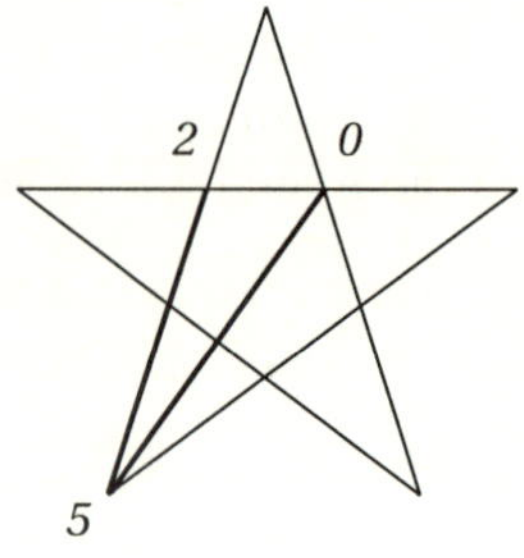

weist auf Menschen hin, die weinen müssen, um gesund zu werden;

in den Feldern 1, 3, 9:

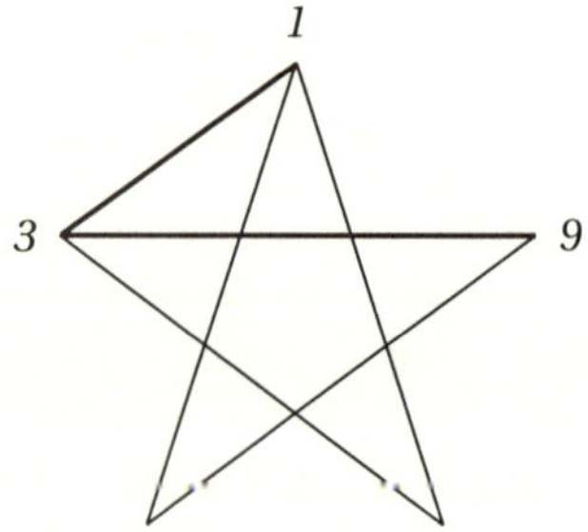

haben Menschen ohne oder mit geringer Erdverbindung;

in den Feldern 2 und 7:

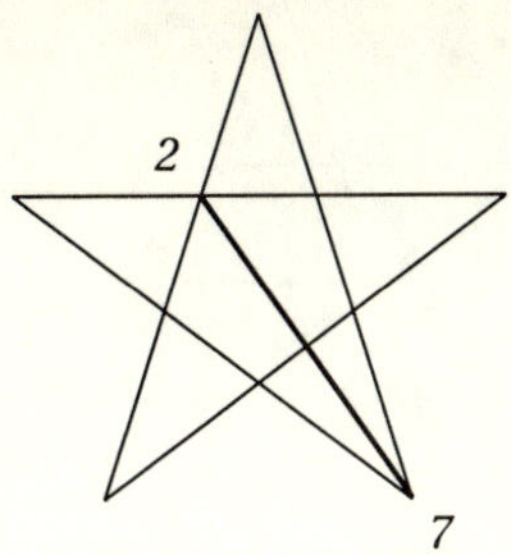

macht auf eine Hysterie-Neigung aufmerksam;

in den Feldern 3 und 6 bzw. 3, 6 und 9:

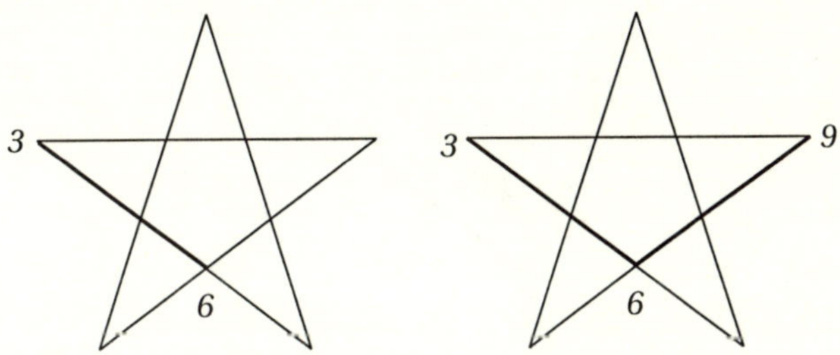

deutet auf Kopfschmerz oder die Neigung dazu;

in den Feldern 4 und 0:

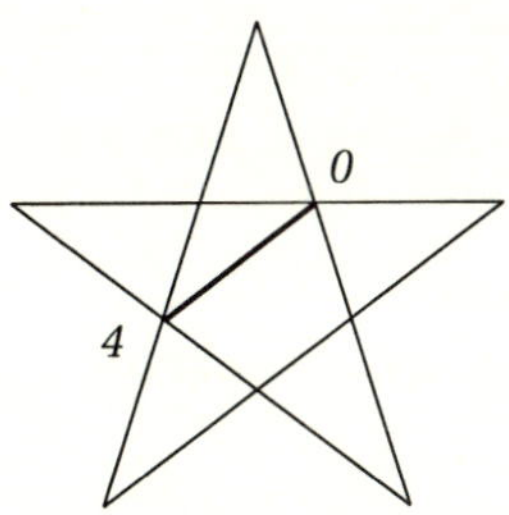

offenbart Partnerschaftsprobleme;

in den Feldern 4 und 8:

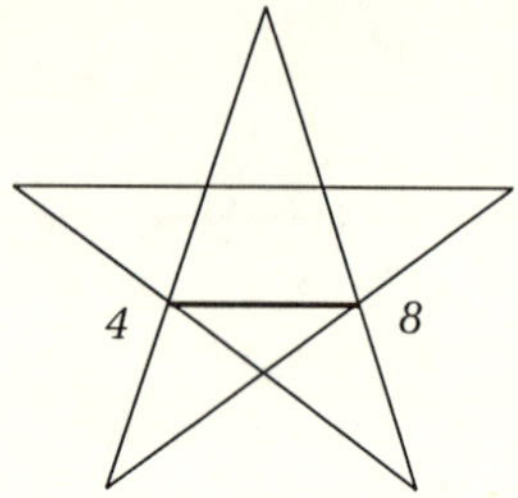

weist hin auf Schuldgefühle. Dies trifft besonders zu, wenn die 8 schwer belastet ist;

in den Feldern 5 und 8:

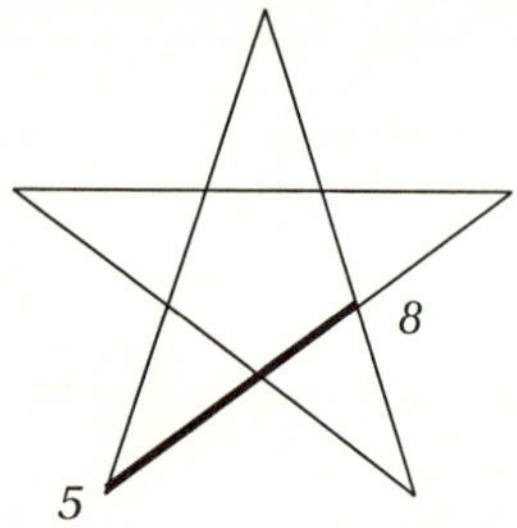

deutet hin auf »Tod« im Sinne von *Transformation.* Nach meinen Erfahrungen haben Menschen mit dieser Konstellation seelische Strukturen, die zu einer Transformation ihrer Lebensart in Richtung Spiritualität führen. Es ist nach meiner Beobachtung also nicht der physische Tod angesprochen, sondern eher die Bedeutung der Karte XIII des Tarots;

in den Feldern 6 und 9:

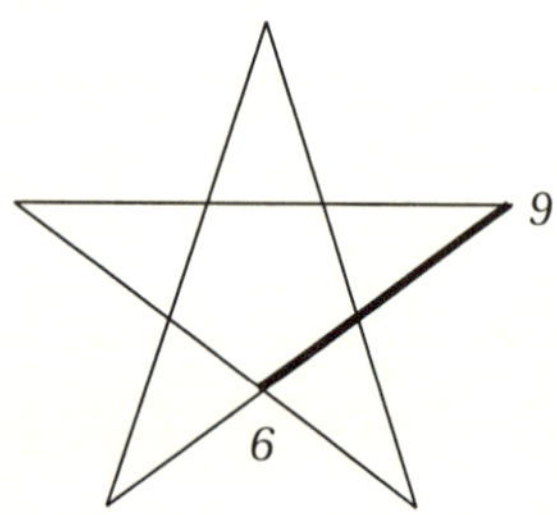

spricht für Partnerschaftsprobleme, jedoch stärker als bei der Linienkombination 4 – 0, weil hier die Zahl 9 (Gefühle) involviert ist;

in den Feldern 8 und 0:

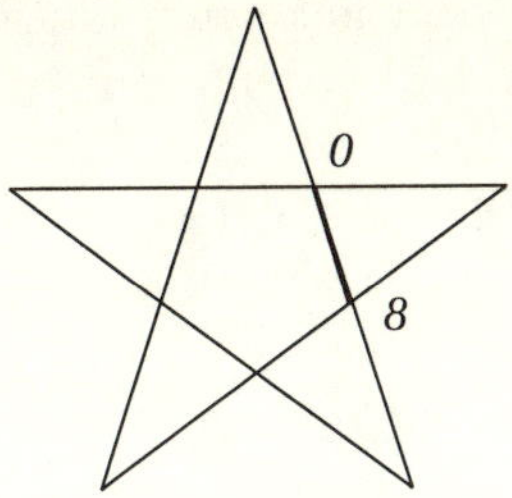

weist hin auf Menschen, die Schwierigkeiten haben, sich langfristig zu binden, und auf Beziehungsprobleme allgemein.

Dieses Arbeitsmaterial habe ich in meiner Praxis immer als »Insider-Information« betrachtet, die mir noch eine Möglichkeit anbot, ein besseres Bild der Patienten zu gewinnen. Darüber habe ich mit ihnen selbst so gut wie nie gesprochen, denn ich wußte, daß sie zu dieser Information keinen bewußten Zugang haben. Es ist immer besser, soviel als möglich über die Patienten zu erfahren, um zu helfen, aber darüber eher zu schweigen, als Verwirrung zu stiften. Für sich selbst kann es jedoch durchaus aufschlußreich sein, diese Zusatzmöglichkeit der Pentagrammdiagnose zu einer erweiterten Selbsterkenntnis zu nutzen!

6. Die Korrelation zwischen Chakren, Organen und Akupunktur-Meridianen

Wir haben bis jetzt über die Wechselbeziehung zwischen Organen und genetischer Disposition des Patienten gesprochen. Lassen Sie uns jetzt auf die Korrelation zwischen Organen, Akupunktur-Meridianen und Chakren eingehen. Dieses Gebiet ist m. E. von großer Wichtigkeit, denn die Organe, die in dieser Diagnose als schwach oder behandlungsbedürftig erscheinen, zeigen uns auch, auf welcher energetischen Ebene eine helfende, zusätzliche Arbeit zu leisten wäre. Dies ist von besonderer Wichtigkeit für Reiki- und/oder Polarity-Therapeuten sowie Akupunkteure oder auch für denjenigen unter Ihnen, der selbst mit energetischen Heilweisen Erfahrung hat.

So, wie sich Psyche und Soma gegenseitig belasten, so gibt es auch einen diesbezüglichen Zusammenhang zwischen den Organen und Chakren; d.h., insuffiziente Organe belasten die entsprechenden Chakren, und »defekte« Chakren belasten die Organe. So können wir die gestörten, schwachen und/oder belasteten Organe über die entsprechenden Chakren behandeln oder die konventionelle Behandlung auf diese Weise verstärken.

Die Zuordnung hier sieht wie folgt aus:

Auf diese Aufteilung werden wir wieder eingehen, wenn wir die Anordnung des Pentagramms in seiner Lateralität links/rechts betrachten.

Eine zusätzliche Hilfe für die einer Diagnose folgende therapeutische Arbeit bietet uns insbesondere die Beachtung der Zusammenhänge zwischen Chakren und Meridianen:

Chakra	*arbeitet zusammen mit folgenden Meridianen:*
1	Harnblase, Dünn- und Dickdarm, Kreislauf/Sexus
2	wie 1. Chakra; dazu Milz/Pankreas
3	Milz/Pankreas, Magen, Leber, Gallenblase, Nieren
4	Magen, Leber, Gallenblase, Nieren, Lungen, Herz
5	Herz, Lungen, Dreifacher Erwärmer, Kreislauf/Sexus
6	Dreifacher Erwärmer, Kreislauf/Sexus, Leber, Gallenblase
7	allen Meridiane

Tabelle 11

Die entsprechenden Meridiane, die ggf. behandelt werden können, sind durch die Pentagrammdiagnose leicht ersichtlich; denn kennen wir das belastete Organ, so kennen wir das entsprechende Chakra, und kennen wir das entsprechende Chakra, so kennen wir ebenfalls die dazu gehörenden Meridiane!

Zusammenfassend stellen wir fest:

- Die Pentagrammdiagnose gibt uns exakte Informationen über unsere genetische Ausgangssituation, ob diese klinisch festzustellen ist oder nicht.
- Die Pentagrammdiagnose gibt uns klare Informationen über Organe, die (mit)zubehandeln sind, ob diese in direkter Relation mit dem pathologischen Geschehen stehen oder nicht.
- Die Pentagrammdiagnose offenbart über die Organe die Verbindung zwischen Organ und Chakra.

Wenn wir über die Chakren die zugehörigen Akupunktur-Meridiane orten, zeigt uns die Pentagrammdiagnose den therapeutischen Weg über die Akupunktur-Meridiane.

7. Die Reihenfolge im Pentagramm und ihre Bedeutung

Wir wissen, daß der Mensch, vergleichbar einer Batterie, einen positiven und einen negativen Pol hat. Durch den Kopf (7. Chakra) empfangen wir die positive, durch die Füße (1. Chakra und die Nebenchrakren in den Fußsohlen) die negative Energie. Die rechte Seite des Körpers ist positiv und die linke negativ geladen. Wir dürfen jedoch diese Pole nicht als getrennt voneinander verstehen, als Kräfte, die hier negativ und dort positiv, somatisch oder spirituell wirken. Es ist vielmehr notwendig, diese Begriffe im Sinne einer Spirale zu betrachten.

Dieses Prinzip hat Papus in seinem Buch *Tarot der Zigeuner* (vgl. Bibliographie) anhand des Tetragramms (des Namens Jehova) meisterhaft beschrieben. Er sagt, der letzte Buchstabe des Tetragramms sei sowohl das Ende einer Ebene als auch der Beginn der nächsthöheren. Was hier gemeint ist, ist die Aufgabe des Menschen, das Negative als Startposition zu gebrauchen, um es in das Positive zu verwandeln! Die Wiederholung dieser Verfahren kreiert eine Spirale, die uns von Ebene zu Ebene bis zur Vervollkommnung führt.

Was meint Papus in Wirklichkeit damit? Die Tiefe seiner Gedanken, seine philosophisch-theologische Breite können wir in zwei Worten zusammenfassen: *spirituelle Entwicklung*. Aber was ist Entwicklung? Entwicklung ist Bewußtwerdung. Der Mensch entwickelt sich erst, wenn er sich über sich selbst, über seine Gottähnlichkeit, über seine Zugehörigkeit zum Kosmos bewußt wird, wenn er sich selbst entdeckt und begriffen hat, nicht eher. In jeder Inkarnation verfügen wir über eine bestimmte Bewußtseinsstufe, die stets etwas höher ist als die des vergangenen Lebens. Von dieser Bewußtseinsebene aus betrachten wir uns, werden wir uns über uns selbst in jedem neuen Leben ein wenig bewußter, kurzum, wir entwickeln uns. Sicher werden wir die unerreichbare letzte Entwicklungsstufe - das faustische *eritis sicut Deus* (wie Gott sein) - nie erreichen, aber das Engelhafte steht uns immer offen. So ist es gut für uns, Stück für Stück freiwillig und voller Freude die Treppe dieser Entwicklung (in der jede Inkarnation eine Stufe darstellt) hochzusteigen. Dies ist, was Papus meint mit dem letzten He des Wortes Jehova, das gleichzeitig das erste He einer höheren Ebene in der Entwicklungsspirale bedeutet. Eine Schraube ohne Ende? Nein. Nur der normale Weg der Entwicklung. In Bezug zum Pentagramm können wir dies so darstellen:

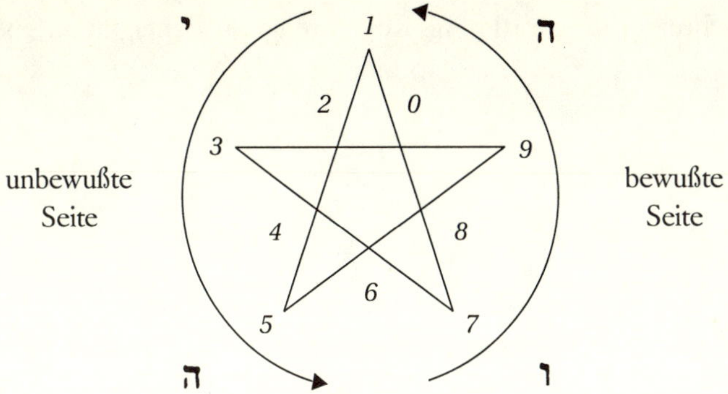

Eine genaue Erklärung der hebräischen Buchstaben würde ohne Frage den Rahmen des Buches sprengen, doch das wäre nötig, um ein besseres Verständnis zu ermöglichen. Ich möchte sie so erklären, wie ein alter Freund mich diesbezüglich vor langer Zeit unterrichtete, wenn auch in einer sehr verkürzten Form:

Iod (י) bedeutet: Hand
He (ה) bedeutet: Fenster
Wau (ו) bedeutet: fester Halt

Durch dieses Wissen können wir eine deutliche Verbindung zwischen Papus' Theorie und der Verheißung des Pentagramms schaffen, das von links (das Unbewußte) nach rechts (das Bewußte) »gelesen« wird:

Iod (י) und He (ה) links plaziert, bedeutet: Die Arbeit (durch die Hand symbolisiert) an uns (an unserem Unbewußten) beginnt, das »Fenster« der Erkenntnis (erstes He) in der menschlichen Dimension zu öffnen, d. h., wir beginnen, uns als entwicklungsfähige Wesen zu erkennen.

Rechts stehen Wau (ו), der feste Halt, und wieder He (ה), was unsere Bemühung, die Öffnung unseres zweiten »Fensters« (zweites He) zu einer höheren Dimension zu ermöglichen, bedeutet. Unser fester Halt – Wau (ו) – ist unser Glauben und unsere innere Verbindung zu Gott. (Diese Verteilung der Buchstaben ist rein symbolisch und von der hebräischen Schriftweise unabhängig!)

Um diese Gedanken besser zu verstehen, möchte ich Sie herzlich bitten, alles, was Sie über die diagnostische Bedeutung des Pentagramms gelesen haben oder lesen werden, vorerst beiseite zu legen und sich nur auf diesen Gedanken der Pentagramm-Lateralität (links–rechts: Unbewußtes–Bewußtes) zu konzentrieren.

So beschreibt die Anordnung/Reihenfolge im Pentagramm ebendiese Aufgabe!

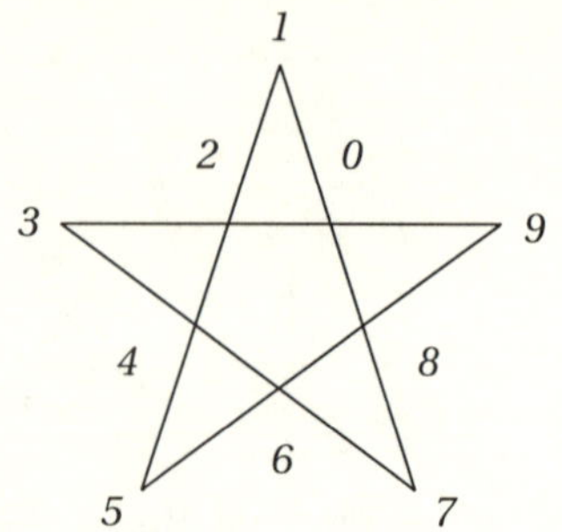

Auch durch die Aussage der Numerologie ist das gut zu erkennen: Die Bewegung von links nach rechts endet in den Nieren (Zahl 9). Die 9 ist die Zahl der Selbsterkenntnis (der Eremit des Tarots). Schon Pythagoras sagte, daß die Aufgabe des Menschen darin bestehe, die 9 (Selbstbesinnung, Selbsterkenntnis) zu erreichen. Die 0, die Zahl des Darms (der Darm ist Werkstatt der Resorption und der Ausscheidung), deutet auf die Auflösung des Ego und die Integration unserer eigenen Göttlichkeit hin.

Im Zusammenhang mit den Linienbewegungen gibt es manche Möglichkeiten, darüber zu spekulieren, wie das Pentagramm seinen Weg in die christliche Mystik gefunden hat. Für mich sind die Überlegungen des Agrippa von Nettesheim (1486–1535) diejenigen, die wahre Aufmerksamkeit verdienen. Sie sind einfach und präzise: Er veränderte das Tetragramm, das aus 4 Schriftzeichen besteht, und plazierte in die Mitte des Wortes zwischen He und Wau das Zeichen Schin. So entstand aus dem Wort יהוה (Jehova) das Wort יהשוה (Joschua oder Jesus). Aus vier Schriftzeichen wurden fünf (die Zahl des Pentagramms); aus dem Vater (Jehova) wurde der Sohn (Joschua), denn »der Vater und ich sind eins!« So können wir sagen, daß alle Linienbewegungen im Pentagramm zum *Christus in uns* führen.

Dies wird verständlich, wenn wir mit den Chakren (die, wie wir bereits wissen, den verschiedenen Organen zugeschrieben sind) arbeiten: Zuerst verbinden wir durch eine gedachte Linie die Pentagramm-Punkte 1 (Kopf) und 6 (Hormone); d. h., wir verbinden das 7. Chakra (Sahasrara) mit dem 6. Chakra (Ajna). In der westlich-mystischen Betrachtung der Chakren steht Ajna für den Sohn und Sahasrara für den

Vater. Wir verbinden somit den Vater mit dem Sohn. Das entspricht der Aussage »Der Vater und ich sind eins« und der Begründung der hermetischen Philosophie »Wie oben, so unten«.

Warum das Pentagramm von links nach rechts und nicht umgekehrt gelesen wird, wurde mir bei einem Indienaufenthalt deutlich und hat Verbindung mit der Philosophie über die drei großen Emanationen oder Nadis: Ida, Pingala und Shusumna. Ich möchte diese Begriffe kurz erläutern:

»Die Nadis«, sagt Swami Satyananda Saraswati (*Kundalini Tantra* – Bihar School of Yoga, Munger, Bihar, India), »sind keine Nervenbahnen, sondern eher Kanäle, durch die Bewußtheit fließt. Die wirkliche Bedeutung des Wortes *Nadi* ist *fließen*. Und so, wie negative und positive elektrische Kräfte durch komplexe elektrische Systeme fließen, so fließen auch Prana Shakti (vitale Stärke) und Manas Shakti (mentale Stärke) über diese Kanäle durch den ganzen Körper ... Ida kontrolliert alle mentalen Prozesse, während Pingala über die vitalen Prozesse herrscht. Ida kennen wir als den Mond und Pingala als die Sonne.«

Der Mond repräsentiert das Unbewußte, das Empfängliche, während die Sonne für die bewußten, aktiven Kräfte steht. Im menschlichen Körper verlaufen diese Nadis wie folgt: Ida (das Unbewußte) links von der

Wirbelsäule, Sushumna durch den Wirbelsäulenkanal und Pingala (das Bewußte) rechts von der Wirbelsäule.

So beginnt auch im Pentagramm das Lesen bzw. die Entwicklung der Diagnose von links nach rechts, vom Unbewußten (den verborgenen Gedanken) zum Bewußten (der erkennbaren Erscheinung)!

Wenn wir sagen, daß der Weg des Menschen von links (negativ) nach rechts (positiv) geht, bedeutet das folgendes: Wir starten aus dem 7. Chakra (durch die Position 1 im Pentagramm dargestellt) und »machen die Runde« von links nach rechts, bis wir das 7. Chakra wieder erreichen. Dies ist sehr logisch, denn »aus dem Geist bist du entstanden, und zum Geist gehst du.« Oder anders formuliert: Wir kommen aus dem Bereich des Geistes mit einer karmischen Bestimmung (die linke Seite des Pentagramms), die wir zu integrieren haben (das Erreichen der rechten Seite). Wenn wir diese Reise beendet haben, wenn wir also das 7. Chakra von links nach rechts erreicht haben, findet in der nächsten Inkarnation die gleiche Reise statt, jedoch in einer höheren Sphäre. Und so geht es weiter, bis unsere Karmareise endgültig beendet ist.

Betrachten wir jetzt die von links nach rechts verlaufenden Linien:

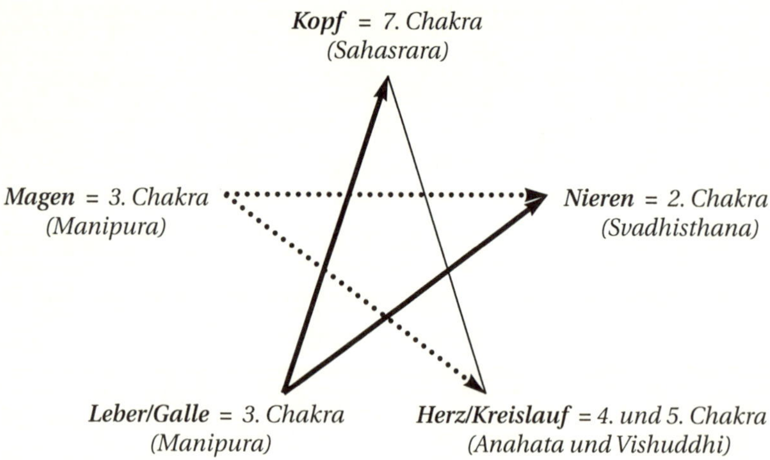

Interessanterweise laufen nur vier Linien in diese Richtung und bilden dabei zwei Spitzen: Der Magen (3. Chakra) verbindet sich mit den Nieren (2. Chakra) und dem Herz/Kreislauf (4. und 5. Chakra). Die Leber (ebenfalls 3. Chakra) mündet gleichfalls in die Nieren (2. Chakra) und in den Kopf (7. Chakra). Die Ausgangssituation scheinen die Emotionen und das Prinzip der persönlichen Macht (3. Chakra) zu sein. Wir brauchen hier keine besondere Aufklärung, um zu wissen, daß diese Prinzipien die Welt regieren.

Signifikant scheint mir zu sein, daß beide Spitzen (Magen und Leber), die dem 3. Chakra entsprechen, mit ihren Linien im gleichen Punkt enden, der Nierenspitze. Der Magen läuft zusätzlich zu Herz/Kreislauf (4. und 5. Chakra), d.h. zur Ebene des Heiligen Geistes (5. Chakra) und zur Ebene des Christus-Bewußtseins (4. Chakra); die Leber läuft zusätzlich zum Kopf (7. Chakra), d.h. zur Ebene des Vaters.

Das 2. Chakra und die Spitze 9 (Nieren), wo sowohl die Linie des Magens als auch die der Leber mündet, müssen wir ein wenig tiefer betrachten: Das 2. Chakra ist das Chakra der Dualität. Dieser Begriff beschränkt sich nicht nur auf eine von zwei Menschen gebildete Dualität (Ehe, Partnerschaft u.ä.). Diese Dualität schließt die Dualität mit sich selbst, die Dualität des Menschlich-Göttlichen in uns ein. Sie repräsentiert das Unbewußte in uns. Die Botschaft dieses Chakras mahnt also, das Unbewußte und das Bewußte in uns zu integrieren. Dadurch besiegen wir die Dualität und erheben uns über sie.

Die Zahl 9 ist uns von den Großen Arkana des Tarots (DER EREMIT) wohlbekannt. Diese Karte ist das dritte Symbol des Horus (des Geistes) und hatte eine große Bedeutung in den Mysterien der ägyptischen Initiationen. Dieser Pilger, der Eremit, hat nach alter Darstellung gelernt, was zu lernen war. Er ist auf dem Weg und gehört nicht mehr hierher. Und wir müssen lernen, die irdischen Emotionen zu transformieren und die persönliche Macht dem Schöpfer zurückzugeben, was der Linienverlauf zum 4. und 5. Chakrabereich bzw. zur 7. Chakra-Ebene verdeutlicht. Hier möchte ich die Worte des Pythagoras wiederholen:

»Die Aufgabe des Menschen auf Erden ist, die 9 zu erreichen.«

8. Der spirituelle Entwicklungszyklus

Nun möchte ich ausführlich auf die geistig-seelische Bedeutung der Zahlen im Pentagramm eingehen:

Die 1 – Materialisierung des Geistes; Schöpfungsprinzip

Die 1 (Kopffeld) steht für das Schöpfungsprinzip. Sie ist der Beginn von allem, was einmal werden wird, der ursprüngliche Gedanke, der Logos, die erste Stufe der Entwicklung. So betrachtet, dürften wir keine Schwierigkeiten haben, die Bedeutung der 1 zu verstehen; aber wichtig ist, diese Bedeutung innerhalb der gedanklichen Strukturen des Pentagramms zu erkennen.

Ein Vergleich zwischen der jüdischen und der hinduistischen Schöpfungsgeschichte wird uns dabei helfen:

Im ersten Buch Moses (Gen 1,26–27) steht geschrieben: »... laß uns Menschen *machen* als unser Abbild, uns ähnlich ... als Mann und Frau erschuf er sie.«

In dieser Beschreibung beeindrucken besonders zwei Momente, die mit der 1 des Pentagramms kaum zu vereinbaren sind:

a) Der Gott des Moses wird charakterisiert als das männliche, aktive Prinzip. Er ist der unbestrittene Schöpfer, ein omnipotenter Gott. Dieses Gottesbild wird später vom Christentum übernommen und prägt die soziologischen und gesellschaftlichen Strukturen unseres Kulturkreises bis zum heutigen Tag.
b) Die dadurch geschaffene hierarchische Dualität wird unübersehbar: Gott schöpft; aber Er und die von Ihm Geschaffenen, seine Geschöpfe, sind – von Anfang an – zwei verschiedene, getrennte Größen: Er schafft, ich werde geschaffen. Es steht uns jedoch frei – so haben wir es gelernt –, mit Gott zu kommunizieren – aber nur mit einem Gott im Himmel, mit einem Gott, der weit entfernt von uns ist, der in »seinem ewigen Glanze« lebt und der unter Umständen unerreichbar für uns ist.

In diesen Gedankenstrukturen bleibt recht wenig Platz für eine echte Gottesbeziehung und noch weniger für die eigene freiwillige Entwicklung, was die 1 im Pentagramm bedeutet. In einem System, wo der

Wille Gottes und die Pflicht des Menschen von Klerikern bestimmt und verkündet wird, ist der Mensch chancenlos und kann sich aus dem soziologischen Rahmen, in dem er geboren wurde, kaum mehr befreien. Diese Gedankenstrukturen werden von Generation zu Generation vererbt. Es werden nicht nur die Charaktere der einzelnen dadurch geprägt, sondern die Werte werden weiter übermittelt.

Wenn wir bedenken, daß das theozentrische Denken in manchen Kreisen immer noch gültig ist, müssen wir erkennen, wie wenig dieses Denkmodell zur Verheißung der 1 im Pentagramm passen kann! Das Pentagramm hilft uns zwar, die genetischen Belastungen eines Menschen zu orten, aber es hilft auch, die Entwicklungslücken und die Erlösungsmöglichkeiten herauszufinden. Es ist offensichtlich, daß dieses Vorhaben sich gegen jede Form des Absolutismus wehren muß. Um uns der spirituellen Seite des Pentagramms zu nähern, finden wir leichter den Einstieg über die Schöpfungsphilosophie des Hinduismus:

Der Schöpfergott der Hindus ist Brahma; die hinduistische Dreifaltigkeit ist Brahma, Vishnu und Shiva. Auf den ersten Blick scheint es, als ob die Strukturen sich gleichen: ein absoluter Schöpfer, der in einer Dreifaltigkeit wurzelt. Jedoch sind die Unterschiede zwischen Judentum/Christentun und Hinduismus grundlegend. Die christliche Dreifaltigkeit wird von dem absolutistischen Willen des Vaters regiert (»Kein Blatt am Baum bewegt sich ohne den Willen des Vaters«). Bei den hinduistischen Göttern dagegen besteht eine enge Zusammenarbeit, ein »Teamwork«, sie wirken zusammen. Jeder tut seine Pflicht zum Wohle des Ganzen, und keiner behält die Oberhand: Brahma schafft, jedoch schafft er *nichts Neues* und *nichts Fremdes*; er macht sich selbst in seiner Schöpfung sichtbar. Seine Schöpfung ist mit einem konkaven Spiegel vergleichbar, in dem er sich »inkognito« reflektiert. Sein Geist nimmt Form an durch und in der Materie. So besteht die Aufgabe des Individuums darin, IHN hinter der Illusion dieser Materie zu erkennen und sich mit ihm wieder zu vereinigen. Vishnu sorgt für die Harmonie innerhalb der Schöpfung. Shiva vernichtet all das, was »überflüssig« geworden ist, um Platz für das Neue zu schaffen.

Nach diesem kleinen Ausflug in die hinduistische Philosophie kehren wir zu dem Punkt zurück, wo unsere Reise begonnen hat: zum Geist. Im Hinduismus entstehen wir nicht aus Erde, sondern aus dem Geist und kehren nicht zur Erde zurück, sondern zum Geist. Dieser multifunktionelle Schöpfungsgedanke ist die Botschaft der 1 im Pentagramm.

Ich möchte nochmals betonen: Die Schöpfung im Sinne der 1 im Pentagramm ist keine elitäre, nur für einen Gott reservierte Schöpfung, sondern ein ununterbrochener Prozeß, der vom Menschen selbst ausgeht und zum Menschen zurückkehrt. Diese Arbeit, die nur in geistiger Freiheit geschehen kann, hilft uns, auf eine höhere Ebene in der eigenen Spiritualität zu gelangen, damit das Hauptziel der kosmischen Vervollkommnung erreicht werden kann. Das Individuum als Projektion des Göttlichen (nicht als sein »Dienstbote«) ist der wahre Träger einer universellen Verantwortung. Seine Gedanken machen ihn zum Schöpfer und Erneuerer des Weltkarmas. Das macht ihn göttlich und dämonisch zugleich. Und das ist sowohl die Bedeutung der 1 im Sinne des spirituellen Pentagramms als auch der Grund, warum seine Aussage von links nach rechts zu lesen ist.

Der Schöpfung folgt die Entwicklung. Die Entwicklung eines Menschen ist dem Bau eines Hauses vergleichbar: Durch Beseitigung von Erde muß Platz für den Keller geschaffen werden. Dann muß das »Loch« betoniert, der Keller fertiggestellt werden. Erst dann kann man mit dem Bau des Hauses beginnen.

Die Erde, die beseitigt werden muß, sind die Unvollkommenheiten, die wir in diese Inkarnation mitgebracht haben, das entstehende »Loch« ist unser Unbewußtes und der Zement das Material bzw. die Hilfe, die wir aus früheren Inkarnationen mitgebracht haben, um unsere Unvollkommenheiten umzuwandeln (die »Wie-Seite« der Karmadiagnose; vgl. dort). Die Arbeiter, die beim Bau tätig sind, sind die Eigenschaften unserer Seele: Wille, Weisheit, Glaube, Vertrauen, Ausdauer, Liebe.

Die 2 – Angst in Vertrauen verwandeln

Im Pentagramm ist das Unbewußte durch die zwei ersten Felder dargestellt: Bauchspeicheldrüse (Feld 2) und Magen (Feld 3). Die Zahl 2 ist das Symbol der Isis, deren Schleier wir zerreißen müssen, um in den Genuß der Erkenntnis zu gelangen. Hinter diesem Schleier befindet sich alle Weisheit, die wir im Laufe so vieler Inkarnationen angesammelt haben. Hinter dem Schleier ist unser Unbewußtes, unsere wahre Identität verborgen.

Im Tarot ist die Zahl 2 durch die Hohepriesterin dargestellt, durch das nicht in Erscheinung tretende Unbewußte, das zu entdecken und zu erforschen uns aufgegeben ist. Dies ist die Kelle in unserer Maurerarbeit der Selbstverwirklichung.

Die Bauchspeicheldrüse ist emotional betrachtet der Bereich der bekannten und unbekannten Ängste, die in der Ur-Angst vor dem Tod wurzeln. Diese Ängste kennenzulernen und anzunehmen ist des Menschen erster Bauabschnitt. Der hierfür benötigte Vermittler ist VERTRAUEN und das Wissen, daß diese Ängste, wie stark sie auch sein mögen, keine Feinde, sondern notwendiges Baumaterial sind.

DIE 3 – ZUVERSICHT ENTWICKELN

Der zweite Bereich des Unbewußten ist das 3. Feld (der Magen). Hier entstehen und leben die negativen Gefühle der Enttäuschung, der Leere u. ä. Auch diese Emotionen, diese Gefühle werden aus dem Material geformt, das unser Unbewußtes liefert. Das Mittel, mit diesen Gefühlen ins reine zu kommen, ist ZUFRIEDENHEIT, die aus der Zuversicht entsteht.

Eines Tages sagte mir ein Guru in Indien: »Frage nie, warum du etwas verdient hast. Sage einfach: ›Ich habe es, was es auch immer sein sollte, selbst verursacht. Es ist gut für mich‹ und lerne davon!« Bevor wir aber Zufriedenheit lernen können, müssen wir das Vertrauen (die 2) entwickeln, Vertrauen, daß wir geführt werden, Vertrauen, daß wir auf einem Weg sind, den wir uns selbst ausgesucht haben. Erst wenn wir diese Einstellung erreicht haben, wird unsere Entwicklung weitergehen können.

DIE 4 – ATEM SCHÖPFEN

Haben wir die zwei ersten Bauabschnitte geschafft, haben wir Vertrauen und als Folge davon Zufriedenheit entwickelt, bekommen wir LUFT. Das 4. Feld ist das Feld der Lungen, der Atmung. Haben wir die Verheißung der ersten drei Zahlen verwirklicht, kann die Entwicklung vorangehen. Wir können Atem schöpfen, Kraft tanken, um zu wachsen und zu reifen.

Es ist signifikant und bestätigend, daß die Felder 2 und 3 des Pentagramms zwei weiblichen Tarotsymbolen entsprechen (der HOHEPRIESTERIN und der HERRSCHERIN). Die Weiblichkeit ist das Symbol der Empfänglichkeit, des Mondes, des Unbewußten. Bevor wir zum Feld 4 gelangen, müssen wir die zwei weiblichen Tarotmysterien HOHEPRIESTERIN und HERRSCHERIN passiert haben; wir sind in die Weiblichkeit, die Empfänglichkeit eingetaucht, sind ein Teil davon geworden.

Und dann? Es war Pythagoras, der sagte: Aus der 1 wird die 2, aus der 2 wird die 3 und aus der 3 wird alles. Ja, haben wir Angst in Vertrauen verwandelt (die 2) und Zuversicht entwickelt (die 3), besitzen wir den Schlüssel, der das Tor öffnet, hinter dem wir Luft schöpfen können, eine Luft, aus der unsere Seele die Lebenskraft bekommt. Kurzum, nachdem wir Vertrauen und Zufriedenheit erlangen, kann uns nichts daran hindern, unsere Entwicklung erfolgreich voranzutreiben.

Die 5 – Befreiung der negativen Gefühle

Das 5. Feld (Leber/Galle) steht für die Fähigkeit des Menschen, negative Gefühle in Worten und Benehmen zu äußern. Wenn er diese Fähigkeit gebraucht, kann er sich von der Negativität befreien. Der Negativität »Luft zu machen« ist die erste Stufe, sie auch zu integrieren, sie umzuwandeln (vgl. »Feld 5 – Überwindung von negativen Gedanken und Emotionen« am Ende dieses Kapitels) eine nächste.

Die 6 – Kontrolle (Hypophyse) und Entscheidung

Interessant ist, daß zwischen zwei gegensätzlichen Bereichen das Feld der Hypophyse liegt. Diese Drüse ist physiologisch betrachtet eine Art Kontrolleur, ein Vermittler, der den Körper und seine Funktionen in Harmonie hält. So scheint die Bewußtwerdung des Negativen, dessen Befreiung und seine Umwandlung unter der Kontrolle/Vermittlung dieses Feldes zu stehen. Die Hypophyse ist vergleichbar mit einem Schiedsrichter, der uns vor die Wahl zwischen niedrigen Gefühlen (Feld 5) und deren Umwandlung (Feld 7) stellt. Die gleiche »Unterscheidung der Geister« demonstriert treffend die Karte VI des Tarot (Die Liebenden), die uns zwischen niederen Trieben und Weisheit wählen läßt.

Die 7 – Selbst- und Nächstenliebe

Erst nachdem der Mensch Herr über seine negativen Emotionen geworden ist, kann er sich den positiven Gefühlen des Herz-Feldes widmen. Er ist nun fähig zu Liebe, Mitleid, Mitgefühl etc. und kann sich für sich selbst und andere einsetzen.

Die 8 – Sammelbecken aller Emotionen (»Recycling-Station«)

Bis jetzt haben wir Vertrauen und Zuversicht entwickelt, was uns ermöglichte, das Leben so anzunehmen, wie es eben ist, d. h., wir konnten

Luft schöpfen und Lebenskraft einatmen. Dann haben wir unsere Negativität ausgelebt, wurden vor die Entscheidung gestellt, zwischen dem Animalischen und der Weisheit zu wählen, und haben uns für das zweite entschieden. Nun befinden wir uns im 8. Feld des Pentagramms.

So beschrieben, scheint unser Entwicklungsprozeß ein Kinderspiel zu sein: wir schreiten voran von Feld zu Feld – und plötzlich sind wir da. Doch das Durchlaufen des Pentagramm-Zyklus repräsentiert unseren Karma-Weg, und daher wäre es illusorisch, zu denken oder gar zu hoffen, daß wir diese Arbeit in einer einzigen Lebenszeit erledigen können. Viele Inkarnationen, viele Tausende von Jahren sind dafür notwendig.

Die 8 ist das Symbol des Unendlichen, der Ewigkeit. Physiologisch gesehen spielt sie eine Schlüsselrolle in den Funktionen des ganzen Körpers. Der Dreifacher-Erwärmer-Meridian beeinflußt das Verdauungssystem (Bauchspeicheldrüse, Magen, Leber, Galle und Darm), Atmung sowie das Urogenitalsystem. Diesem Meridian wurde damit »Oberhoheit« über die gesamte Physiologie des menschlichen Organismus verliehen.

Ähnlich sieht es auf der esoterischen Seite der Pentagrammdiagnose aus: All das, was wir erarbeitet haben, ob gut, schlecht oder mittelmäßig, verbindet sich in diesem 8. Feld. Bedenken wir ebenfalls, daß es auch den Namen THERMIK (d.h. Wärme und Energiegewinnung) trägt! Somit können wir die 8 im Pentagramm mit einer Recyclingstätte vergleichen, in der eine Vorentscheidung über die Güte des gelieferten Materials getroffen wird. Unsere bis dahin erledigte Arbeit wird »zensiert«, und die Ergebnisse werden voneinander getrennt. In dieser Form erreicht das Material dann die 9, wo die erste Selektion durchgeführt wird. Die Nieren zusammen mit dem Darm sind die Reinigungsorgane des Organismus. Was nach der ersten Reinigungsstufe übriggeblieben ist, erreicht den Darm, wo das Prinzip des Shiva sich drastisch manifestiert: totale Vernichtung des Unbrauchbaren, um Platz zu schaffen für Neues, Brauchbares.

Bedenken Sie auch, daß die 8 die Zahl von Saturn ist. Saturn gilt zwar auch als Planet der Dunkelheit. Jedoch ist er auch der Planet der festen Strukturen, des Lernens; er ist der Himmelskörper, der uns Disziplin und die Fähigkeit des Formens lehrt. Wir kommen dorthin zurück, wo wir angefangen haben; der Prozeß des Formens wiederholt sich. Zuerst haben wir auf unbewußter Ebene die Steine unseres Entwicklungspuzzles gelegt (Vertrauen etc. aufgebaut) – jetzt stellen wir das Puzzle fertig.

Die 9 – Transzendierte Gefühle, Spiritualität

Wie zuvor erklärt, sind die Felder 5 und 7 Bereiche der Gefühle, der Gefühle von Mensch zu Mensch, von der Mutter zu ihren Kindern, vom Geliebten zur Geliebten usw. Das Feld 9 (Nieren) repräsentiert ebenfalls Gefühle, jedoch in ihrer gereinigten, transzendierten Form. Hier geschieht die Gefühlsverbindung des Menschen mit sich selbst, also mit dem eigenen höheren Selbst und somit mit Gott.

Im Tarot wird dieses Feld durch den Eremit dargestellt, den Mann, der durch die Einöde pilgert, der *in*, aber nicht mehr *von* dieser Welt ist. Er trägt das Licht seiner Erleuchtung vor sich her; die Kapuze hindert ihn daran, nach links und rechts zu schauen; er stützt sich auf seine durch den Stock symbolisierte Weisheit.

Pythagoras lehrte, daß der Weg des Menschen von der 1 bis zur 9 geht. Haben wir also die Gefühlsebene der 9 erreicht, dann werden auch wir wie der Eremit den Platz in der Spiritualität, fern von materiellem Ballast, suchen. Wir werden zur Sphäre des Lichtes und des Lebens, zum Ursprung, aus dem wir entstanden sind und zu dem wir lebenslang pilgern, streben. Dies ist unsere endgültige Bestimmung.

Die 0 – Auflösung und Befreiung

Das Darmfeld ist das Feld des Loswerdens von allem, was uns an unserer Vereinigung mit der »neuen« 1 (der 1 auf einer höheren Sphäre in einer neuen Inkarnation, auf einer höheren Windung der Spirale sozusagen) hindern könnte. Der Darm ist der Bereich Shivas in seiner Funktion als schöpferischer Zerstörer. Die Tarotkarte, die diesem Feld entspricht, ist das Rad des Schicksals. Diese Karte repräsentiert die kosmisch-menschliche zyklische Natur, das Stirb und Werde Goethes.

Dies ist präzise die Aufgabe der Null im Pentagramm: Sterben im Sinne eines absoluten Loslassens als Vorbereitung für das Werden in einer neuen Schöpfung, in einem neuen Leben.

9. Praktische Hinweise zur Vorbeugung und Therapie

Was können wir nun mit diesen aus der Pentagrammdiagnose gewonnenen Informationen anfangen? Sinn und Zweck meines Buches *Die Pentagramm- und Karmadiagnose* ist es, Sie nicht allein mit den theoretischen Grundlagen dieser Diagnoseform vertraut zu machen, sondern Ihnen ganz praktische Anregungen zu geben.

Nachdem Sie die Pentagrammdiagnose durchgeführt haben (auf die Karmadiagnose komme ich später zurück), haben Sie eine ausgezeichnete Möglichkeit, selbstverantwortlich Ihre Gesundheit und innere Entwicklung in die Hand zu nehmen. Der erste Schritt ist stets das Erkennen - hier der Anlagen und »Tendenzen« der genetischen Disposition. Sie können dann beginnen, durch vorbeugende Maßnahmen und bewußte Lebensweise, schon die Tendenzen als solche zu heilen, d. h., sie erst gar nicht manifest werden zu lassen.

Schwächen und Belastungen, die im Pentagramm angezeigt werden, haben eine dreifache Bedeutung: eine somatische (körperliche), eine psychische bzw. seelische und eine psychosomatische, d. h. eine, die Körper und Seele einschließt. In der Praxis ist es immer einfacher, einem körperlichen als einem seelischen Mangel vorzubeugen. Wenn ich z. B. dazu neige, mich zu erkälten, wird warme Kleidung mich vor Kälte schützen und in aller Wahrscheinlichkeit auch vermeiden, daß ich mich erkälte. Eine geeignete Diät kann eine latente Magenschleimhautentzündung daran hindern, aktiv zu werden. Aber weder warme Kleidung noch Diät werden mir dabei helfen können, Mangel an Vertrauen oder Zuversicht zu überwinden.

Die Felder der körperlichen Ebene

Beginnen wir mit dem körperlichen Bereich:

- Die Anregungen und Tips, die ich Ihnen nachfolgend gebe, sind jedoch kein Ersatz für eine erforderliche medizinische Behandlung. Ich betone: Hier geht es um Vorbeugung - und nicht um das Mitteilen von Erkrankungen!

Der Einfachheit halber möchte ich diese Ratschläge in zwei Gruppen teilen: *allgemeine, eher ganzheitliche* und *spezifische* Anregungen.

a. Ganzheitliche Empfehlungen

Die ersteren haben keine Verbindung mit eventuell im Pentagramm offenbarten Schwächen oder Belastungen von Organen oder Systemen (Atmungssystem, Verdauungssystem usw.). Sie dienen »nur« einer gesunden Lebensweise von Körper, Seele und Geist. Aber sie sind sehr wichtig (sogar wichtiger als die spezifischen), denn wenn es uns gelingt, harmonische Verhältnisse zwischen Körper, Seele und Geist zu schaffen, werden später (alle) anderen medizinischen Maßnahmen überflüssig sein.

☆ *Zentriertheit*

Ein wirklich zentrierter Mensch wird in der Regel nicht krank, und wenn ja, dann nur leicht und kurz. Sie sagen vielleicht, daß es nicht einfach - wenn *überhaupt* möglich - ist, sich innerhalb einer Gesellschaft, die von den Prinzipien Konsum und Leistung regiert wird, wirklich zu zentrieren. Da sind wir uns einig. Aber bedenken Sie bitte: Wenn dies so schwierig ist, dann nur deshalb, weil wir die Manipulationen, die zu einer De-zentrierung unserer Persönlichkeit geführt haben, selbst zugelassen haben. Versuchen wir also den Rückwärtsgang einzuschalten, versuchen wir jenen Teil von uns, der sich vor dem Lärm des Alltäglichen versteckt hält, wiederzufinden und ins Leben zu holen. Da dies nur oder hauptsächlich in der Einsamkeit, in der Stille unseres Innern möglich ist, nehmen wir uns doch mindestens eine halbe Stunde täglich Zeit, um mit uns selbst zu kommunizieren - uns zu fragen, wie es uns geht, etwas über unsere Hoffnungen, Ängste und Sehnsüchte zu erfahren, darüber mit uns zu sprechen, in uns hineinzuhorchen, um das Ohr für jene leise, innere Stimme in uns sensibler zu machen. Dies allein hilft enorm, glauben Sie mir!

Wenn man über Zentriertheit oder andere gelassene, ruhige Bewußtseinszustände spricht, erhebt sich automatisch die Frage: »Wie erreichen wir dies?« Der beste Weg ist die Meditation in allen ihren Formen und Varianten. Doch bitte verwechseln Sie die Meditation nicht mit einer spirituellen Zwangsjacke! Wichtig in der Meditation ist der Weg - nicht die äußere Form und nicht einmal das Ziel. Die Meditation soll nach Möglichkeit *unpersönlich* sein, d.h. nicht auf eine Person gerichtet. Und wenn Sie nicht in der Lage sind, in einer perfekten Lotusstellung zu meditieren, weil nachher Gelenke und Muskeln schmerzen, dann tun Sie es im Sitzen auf einem Stuhl oder im Liegen, wie es z.B.

bei der Yoga-Nidra-Meditation praktiziert wird. Vielleicht sind Sie ein Mensch, der 30, 45 Minuten oder noch länger nicht scheinbar inaktiv sein kann. Gut, dann gehen Sie in den Wald oder an einen anderen Ort, wo Sie in Verbindung mit der Natur allein sein können. Beobachten Sie die kleinen Tiere, die Insekten, die Bäume, vielleicht gar ein Bächlein in Ihrer Umgebung. Versuchen Sie, sich mit dem Bewußtsein dieser Lebensformen zu identifizieren. Spüren Sie bewußt die Luft, die Sie atmen. Nehmen Sie die Liebkosung des Windes auf Ihrer Haut wahr. Werden Sie eins mit Ihrer Umgebung und spüren Sie, wie Ihre Seele sich öffnet und dem Ruf des Kosmos folgt. Auch dies ist Meditation, eine der besten, die ich persönlich kenne.

Im Grunde geht es nur darum, sich dem Kosmos, der Natur, Gott, sich selbst bedingungslos zu öffnen. Es geht darum, sich in der Unendlichkeit eines Sandkorns zu erkennen. Es geht darum, zu erfahren, daß die ganze Schöpfung in mir, in einem Heiligen, in einem Invaliden, in einem kleinen Kind, in einer Ameise oder in einer Eintagsfliege in grandioser Mannigfaltigkeit enthalten ist. Kurzum: es geht darum, zu erkennen, daß ich, das Prinzip des Lebens und der Liebe - und nicht nur einen Teil davon - darstelle. Ich und auch der Bruder Baum, die Schwester Rose oder der Bruder Berg. Jeder für sich ist, so wie ein Wassertropfen im Meer auch Meerwasser ist, ein Teil der Schöpfung, und jeder für sich ist die Schöpfung selbst.

Und haben wir Schwierigkeiten, uns in dieser Dimension zurechtzufinden, dann tun wir gut daran, unsere/n geistigen Führer um Hilfe zu bitten. Wenn unsere Bitte ehrlich ist und von Herzen kommt, werden wir diese Hilfe bekommen. »Klopfet an, so wird Euch aufgetan« (Mt 7,7).

☆ *Nach den Bedürfnissen des Körpers leben*

Ideal ist, zu essen, wenn man hungrig ist, zu schlafen, wenn man müde ist, zu arbeiten, wenn man kräftig ist. Natürlich ist dies in manchen Bereichen unmöglich. Kein Mensch kann dem Chef sagen: »Heute fange ich meine Arbeit zwei Stunden später an« oder »Es tut mir leid, aber jetzt muß ich ein Schläfchen machen, ich bin müde.« Jedoch gibt es immer eine Gelegenheit, dies annähernd zu schaffen; indem wir ganz einfach einmal unsere Gewohnheiten überprüfen und uns ein wenig von den Konventionen trennen: Wer ist z.B. dazu gezwungen, um zwölf Uhr zu essen, nur, weil es mittag ist und er vielleicht gar keinen Hunger hat, oder abends vor dem Fernseher gegen die Müdigkeit zu kämpfen, weil ein gutes Fußballspiel oder ein toller Krimi gesendet wird? Auch hier hilft es, unseren eigenen Bedürfnissen mehr Aufmerksamkeit zu schenken, auf sie in gesundem Maße einzugehen.

☆ *Bewußt üben*

Haben Sie nie Menschen erlebt, die essen, Zeitung lesen und sich mit jemandem unterhalten können – alles zu gleicher Zeit? Ich schon. Ob diese Menschen später wissen, *was* sie gegessen, gelesen oder gesprochen haben, weiß ich allerdings nicht. Sicher aber ist, daß diese Gewohnheit – so unangenehm wie überflüssig – Tür und Tor für ein Magengeschwür öffnet! Konzentrieren Sie sich nur auf *eines*, das, was Sie *jetzt* tun. Vielleicht glauben Sie mir nicht ganz, aber ich kann Ihnen versichern, daß Sie dadurch Zeit, Ruhe und eine wichtige Voraussetzung für die Gesundheit gewinnen.

☆ *Das innere Kind erwecken*

Dies bedeutet Spontanität üben, lachen, sich über Kleinigkeiten freuen, im Fluß des Lebens schwimmen, unbeschwert wie ein Kind sein können – immer mal wieder! Der Mensch von heute ist in der Regel von seiner Ratio beherrscht, ist (»hat sich« wäre treffender) auf Argumente und Beweise programmiert. Er diskutiert weniger um zu lernen, als um seine Meinung zu bestätigen. Das innere Kind, jene andere Seite, die unser Menschsein ausmacht, wird vielfach vergessen, verschüttet. Wir sind kaum mehr in der Lage, einen echten Dialog (sowohl mit anderen als auch mit uns selbst) zu führen. Wir führen nur Monologe (»allein oder zu zweit«), die so stark emotional beladen wie gefühlsarm sind.

☆ *Trennen Sie Berufliches von Privatem*

Nur eine Feststellung: Wie viele »moderne« Menschen sind mit dem Partner *und* dem Beruf »verheiratet«! Diese »Bigamie« ist u. a. für viele therapie-resistente Fälle von Impotenz und Frigidität verantwortlich. Sie erzeugt eine Unzufriedenheit, die später oft in psychosomatische Erkrankungen mündet.

Machen Sie Urlaub *ohne* Bilanzen und Fachliteratur! Diese gehören ins Büro, nicht an den Strand. Vieles andere wird Ihnen, wenn Sie einmal darauf achten, selbst noch einfallen …

☆ ***Fühlen Sie sich unbehaglich?***

Wenn ja, fragen Sie sich:
- Warum?
- Was will mir dieses Unbehagen mitteilen?
- Was tue ich, um es zu vermeiden?
- Was lerne ich daraus?

Diese Liste könnte man um vieles erweitern. Doch ich glaube, die wichtigsten Punkte angesprochen zu haben. Sicher spüren Sie selbst am besten, worauf es gerade bei Ihnen am meisten ankommt. Natürlich wäre es falsch - und sogar kontraindiziert -, zu versuchen, zuviel auf einmal zu erreichen. Punkt um Punkt auszuarbeiten und zu klären bringt uns viel mehr als der unvernünftige Versuch, alles auf einmal machen zu wollen. Gönnen Sie sich dabei Ruhe und Geduld, aber bleiben Sie beharrlich!

b. Spezifische Empfehlungen

Widmen wir uns nun den *spezifischen Anregungen.* Auch sie sind mehr allgemeiner Natur, da sie niemals bezwecken, eine bereits bestehende Krankheit zu heilen. Es geht nur darum - und dies möchte ich nochmals wiederholen -, nach Möglichkeit gar nicht erst krank zu werden!

Diese Empfehlungen sind selbstverständlich dann wichtiger, wenn der Betreffende eine *Belastung* im Pentagramm zeigt, also zwei oder mehr Zahlen auf einem Feld aufweist, als wenn er nur eine Schwäche hat (*keine* Zahl auf einem Feld). Allerdings kann eine »vergessene« Schwäche später sehr unangenehme Konsequenzen bewirken.

Da es eine weitgefächerte Palette an Büchern, Zeitschriften etc. mit Empfehlungen für eine gesunde bzw. gesündere Lebensweise gibt, werde ich mich diesbezüglich sehr kurz fassen. Das Wichtigste ist, daß Sie sich beobachten und sehen, was Ihnen wohltut bzw. nicht bekommt. Letztendlich ist der »innere Arzt« wertvoller als alle Bücher der Welt! Was die Ernährung betrifft, finde ich persönlich das Buch von Schnitzer *Gesunde Küchenkunst - Die hohe Schule der natürlichen Vollwert-Ernährung*, Schnitzer-Verlag, St. Georgen, sehr zu empfehlen.

Feld 1 – Kopf

Eine Schwäche in diesem Feld werden wir nie finden – denn alle heutigen Erdenbewohner sind in einem Jahrhundert geboren, das mit 1 anfängt. (Jedes Zeitalter ist durch bestimmte Tendenzen gekennzeichnet, doch dies würde den Rahmen dieses Buches sprengen.) Was allerdings sehr häufig vorkommt, ist eine Belastung in diesem Bereich.

Als allgemeine Empfehlungen gelten hier:

Die Durchblutung des Kopfes fördern. In der Regel genügt Bewegung in frischer Luft. Als Raucher den Zigarettenkonsum reduzieren (sich das Rauchen abzugewöhnen ist natürlich besser). Es ist nur wenig Alkohol erlaubt, wobei alle »harten Sachen« verboten sind. Drogen, auch die »weichen«, sind zu vermeiden. Für viel Bewegung an der frischen Luft sorgen.

Den anderen Aspekt des ersten Feldes, den psychischen wollen wir hier auf keinen Fall vernachlässigen: Der Mensch mit einer Belastung in Feld 1 des Pentagramms ist aggressiv, dickköpfig (auch die nach außen ruhig erscheinenden Typen), möchte die erste Geige im Konzert des Lebens spielen und das letzte Wort haben. *Dies ist die Regel, die, wie üblich, auch hier durch die Ausnahme bestätigt wird.*

Eine kleine, aber ehrliche Selbstanalyse ist hier hilfreich.

1. War ich ein rebellisches, ein unterdrücktes Kind?
2. Habe ich die Aggressivität in späteren Jahren entwickelt?

Wenn die erste Frage mit Ja beantwortet wird, dann lesen Sie bitte auf Seite 139f. nach, welche Bedeutung die Chakren in bezug auf die Entwicklung des Individuums haben, in diesem Fall ganz besonders das erste Chakra auf die ersten sieben Jahre des Lebens. Wenn Sie – aus welchem Grund auch immer – ein unterdrücktes Kind waren, ist es äußerst wahrscheinlich, daß die Dickköpfigkeit und Aggressivität von heute nichts anderes ist als die Äußerung der Befreiung des inneren Kindes, die endlich (wahrscheinlich sogar ohne Ihr Wissen) stattgefunden hat. An dieser Stelle kann ich Ihnen nur eines empfehlen: Geben Sie diesem Kind, das endlich den Mut zeigt, sich zu äußern und zu befreien, in Ihrem Leben Raum. Leben Sie nach dem Befehl Ihres »Innern« und nicht nach den Regeln der Konvention, denn dies taten Sie schon als Kind und bezahlten dafür den hohen Preis einer nicht gelebten Kindheit. Erleben Sie jetzt Ihr Kind; leben Sie mit ihm, eng, intim, so lange, bis der Dialog zwischen Kind und Erwachsenem in

Ihnen möglich wird. Viele Menschen erleben ihre Kindheit unter dem Diktat (ich sage »Diktat« und nicht »Führung« oder »Liebe«) der Erwachsenen. Später leben sie als Erwachsener unter der Tyrannei des inneren Kindes, das mit Recht versucht, es selbst zu sein.

Beantworten Sie aber die zweite Frage mit Ja, dann ist Ihre Aggressivität wahrscheinlich das nötige Instrument, um die Ziele, die Sie sich in Ihrem Leben gesetzt haben, zu erreichen.

Feld 2 – Bauchspeicheldrüse

Vermeiden Sie Industriezucker und damit Hergestelltes (Torten, Kuchen, Marmeladen u. ä.) sowie Fett. Falls Sie Übergewicht haben, sorgen Sie dafür, daß Sie es reduzieren. Imkerhonig und braunen Zucker können Sie jedoch verwenden. (Vor Jahrzehnten stellte man in Kuba fest, daß die Arbeiter in den Zuckerrohrfeldern, die große Mengen von braunem Zucker genossen, nie unter Diabetes litten, während die Plantagenbesitzer, die nur den »feinen«, weißen Zucker zu sich nahmen, häufig an Diabetes erkrankten.) Haben Sie Bedürfnis nach Süßem, so versuchen Sie es auch einmal mit Ahornsirup und getrockneten Früchten ...

Feld 3 – Magen

Essen Sie langsam, kauen Sie gründlich, und konzentrieren Sie sich auf das, was Sie essen. Je länger Sie kauen, desto weniger Arbeit hat der Magen mit der Verdauung! Essen Sie nie über den Hunger, überfüllen Sie also nie Ihren Magen. Essen Sie nur dann, wenn Sie hungrig sind, und vermeiden Sie alles, was übermäßig scharf ist. Entweder ruhen Sie ein halbes Stündchen nach dem Essen, oder machen Sie einen gemütlichen Spaziergang. Essen Sie sehr wenig Fleisch (besonders Schweinefleisch und Rindfleisch), und vermeiden Sie fette Speisen. All dies sind eher Hinweise, die Ihnen schon bekannt sind. Bei einer Belastung des 3. Feldes jedoch besonders beherzigen!

Feld 4 – Lungen

Es versteht sich von selbst, daß Sie nicht oder äußerst wenig rauchen sollten (3–5 Zigaretten am Tag wären genug!). Machen Sie Urlaub in den Bergen, in einer Höhe von ca. 1 000 bis 1 500 Metern und vor allem – befreien Sie das innere Kind (vgl. Feld 1)!

Feld 5 – Leber/Galle

Vermeiden Sie Fett, geräucherte Speisen, fette Fische und blähende Lebensmittel wie Bohnen (außer Brechbohnen) und Zwiebeln. Essen Sie immer in Ruhe. Vermeiden Sie Alkohol, ganz besonders »harte Sachen«. Und essen Sie nie, wenn Sie verärgert sind, fasten Sie dann lieber. Ein paar Stunden oder einen Tag fasten wird ein Geschenk für Ihren Körper sein! Essen Sie nicht zu viele Eier; zwei bis drei in der Woche sind genug. Essen Sie nicht viel Steinobst.

Feld 6 – Hormone und Hypophyse

Hier beziehe ich mich auf die allgemeinen Anweisungen, die ich bereits besprochen habe. Wenn dieses Feld schwach oder belastet ist, bemühen Sie sich, Ihre Entscheidungsfähigkeit zu stärken; dies ist sehr wichtig. Sorgen Sie für ein ausgeglichenes Sexualleben.

Feld 7 – Herz/Kreislauf

Sorgen Sie für Bewegung in frischer Luft. Das Rauchen sollte eingeschränkt werden (nach Möglichkeit gar nicht rauchen). Trinken Sie wenig Alkohol und selbstverständlich keine »harten« Sachen. Falls Sie Übergewicht haben, nehmen Sie bitte ab! Mindestens 30 Minuten morgens vor dem Frühstück spazierenzugehen und wenig tierische Fette zu verzehren sind ein Geschenk für Ihren Körper. Und das Wichtigste von allem: Lernen Sie Liebe anzunehmen und zu geben! Sorgen Sie außerdem für eine gute Funktion von Leber und Nieren.

Feld 8 – Dreifacher Erwärmer

Dieses Feld schließt sowohl die Verdauungs-, Atmungs- und Urogenitalsysteme als auch die sexuelle Kraft ein. So gelten für dieses Feld die gleichen Empfehlungen wie für die Felder 0, 2, 3, 4, 5 und 9.

Feld 9 – Nieren

Sie sollten viel Flüssigkeit zu sich nehmen (um die zwei Liter täglich), und zwar auch dann, wenn Sie keinen besonderen Durst haben. Das kann sein: Mineralwasser, nierenanregende Tees wie Sarsaparilla, Ackerschachtelhalm oder Goldrute. Essen Sie - sooft Sie können - frischen Spargel, denn dieses Gemüse bewirkt eine hervorragende Reinigung des Systems indem es die Ausscheidung und Entgiftung durch die Nieren verstärkt. Bewegen Sie sich in der freien Natur. Vermeiden Sie Ärger und alte Käsesorten, weil beides (nach dem arabischen Arzt Avicena) Nierensteine verursachen kann. Und üben Sie sich in Gelassenheit, denn Ärger schadet auch den Nieren! Gut wäre einmal oder zweimal im Jahr eine Teekur mit Sarsaparilla und Birkenblättern: Zu gleichen Teilen 1 Tel. mit 1 Tasse kochenden Wasser überbrühen, 5-6 Minuten ziehen lassen; 3mal täglich 1 Tasse nach dem Essen. Sorgen Sie zudem für eine gute Funktion der Leber (vgl. Feld 5).

Feld 0 – Dünn- und Dickdarm

Es ist gut, wenn Ihre Nahrung viele Ballaststoffe enthält (also essen Sie z. B. Vollkornbrot, -reis, -haferflocken, die Äpfel *mit* Schale und Gehäuse. Bereichern Sie Ihre Mahlzeiten mit schönen Salaten und frisch zubereiteter Rohkost; doch bedenken Sie, daß diese auch Blähungen verursachen können, besonders wenn man nicht daran gewöhnt ist oder zu schnell ißt. Trinken Sie viel; auch das fördert eine Regulation des Stuhls. Und tun Sie sich etwas Gutes: Bewegen Sie sich regelmäßig, besonders nach dem Essen.

Und zum Abschluß noch ein paar Empfehlungen für Sie, auch dann, wenn keine Schwächen oder Belastungen im Pentagramm vorhanden sind:

Essen Sie täglich *Bienenhonig*, denn er ist eine ganz besondere Nahrung, er reinigt den Körper und sorgt für guten Stuhl. Japanische Nahrungsforscher stellten fest, daß täglich zwei bis drei Teelöffelchen Honig helfen, das Gewicht zu reduzieren!

Mit einer gut ausgewogenen *Mischdiät* mit wenig Fleisch, Fettprodukten, Industriezucker und Weißmehl ernähren Sie sich gesund und tun Ihrem Körper wohl. Essen Sie *kalorienbewußt*!

Und wie wäre es mit einer jährlichen *Reinigungskur*, wie z.B. einer Woche Heil-Fasten – dies aber bitte nur unter fachkundlicher Leitung – oder einer Traubenkur o. ä.?

Achten Sie darauf, nur durch die Nase, nicht durch den Mund zu atmen, und gewöhnen Sie sich an die *Bauchatmung*. Dadurch vergrößern Sie Ihre Lungenkapazität, befreien sich gründlicher von Giftstoffen und haben eine erheblich bessere Sauerstoffaufnahme. Und zudem gibt die Bauchatmung Ihnen das Gefühl einer besseren Zentrierung und herrlicher Gelassenheit!

Die psychischen Eigenschaften der zehn Felder

Nun wollen wir uns der emotionalen und psychischen Ebene zuwenden

Die schwierigsten Pentagramm-Felder, was die diagnostische Interpretation angeht, sind die Felder der Gefühle, nämlich 5 (Leber), 7 (Herz) und 9 (Nieren).

Als ich in Indien war, fragte ich meinen Lehrer, wie lange ein Mensch braucht, bis er den Wunsch verspürt, sich dem Unendlichen zu widmen. Seine Antwort lautete: »So lange, wie du brauchst, deine Verbindung zur Materie umzuwandeln und zu sublimieren.« Dies klingt sehr einfach und ist quasi eine Binsenweisheit, aber sie beinhaltet einen tiefen Sinn: Es kann Jahrtausende dauern, bis wir unsere Gefühlsebene so weit durchgearbeitet haben, daß wir ohne Heuchelei und ohne Angstmotivation (Angst vor der *Strafe* und/oder Wunsch und Erwartung von *Belohnung*) das Herz für die 9 öffnen. Um dies wahrlich zu verstehen und geduldig warten zu können, müssen wir uns von den Begriffen Zeit und Raum befreien, denn diese Größen existieren in der Welt des Geistes nun einmal nicht!

Diese Problematik wird im Pentagramm sehr plastisch dargestellt. Hier sind drei Gefühlsebenen zu berücksichtigen:

- die Ebene der *negativen* Gefühle bzw. der Aggressionen (Leber),
- die Ebene der *positiven* Gefühle (Herz) und
- die Ebene der *transzendierten* Gefühle (Nieren).

Die erste Ebene können wir erst erreichen, wenn wir die drei vorausgehenden Stufen von VERTRAUEN (Bauchspeicheldrüse), ZUVERSICHT (Magen) und AKZEPTANZ (Lungen) durchlaufen haben. Dann sind wir dafür gerüstet, die Auseinandersetzung mit uns selbst durchzuführen. Je solider wir die Basis der anderen Stufen geschaffen haben, desto größer wird auch unsere Chance sein, den Kampf mit unserer Negativität (oder soll ich sagen »gegen sie«?) zu gewinnen. Unter »Negativität« ist hier der Ballast zu verstehen, den wir in anderen Inkarnationen nicht losgeworden sind. Der Mensch neigt aber von Natur aus dazu, all das, was ihn stört, zu verdrängen oder unter der Maske der Pseudo-Güte zu verstecken, anstatt sich auf einen offenen Kampf einzulassen. Deshalb ist es für den Behandelnden nicht immer einfach, die vom Patienten gezeigten Gefühle (sowohl die negativen als auch die positiven) diagnostisch richtig zu deuten, und wenn man *selbst* die Felder der Gefühle für sich erforscht, mit ehrlicher Bereitschaft an die Deutung heranzugehen.

Nehmen wir an, daß jemand die ersten drei Stufen (Felder 2, 3 und 4) erfolgreich überwunden hat. Für ihn wird es leicht sein, sich mit dem 5. Feld des Pentagramms (Leber – Negativität) auseinanderzusetzen. Nehmen wir aber jetzt an, daß diese Person ihr Vertrauen durch ein »Ja, aber ...« einschränkt. Dies ist zwar sehr häufig der Fall, aber völlig unbrauchbar, um die eigene Negativität zu bewältigen. Eine Verdrängung auf dieser Ebene macht uns deswegen krank an Leber und Galle, weil wir Angst davor haben, die harte Konfrontation mit uns selbst anzunehmen, und so sinken wir in eine tiefe Verbitterung. Eine kranke Leber belastet das Herz, und das Herz belastet wiederum die Nieren: So werden alle drei Gefühlsebenen negativ involviert.

Ich möchte dies mit einem Fall aus meiner Praxis verdeutlichen: Ein junger Mann unter 30, der aufgrund der Symptome leberkrank sein *mußte*, konsultierte mich. Die klinischen Untersuchungen ergaben schwankende Leberwerte, jedoch nichts Ernstes. Die Symptome waren an manchem Montag so dramatisch, daß er, obwohl er sich zwang, zur Arbeit zu gehen, nicht arbeiten konnte. Seelisch handelte es sich um einen sehr sensiblen Mann.

Durch meine Gespräche mit ihm fand ich heraus, daß er sich montags dann krank fühlte, wenn er mit seiner Frau und den Kindern den Sonntagnachmittag gemeinsam bei der Schwiegermutter verbracht hatte. Die Antipathie zwischen ihm und seiner Schwiegermutter beruhte auf Gegenseitigkeit. Jedesmal, wenn er zu diesem Nachmittagskaffee mit der Familie ging, schimpfte und tobte er zwei Tage lang vorher gegen die Mutter seiner Frau, doch wenn er dann bei ihr war, machte er das Beste aus der Situation und spielte seiner Frau zuliebe die Rolle des freundlichen Schwiegersohns. Die anfängliche Abneigung wurde so mit der Zeit zu Haß! Dieser Mann verbalisierte zwar zunächst seine negativen Empfindungen gegen die Schwiegermutter, unterdrückte sie dann aber und benahm sich lieb und brav.

Leider ist es nicht immer so einfach wie in diesem Fall: Häufig können die negativen Gefühle nicht einmal verbalisiert werden. Sie werden verdrängt, was nicht nur einen körperlichen, sondern auch einen emotionalen Zusammenbruch verursacht; manche Menschen wiederum verfallen in Zynismus, mit den gleichen Resultaten.

Keine Regel ohne Ausnahme – aber die Menschen, die hier verdrängen, haben meistens eine Schwäche bzw. eine Belastung im 4. Feld des Pentagramms (Lungen), ohne krankhaften Befund. (Es wird allerdings immer schwerer, das Benehmen eines Menschen richtig zu deuten: Was früher Unhöflichkeit war, ist heute salonfähig ... Aber zwischen Veränderung und Verdrängung muß der Behandler, der mit der Pentagrammdiagnose arbeitet, immer differenzieren können!). In der Regel bemühen sich Menschen, die ihre Negativität verdrängen, eine Maske aus Liebe und Verständnis zu tragen. Und das gelingt häufig auch! Sie sind nach außen von Herzen gut, aber das Innere bleibt unverändert. Sie können sich sozusagen eine Perücke mit tausend Locken aufsetzen, aber in Wahrheit sind sie Menschen, die im 5. Feld, in der Negativität, gefangen sind. Sie wollen in das Feld des Herzens und können nicht mehr ertragen, negativ und verbittert zu sein. Aber trotz Maske und Perücke bleiben sie, wo sie sind, nämlich in einer Lage, die sie nicht akzeptieren, weil diese sie beengt. Die Verheißungen des 7. Feldes (Herz) erreichen nur Lippenbekenntnisse; das 9. Feld (Nieren – die transzendierte Form der Liebe) erreichen sie so nicht, denn nur das, was wirklich aus der Überzeugung des Herzens kommt, schafft uns die Chance weiterzukommen.

Dies ist, was in der Bibel gemeint ist, wenn von »übertünchten Gräbern« die Rede ist, »schön für den äußeren Anschein, aber inwendig voll von Totengebein und Unrat«, oder wenn es heißt: »... reinige zuerst das Innere des Bechers, dann wird auch sein Äußeres rein!« (Mt 23,26).

Lassen Sie uns nun die *psychischen Eigenschaften* der zehn Felder noch einmal zusammenfassen. Dabei möchte ich Ihnen ins Gedächtnis rufen, daß die Bedeutung des Pentagramms auf der seelischen Ebene eine zweifache ist:

1. Sie zeigt, *wo* unsere *Schwierigkeiten liegen.* Wenn ich eine Schwäche (oder eine Belastung) auf Feld 4 (Lungen) habe, bedeutet dies, daß meine innere Freiheit irgendwie eingeschränkt ist; auf Feld 5 (Leber/Galle), daß ich nicht so ohne weiteres meine negativen Gefühle und Gedanken ausleben kann usw. Daran sollte ich arbeiten.
   Diese Arbeit beginnt stets mit dem ersten gestörten Feld von links.
2. Die Reihenfolge im Pentagramm erinnert uns an das Ideal des Pythagoras, nämlich die Transzendenz der Gefühle - und somit die 9 - zu erreichen. Dies ist aber nur dann möglich, wenn die vorausgehenden Felder (bzw. die Situationen, die diese Felder darstellen) geklärt sind.
   Dies wird ganz deutlich, wenn wir dieser Reihenfolge unsere Aufmerksamkeit schenken:

Feld 1:	SCHÖPFUNGSPRINZIP
Feld 2:	VERTRAUEN (Jemandem oder »etwas« auch außerhalb unserer Wahrnehmung - Gott, Engel ... - trauen, d.h. ihren Versprechungen Glauben schenken, was eine Öffnung des Individuums voraussetzt.)
Feld 3:	ZUVERSICHT (was unweigerlich zur Hoffnung und zum Optimismus führt.)
Feld 4:	»ATEM HOLEN« (= innere Freiheit)
Feld 5:	ÜBERWINDUNG NEGATIVER GEDANKEN
Feld 6:	ENTSCHEIDUNGSFÄHIGKEIT (die Fähigkeit, Entscheidungen über das eigene Leben und den eigenen Weg zu treffen)
Feld 7:	SELBST- UND NÄCHSTENLIEBE
Feld 8:	SAMMELBECKEN ALLER EMOTIONEN (dies schließt auch ihre Ein-/Zuordnung bzw. den harmonischen Fluß der Lebensenergien ein)
Feld 9:	TRANSZENDIERTE GEFÜHLE
Feld 0:	(10. Feld) AUFLÖSUNG UND BEFREIUNG

Dies ist im Grunde die Widerspiegelung der Schöpfungsgeschichte des Hinduismus:

Feld 1:	Brahma	(das schöpferische Prinzip, die schöpferische Kraft)
Felder 2–9:	Vishnu	(das Prinzip der Entwicklung innerhalb einer kosmischen Ordnung)
Feld 10:	Shiva	(das Prinzip der Auflösung zwecks Wiedervereinigung mit dem geistigen Prinzip)

Überlegen wir einmal die Logik dieser Reihenfolge:

Die Zahl 1 bedarf keiner Erklärung, denn sie IST. Ohne Schöpfung kann es auch keine Entwicklung geben. Bin ich aber als Teil dieser Schöpfung bereits entstanden, dann liegt es an mir, mich zu bemühen, *Vertrauen* (Feld 2) zu entwickeln, und wäre es nur, um mir über meine eigene Identität bewußt zu werden. Ich muß erfahren, daß es mich auch hinter den Begrenzungen der Materie gibt. Wissen kann ich es nicht. Es bleibt mir also nur das Vertrauen übrig.

Habe ich dies erreicht, dann wird mein Bewußtsein mich in die Zuversicht (Feld 3) hineinführen, daß mein Sein Wert und Sinn hat, daß ich kein Zufall und kein Produkt einer manipulierbaren Evolution bin. SO-HAM = ICH BIN sagt man in Indien dazu. Vertrauen und Zuversicht werden mir früher oder später die Gewißheit verleihen, ein Teil des Ganzen zu sein, der immer da war und immer da sein wird. Ein Teil und ein Ganzes zugleich.

Wenn ich mir durch diese Erkenntnis meiner göttlichen Natur bewußt werde, werde ich *innerlich frei* (Feld 4), und es wird mir dann leicht(er) sein, mich *über meine niedere Natur zu erheben* (Feld 5).

Ich kann mir nicht vorstellen, daß ein Mensch, der so weit gekommen ist, Schwierigkeiten hätte, sich zu *entscheiden* (Feld 6), sich *für die Liebe zu entscheiden* (Feld 7), für die Liebe Christi, die Freund und Feind gleichermaßen einschließt, für jene Liebe, die die Schöpfung ermöglichte und weiter vorantreibt. Liebe ist die Grundsubstanz Gottes, aus der die Schöpfung entstand; Haß ist ihre menschliche Verfälschung. Darum werden wir alle früher oder später diese Liebe wählen, sogar wählen müssen.

Wer diese Selbst- und Nächstenliebe erreicht hat, wer Karma-Yoga wahrlich selbstlos und aus dem Herzen übt, der hat bereits das Feld 9 (*transzendierte Gefühle*) erreicht. Und diesen Menschen kann man nicht mehr besiegen, denn er will nicht siegen.

Das Feld 8 (*Sammelbecken der Emotionen*) ist nun für ihn überflüssig geworden. Er wartet ruhig und hoffnungsvoll auf die Entscheidung des Geistes, wartet auf die Zeit seiner *Auflösung* (Feld 10) *und seiner Wiedervereinigung mit dem Schöpfer.* Er wartet ruhig, ohne Furcht und Ungeduld, denn er hat die 9 erreicht. Er hat ein reines Herz.

Als ich ein kleiner Junge war und in Madrid lebte, war ich häufig traurig. Ich fühlte mich irgendwie nicht wohl. Das hatte eine banale Ursache: Ich liebte die Farbe Blau sehr - aber in der Wohnung meiner Eltern gab es nichts Blaues! Wäre es nach mir gegangen, hätte ich höchstpersönlich die ganze Wohnung blau gestrichen und damit Ablehnung und Zorn herausgefordert. Es war mir unerträglich, an einem Platz zu sein, wo es nichts Blaues gab; es war mir unerträglich und unverständlich. Doch das Nächstliegende war mir restlos entgangen: die Farbe des Himmels in einer Stadt, wo die Sonne über 300 Tage im Jahr scheint!

Erst viel später, als ich darüber nachdachte, erkannte ich die Situation von damals als höchst lehrreich ...

Ist es mit unseren spirituellen Werten nicht ähnlich? Suchen wir nicht stets woanders das, was wir von Geburt an in uns tragen?

In Indien sagte man mir: »Wenn du dich unruhig fühlst, putze etwas Schmutziges, bis es glänzt.« Ich tat das ... und ich wurde ruhig. Es war nicht meine Leistung, die mich befriedigte, sondern die Gewißheit, mich *selbst* in diesem Objekt zu sehen, wiederzuerkennen: Es war die Freude über die Arbeit an mir selbst.

So möchte ich auch Ihnen raten: Gehen Sie in Ihre Tiefe, suchen Sie in *sich*, denn Sie sind eine unerschöpfliche Quelle!

Die Frage »Aber wie?« will ich nun versuchen zu beantworten, und ich bin überzeugt, daß die Antwort in einer anderen Frage zu finden ist, nämlich: »Warum fehlt es überhaupt an Vertrauen und Zuversicht in der Welt?«

Betrachtung der einzelnen Felder und die täglichen Übungen

Lassen Sie uns dazu alle Felder in der Reihenfolge des Pentagramms betrachten:

Feld 1 – Das schöpferische Prinzip

Die Einser, die in diesem Feld also mehr als eine 1 stehen haben und somit eine Belastung zeigen, sind ausnahmslos geladene Menschen. Sie sind mit einem Dampfkochtopf zu vergleichen und müssen dafür sorgen, daß ihr Ventilsystem immer in Ordnung ist.

In der Regel, so sagen manche Numerologen, sind diese Menschen rücksichtslos, gehen sogar über Leichen und setzen alles daran (ethisch oder nicht), um ihre Ziele zu erreichen – und sind dann noch stark materialistisch geprägt ... Dies ist nur bedingt wahr.

Sicher gibt es manche – sogar viele – Menschen unter den Einsern, auf welche diese Beschreibung zutrifft. Aber dies ist nur einer ihrer vielen Aspekte. Sie haben ebenfalls einen starken Drang zur Spiritualität, den sie genauso heftig leben wie den Drang zum Materialismus. Ignatius von Loyola, Mutter Teresa von Kalkutta und Augustinus hatten beispielsweise dreimal die 1 im Pentagramm, Martin Luther sogar viermal.

Der Einser lebt stets an der Grenze einer Wandlung zwischen Materialismus und Spiritualität (die Anfänge von Ignatius sind ein Paradebeispiel dafür), und sie verfolgen beide Ziele mit dem gleichen Eifer. Da sie immer »an etwas« arbeiten müssen, können sie sich kaum eine tiefe, lange Pause gönnen, denn dann fühlen sie sich wie ein Schiff, bei dem mitten in der Nacht oder bei Nebel das Radarsystem ausfällt, so daß das Ziel nicht mehr konsequent verfolgt werden kann.

☆ *Eine tägliche Übung:*

Die Empfehlung hier ist die *aktive Meditation*, denn die Einser müssen Energie umwandeln. Sie sollten täglich eine halbe Stunde (wenn möglich länger) in den Wald gehen oder in einen Park und alles, was sie umgibt, beobachten und wahrnehmen. Einfach wahrnehmen – ohne Zweck und ohne Ziel. Sie können auch im Garten arbeiten – aber ohne etwas Bestimmtes erreichen zu wollen. Die Einser müssen sich in die »aktive Passivität« begeben. Auch zu putzen (z. B. Silber) ist eine gute Übung – aber immer absichtslos. Sich nicht auf das

Resultat, sondern nur auf die Arbeit selbst zu konzentrieren, einfach tun und im Tun aufgehen: darum geht es! Es geht um Wahrnehmung, nicht um Leistung. Es geht darum, die Extrovertiertheit der Einser auszugleichen und als Brennmaterial für das innere Leben zu nutzen.

Feld 2 – Vertrauen

Im Brockhaus kann man als Definition lesen: Von jemandem oder etwas glauben, daß man sich auf ihn bzw. darauf verlassen kann.

Hier werden die Begriffe *Vertrauen* und *Glaube* quasi als untrennbar dargestellt. Folgerichtig können wir die Behauptung aufstellen: Wenn es an Vertrauen fehlt, fehlt es auch an Glauben, denn wenn es kein Vertrauen ohne Glauben gibt, dann kann es keinen Glauben ohne Vertrauen geben! Die Botschaft hören wir alle wohl, aber am notwendigen Glauben, um diese Botschaft annehmen und verwirklichen zu können, fehlt es doch ab und zu ...

Die wichtige Frage lautet: Woran glauben wir im Innersten nicht *wirklich*, an Gott, an das Glück, die Liebe oder das Schicksal? Nein. Letztendlich sind wir selbst das Objekt unseres »Unglaubens«. Es ist auch nicht immer leicht, an sich *selbst* zu glauben, Vertrauen zu sich selbst zu haben oder zu entwickeln, wenn wir uns (häufig) ohne Erfolg mit den Unannehmlichkeiten und Problemen des täglichen Lebens auseinandersetzen. Bleibt der Erfolg hartnäckig fern, beginnen wir, an unsere Unfähigkeit oder gar Lebensuntüchtigkeit zu glauben, und nach einiger Zeit sind wir vielleicht sogar davon überzeugt! Wenn man noch dazu die Anlage dafür hat (keine oder mehrmals 2, also eine Schwäche oder Belastung im 2. Feld des Pentagramms), kann die Situation recht brenzlig werden. Die häufigste Folge davon ist die Angst, ein Versager zu sein. Auch daran könnten wir unlogischerweise eines Tages glauben!

So betrachtet ist ein Mangel an Vertrauen nicht ein Mangel an Glaube (kein Mensch kann von etwas überzeugt sein, ohne daran zu glauben), sondern eher die Folge unseres Glaubens an *Negatives*. Eine Selbstanalyse ist hier vonnöten, wobei unsere Aufmerksamkeit auf zwei Punkte zu richten ist:

1. Niemand kann von sich behaupten, daß *alles* in seinem Leben *objektiv* falsch läuft. Somit haben wir uns gegenüber die Pflicht, einmal auch alles, was »klappt«, zu erkennen und wahrzunehmen, ohne uns hinter dem Gedanken »*Ja, aber ...*« zu verstecken.

2. Wenn Sie einen Apfelbaum pflanzen, werden Sie sicherlich nicht erwarten, eine Birnenernte zu bekommen – Sie werden sie auch nicht erhalten! Dies ist das Gesetz von Ursache und Wirkung: Was ich säe, das ernte ich. Versuchen Sie also, hinter allen Niederschlägen des Lebens herauszufinden, welche Samen Sie eingepflanzt hatten, und lernen Sie daraus. Drehen Sie den Spieß um, und machen Sie die Schwierigkeiten und das Mißlingen zu Ihren Freunden, zu Ihren Lehrmeistern! Nehmen Sie die Lektion an in der Überzeugung, daß Sie damit negatives Karma beseitigen und Ihre Lebensqualität verbessern. Dadurch wächst Ihr Vertrauen. Vor allem aber übernehmen Sie so die *Verantwortung* für das, was in Ihrem Leben geschieht, *denn es ist Ihr Werk!*

»Ja«, werden Sie vielleicht dazu sagen, »wie oft hat man schon diesen Satz gehört.« Sie haben recht. Diesbezüglich hat man aber leider versäumt, uns über die Härte und den Schmerz aufzuklären, den die Selbstverantwortung (manchmal) verursacht. Auch über SEINE Wirkung befinden wir uns ziemlich im Dunkeln. Wir müssen aber wissen: Es genügt nicht, zu sagen oder zu denken: »Ja, ich habe dies oder jenes verursacht. Ich bin selbst schuld!« – und mit dem gleichen Atemzug in den Strom der Ablenkung einzutauchen. Um davon zu profitieren, um weiterzukommen, muß man durch den Schmerz *hindurch* gehen, sich mit ihm *vereinigen*, ihn umarmen, man muß lernen, in der Stille zu weinen, sich zu öffnen und zu sagen: »*Und dennoch!*« Es ist notwendig, ein Stück des Weges mit dem Wesen, das wir so wenig kennen – mit uns selbst –, *allein* zu gehen: Nur so können wir uns wirklich erforschen und kennenlernen.

Sicher, man durchquert dabei die Dunkelheit, aber man geht zum Licht der Selbsterkenntnis. Nur so fallen die Schleier des Nichtwissens, einer nach dem anderen. Diesen Schmerz muß man wohl als die Ernte »falscher Samen« ansehen, aber er ist absolut notwendig – und wäre es nur deshalb, um unsere Unvollkommenheit und Verletzlichkeit akzeptieren zu lernen, denn auch *dies* stärkt das Vertrauen!

Denken Sie bitte immer daran: Glauben Sie an Positives! Dann werden Sie Positives erhalten, denn »es wird euch nach eurem Glauben geschehen«.

☆ Als *tägliche Übung* empfehle ich Ihnen folgendes:
Schicken Sie die negativen Gedanken ins Exil. Seien Sie wachsam: Wenn sie auftauchen, ersetzen Sie sie blitzschnell durch angenehme, positive Gedanken.
Verbringen Sie jeden Tag mindestens eine halbe Stunde (je länger, desto besser, ohne daraus einen Zwang zu machen) allein mit sich selbst! Erkundigen Sie sich nach Ihrem Wohlergehen, machen Sie sich ab und zu selbst eine Freude, seien Sie nett zu sich.
Lernen Sie, die Schönheit einer Wolke oder eines Sonnenaufgangs zu begreifen, zu genießen, wahrzunehmen.
Fragen Sie Ihr Hohes Selbst, was heute auf »dem Arbeitsplan« steht.
Helfen Sie anderen, ohne etwas dafür zu verlangen oder zu erwarten (auch Kleinigkeiten sind ungemein wichtig; ein liebes Wort ist häufig wertvoller als ein Tausendmarkschein!), denn alles, was Sie für andere tun, tun Sie für sich selbst und alles, was Sie gegen sich tun, tun Sie auch gegen die anderen.
Bedanken Sie sich vor dem Einschlafen für den Tag. An jedem Tag gibt es etwas, das ein »Dankeschön« wert ist. Tun Sie dies auch jeden Morgen nach dem Aufwachen für die Chance, die der neue Tag für Sie mit sich bringt.

Eigene und fremde Erfahrungen haben mich gelehrt, daß dieser Weg der Weg ist, der unweigerlich zum Selbstvertrauen führt.

Feld 3 – Zuversicht

Im Brockhaus steht als Definition: Vertrauen in die Zukunft. Feste Hoffnung. Optimismus.

Wie Sie sehen, ist Zuversicht quasi eine Folge, eine Konsequenz des Vertrauens. Wie könnte ich z.B. Vertrauen in die Zukunft haben, wenn ich mir selbst nicht vertraue? Bin ich nicht der Urheber meiner Zukunft? Wie kann ich fest hoffen und/oder optimistisch sein, wenn ich mir mißtraue? Somit erscheint die Frage: »Wie beuge ich einem Mangel an Zuversicht vor?« als bereits beantwortet: »Indem ich an meinem *Selbstvertrauen* arbeite«. Glauben Sie mir: Wer sich selbst vertraut, vertraut der Welt, wer der Welt vertraut, ist hoffnungsvoll und optimistisch! Seine seelischen Strukturen würden gar keine andere Lebenseinstellung erlauben bzw. dulden.

☆Es gibt eine *einfache Übung*, die Zuversicht zu verstärken:
Stellen Sie sich das, was Sie sich wirklich wünschen, ohne Wenn und Aber plastisch vor, und zwar in einem Zustand der absoluten Entspannung. Visualisieren Sie es, hören Sie es, fühlen Sie es, riechen Sie es – und halten Sie dieses Bild einige Minuten fest. Dies ist alles. Ein- bis zweimal täglich genügt.

Wenn aber alles so einfach zu sein scheint, wie ist es, wenn das Pentagramm eine Schwäche oder Belastung im Feld 3, jedoch nicht im Feld 2 zeigt? Nach den eben skizzierten Schlußfolgerungen wäre dies ein Widerspruch, denn wenn Zuversicht die Folge des Vertrauens ist und dieses besteht, müßte der Betreffende zwangsläufig zuversichtlich sein …! Vor diese Frage wurde ich vor Jahren einmal gestellt. Zwei Antworten sind möglich:

1. Ich erinnere daran, daß die im Pentagramm gezeigten Schwächen oder Belastungen stets drei Interpretationsmöglichkeiten anbieten: somatisch – psychisch – psychosomatisch, d.h. sowohl körperlich als auch seelisch-geistig.
   Dies ist der Moment, wo der gesunde Menschenverstand die Bühne betritt!
   Wenn wir es z.B. mit einem Menschen zu tun haben, der an einer Magenkrankheit oder an Magenstörungen leidet, aber seine Krankheit mit Elan entschieden und optimistisch bekämpft, einem Menschen, der stets sicher ist, Herr der Lage zu werden, können wir gewiß sein, daß die Schwäche/Belastung im Pentagramm *somatischer Natur* ist.
   Ist der Betreffende aber niedergeschlagen, vielleicht etwas depressiv, und die Untersuchung bestätigt ein Magenleiden, dürfen wir an eine somatische Situationen denken, bei der das körperliche Geschehen die Psyche schwer beeinflußt. Ein Mangel an Zuversicht ist jedoch – wenn auch in diesem Beispiel u.U. schwer festzustellen – nicht gänzlich auszuschließen.
2. Die andere Möglichkeit wäre genau das Gegenteil: Feld 2 ist belastet, während das Feld 3 normal erscheint. Hier müssen wir wieder von unserer Beobachtungsgabe Gebrauch machen. Es kann wohl sein, daß der Betreffende unter Unregelmäßigkeiten oder gar Erkrankungen der Bauchspeicheldrüse leidet. Dies ist in jedem Fall anzunehmen, wenn er optimistisch ist, an sich arbeitet und sich keine unnötigen

Sorgen macht. Ist er aber niedergeschlagen und der Überzeugung, daß ihm nicht zu helfen ist, dann sind wir mit einem Problem konfrontiert, das zwei Seiten hat:
Die Situation ist rein somatisch, drückt aber schwer auf das Gemüt – oder umgekehrt, ist also psychosomatisch.
Es ist nicht auszuschließen, daß der Betreffende in der vorausgegangenen Inkarnation kurz vor oder während des Todes ein Erlebnis hatte, das seine Vorstellungen enttäuschte oder sonst irgendwie sein Vertrauen erschütterte. Dies wäre nur in einer Rückführung zu klären.

Feld 4 – Atemholen

Bei Schwächen oder Belastungen dieses Feldes sollte man für ein harmonisches Leben sorgen. Die Seelen der Vierer brauchen »Platz zu atmen«, sozusagen »spirituelle Lungenkapazität«.

Das Leben »nach außen« (das Familien-, Sozial- und Beziehungsleben sowie der Freundeskreis) muß harmonisch sein. Auch das »innere Leben« sollte in harmonisches Gleichgewicht gebracht werden.

☆ *Dazu drei Empfehlungen:*
Die beste und einfachste Methode, innere Harmonie zu schaffen, ist zu meditieren und dabei einen weißen Kreis zu visualisieren.
Auch lange Spaziergänge allein in der freien Natur bewirken manchmal Wunder, sie schaffen äußerlich und innerlich Raum zum Atmen.
Die Vierer sollten sich mit schönen Dingen umgeben, denn ihre Seele liebt das Gute, das Wahre und das Schöne.

Feld 5 – Überwindung von Negativen Gedanken und Emotionen

Man könnte auch sagen: Im weitesten Sinn gehört dieses Feld der Überwindung des Egoismus und der niederen Natur.

☆ *Die beste Empfehlung ist,*
Karma-Yoga zu üben, d. h., anderen zu helfen. Für andere dazusein und etwas zu tun, ohne sich um Anerkennung, Belohnung oder Dankbarkeit zu kümmern. Wenn wir dies innerhalb unserer Möglich-

keiten täglich tun, brauchen wir bald keine Negativität mehr zu überwinden, denn schon nach kurzer Zeit ist diese aufgelöst.

Feld 6 – Entscheidungsfähigkeit

Man sagt leicht: »Entscheide dich!« Und man wird sogar böse oder zornig, wenn der andere es nicht tut. Warum tut er es nicht? Eine Entscheidungsunfähigkeit ist immer die Folge der inneren Unsicherheit. Um eine Belastung in diesem Feld überwinden zu können, müssen wir zuerst die Verheißung des zweiten Feldes realisiert haben.

☆ *Die wichtigste Empfehlung:*
Entwickeln bzw. verstärken Sie das Vertrauen in sich selbst, ob das 2. Feld gekennzeichnet ist oder nicht. Dies ist die Zauberformel – denn um das 6. Feld zu beherrschen, müssen wir zuerst die Richtlinien beachten und beherrschen, die ich zur Überwindung des 2. Feldes gegeben habe.

Feld 7 – Selbst- und Nächstenliebe

Martin Buber sagte einmal, daß man das Ich im Du finden solle. Dies ist nicht nur die beste sondern die einzige erfolgversprechende Methode, die ich kenne, um dieses Feld positiv zu erfüllen und vorhandene Schwächen und Belastungen auszugleichen. Leben wir mehr und mehr in diesem Sinne, so tun wir unser Möglichstes, angelegtes Negative in Positives zu verwandeln. Erst wenn ich mich als Teil meines Bruders erkenne, als Bestandteil meiner Schwester fühle, erst wenn ich mich in ihnen widerspiegle, bin ich dabei, dieses Feld zu erlösen. Nicht eher. Vielleicht fragen Sie, wie man das macht? Indem man das Ich im Du sucht.

☆ Als *Übung* empfehle ich Ihnen folgende Affirmationen:

- *Mein Inneres lebt für die anderen, denn die anderen sind die Bausteine meines Inneren; ihr Wohlergehen ist meine Sorge.*
- *Die Liebe für sie und für alles, was ist, leitet mich.*
- *Diese Liebe äußere ich in Wort, Gedanken und Tat.*
- *Das Leid meines Bruders oder meiner Schwester ist mein Leid, ihre Freude die meinige.*

Feld 8 – Sammelbecken der Emotionen

Diesem Feld ist der Akupunktur-Meridian *Dreifacher Erwärmer* zugeordnet; es hat eine Sonderstellung im Pentagramm (vgl. S. 92). Das 8. Feld beherrscht alle vorhergehenden Felder.

Vorbeugungsarbeit ist somit nur durch die anderen Felder möglich, denn dieses Feld hat eben keine spezifische, sondern eine umfassende Funktion innerhalb des Systems. Ist es unbelastet, so brauchen wir uns nicht darum zu kümmern. Ist es schwach oder belastet, dann müssen wir beobachten, welche anderen Felder im Pentagramm ebenfalls eine Schwäche oder Belastung aufweisen und den harmonischen Fluß der Lebensenergie behindern. Diese Felder verdienen dann eine besondere Aufmerksamkeit, denn sie haben eine doppelte Belastung: die eigene und die des 8. Feldes. Die verschiedenen diesbezüglichen Vorbeugungsmaßnahmen haben wir bereits besprochen.

Siehe hierzu die Empfehlungen unter den ggf. belasteten Feldern.

Felder 9 und 10 – Transzendente Gefühle bzw. Auflösung und Befreiung

Diese beiden Felder gehören zusammen, denn sie stellen die zwei Stufen der transzendenten Auflösung dar. Für uns »normale« Menschen sind sie praktisch unerreichbar, aber solange es unter uns Menschen wie Gandhi und Mutter Teresa gibt, braucht das Erreichen dieser Felder nicht utopisch zu sein!

Der Mensch im 9. Feld hat Vertrauen, Zuversicht und völlige innere Harmonie entwickelt und erreicht, hat seine niedere Natur überwunden und sich für die wahre, spirituelle Liebe entschieden.

In tausenden von Fällen, die ich diesbezüglich untersucht habe, habe ich noch keinen einzigen Fall gefunden, wo Schwächen oder Belastungen in diesen Feldern erschienen, während die anderen Felder völlig normal waren. Und bedenken Sie: Es nützt uns gar nichts, das 9. oder 10. Feld zu »bearbeiten«, solange spirituelle Schwächen oder Belastungen in den anderen Feldern vorhanden sind. Die geistige Seite des Pentagramms ist eine Treppe mit 10 Stufen, die eine nach der anderen zu steigen sind. Wir können und dürfen keine überspringen!

In dem hypothetischen Fall, daß das Pentagramm sonst »intakt« ist, während eines dieser Felder eine Schwäche oder eine Belastung zeigt, gibt es nur eine Art der Vorbeugung – die *Meisterübung*. Sie ist effektiv, hart und radikal:

»*Willst du vollkommen sein, so gehe hin, verkaufe, was du hast, und gib's den Armen ...*« (Mt 19,21), denn man kann nicht zwei Herren zugleich dienen.

IV. Kapitel
Die Karmadiagnose

Man sollte die Dinge so nehmen, wie sie kommen.
Aber man sollte dafür sorgen, daß die Dinge so kommen,
wie man sie nehmen möchte. Curt Goetz

1. Einführung in die Karmadiagnose

Die Karmadiagnose ist eine Erweiterung der Pentagramm-Diagnose. Sie ermöglicht es uns, über das Geburtsdatum die Karma-Aufgabe zu entschlüsseln - das Was - und über die Numerologisierung des Namens - das Wie - die Hilfen zu erkennen, die wir für diese Aufgaben mitgebracht haben.

Ehe ich auf die Handhabung der Karmadiagnose und die praktischen Aspekte eingehe, lassen Sie mich kurz etwas zur karmischen Botschaft sagen, die im Pentagramm verschlüsselt liegt.

Die von links nach rechts verlaufenden Felder im Pentagramm vermitteln eine grundsätzliche Botschaft: Aufgeben des Ego und Sublimierung der Emotionen. Es handelt sich nicht nur um eine individuelle, persönliche Aufgabe, sondern um eine Pflicht des Menschseins: Es ist der Weg zum endgültigen Ziel unserer Karmareise!

Es ist vielleicht heute mehr als je zuvor von größter Wichtigkeit, unterscheiden zu lernen. Emotionen beispielsweise mit Gefühlen zu verwechseln ist ein kapitaler Irrtum. Emotionalität führt den Menschen zur Subjektivität; Gefühle objektivieren ihn! Sicher ist es nicht immer leicht, zwischen dem spirituellen, aufbauenden Gefühl der Liebe und der materiegebundenen Emotion des Begehrens zu unterscheiden, aber es ist unbedingt nötig, denn das erste löscht das Karma, das zweite aber schafft es. Genauso falsch wäre es, Mitleid für Mitgefühl zu halten; das kann unter Umständen karmische Konsequenzen haben.

Die Botschaft des Pentagramms fordert uns auf, in der Materie wurzelnde Emotionen in spirituell orientierte Gefühle zu verwandeln. In dem Satz: »Ich brauche dich, weil ich dich liebe« (anstelle von »Ich liebe dich, weil ich dich brauche«) ist diese ganze Botschaft eingeschlossen.

Für die Karmadiagnose ist folgendes wichtig:

Wir arbeiten mit den sieben Hauptchakren und verteilen die Zahlen des Geburtsdatums und des Namens an die Chakren.

Mit der Karmadiagnose können wir herausfinden, welche Aufgabe ein bestimmter Mensch - wir oder eine zu beratende Person - sich für diese Inkarnation vorgenommen hat.

Zwei Informationen sind es, die wir aus den Zahlen ablesen können:

1. WAS zu tun ist (das Ziel in dieser Inkarnation);
2. WIE wir es erreichen können (Aufdeckung der Hilfen und Möglichkeiten, die wir mitgebracht haben).

Das WAS erfahren wir durch die Zahlen des Geburtsdatums nach der Häufigkeit ihres Vorkommens. Wir verteilen diese Zahlen auf die Chakren, die den Zahlen entsprechen (die 1 zum 1. Chakra, die 2 zum 2. Chakra usw.). Eine Besonderheit sind die Zahlen 8 und 9. Erscheinen sie *in der Numerologisierung des Namens* oder im *Geburtsdatum*, dann handle ich nach dem Postulat des Pythagoras: »Aus 1 wird 2, aus 2 wird 3, aus 3 wird alles«, d.h., ich teile die 8 in ihre Grundkomponenten 3 und 5 und die 9 in 3 und 6. Dies wird bei der Zuordnung zu dem jeweiligen Chakra eigens vermerkt.

Beispiel

Jemand ist am 14.5.1961 geboren. In diesem Fall würde die WAS-Seite der Diagnose wie folgt aussehen (siehe Tabelle 12).

Bei diesem Beispiel ist das Ziel der Inkarnation leicht zu erkennen: die Überwindung der Dualität (das 2. Chakra ist mit 0 besetzt); die Arbeit an Gefühlen, Emotionen und persönlicher Macht (3. Chakra ist nur mit einer 3 besetzt) und die Erreichung der Verbindung mit Gott bzw. mit dem Göttlichen in uns, dem höheren Selbst (das 7. Chakra ist ebenfalls mit 0 besetzt).

☆ Ein unbesetztes, also mit 0 besetztes Chakra ist eine Aufgabe. Die *Reihenfolge* in dieser inneren Arbeit hat absolute Priorität: *Was das* WAS *anbetrifft, müssen wir von* unten *nach* oben *arbeiten!*

Chakra	*Geburtsdatumszahlen* das WAS	*Namenszahlen* das WIE
7	0x (das Geburtsdatum enthält keine 7)	
6	2x (eine 6 ist vorhanden, die andere resultiert aus der 9)	
5	1x	
4	1x	
3	1x (das Geburtsdatum enthält keine 3; diese 3 resultiert aus der 9)	
2	0x (das Geburtsdatum enthält keine 2)	
1	3x	

Tabelle 12

Die Karmadiagnose ist einer Leiter vergleichbar, die aus 7 Stufen besteht: Wir wollen zwar irgendwann die siebte Stufe erreichen, dürfen aber nie eine der unteren Stufen überspringen! So wäre in diesem Beispiel die Überwindung der Dualität auf der materiell-sexuellen Ebene die erste und wichtigste Aufgabe.

2. Die Methodik

Jetzt stellt sich die Frage: *Womit* oder *wodurch* können wir diese Arbeit schaffen? Dies erfahren wir, indem wir den *Namen* des Betreffenden numerologisieren. Die Zuordnung der Buchstaben Ihres Namens (oder des Namens, für den Sie eine Karmadiagnose anfertigen möchten) zu den Zahlenwerten gebe ich zur leichteren Handhabung an dieser Stelle nochmals, ebenso das Karmadiagnoseformular. Dann haben Sie das erforderliche »Handwerkszeug« beisammen! (Siehe auch das Musterblatt auf S. 60f. für *beide* Diagnosen!)

Karmadiagnose

Geburtsdatum:

Zahlenwerte:

Bei Frauen wird der *Mädchenname* numerologisiert. Titel wie *Dr.* oder *Prof.* werden in dieser Kurzform als Bestandteil des Namens gewertet. Tragen Sie nun entsprechend den Chakrenzahlen unter *Geburtsdatumszahlen* in die Tabelle ein, wie oft eine Zahl im Geburtsdatum vorkommt.

Umwandlungstabelle

A	B	C	D	E	F	G	H	I	J	K	L	M	N	O	P	Q	R	S	T	U	V	W	X	Y	Z
1	2	3	4	5	8	3	5	1	1	2	3	4	5	7	8	1	2	3	4	6	6	6	6	1	7

Name:

Zahlenwerte:

Tragen Sie nun entsprechend den Chakrenzahlen unter *Namenszahlen* in die Tabelle ein, wie oft diese Zahl im Namen vorkommt. **8** wird zerlegt in **5** und **3**; **9** in **6** und **3**.

Chakra	*Geburtsdatumszahlen* das Was – die Aufgabe	*Namenszahlen* das Wie – der Weg
7		
6		
5		
4		
3		
2		
1		

Anmerkung:
Ein *niedrig besetztes* Chakra ist immer therapiebedürftig! Taucht eine *0-Besetzung* ein und desselben Chakras im Was- und Wie-Bereich auf, so ist die Arbeit daran in dieser Inkarnation von *sekundärer* Bedeutung. Die Arbeit an den bedürftigen Chakren erfolgt stets von unten nach oben (1 → 7). Das Chakra, das auf der Was-Seite am höchsten besetzt ist, zeigt die *größte vorhandene Hilfe* dafür an.

Zur Interpretation lesen Sie bitte im Kapitel Karmadiagnose nach.

Zwei Besonderheiten sind zu erwähnen:

1. Ein akademischer Titel (z.B. Dr. oder Prof.) ist als Bestandteil des Namens mit einzubeziehen. Ich bin darauf bereits ausführlich eingegangen.
2. Nach meiner Erfahrung sind bei einer verheirateten Frau an erster Stelle nur der Mädchenname und die Vornamen zu numerologisieren, also die Namen, die in der Geburtsurkunde eingetragen sind.

Dies ist logisch, und ich möchte es etwas ausführlicher begründen: Wir wollen erfahren, welche Selbsthilfemöglichkeiten die Betreffende mitbringt – ungeachtet dessen, welche *zusätzliche* Hilfestellung sie durch eine Heirat von ihrem Partner eventuell bekommt. Die wahre Hilfe ist das Mitgebrachte, das »Angeheiratete« kann auch ein Hindernis sein oder werden. Dennoch muß ich zugeben, daß manche diesbezüglichen Fragen offen bleiben. Vielleicht überprüfen Sie es einmal für sich oder Ihre Bekannten?

In dieser Frage gibt es nämlich eine gewisse Ungerechtigkeit. Die Frau übernimmt bei der Heirat auch heute noch zumeist den Namen des Mannes – warum nicht umgekehrt oder je nach Wunsch? Sicher hat sich heute dieser Brauch offiziell geändert, aber wohl kaum in der Praxis. Wenn die Analyse einer verheirateten Frau den angeheirateten Namen einschließen soll, um »richtig« zu sein, dann wären alle Analysen, die für männliche verheiratete Personen durchgeführt werden, zwangsläufig »unrichtig«. Interessant und gewinnbringend ist es, die Analyse sowohl bei verheirateten Männern zweimal zu machen, einmal nur mit dem eigenen Namen und einmal zusätzlich mit dem des Partners. Ich habe es oft gemacht, und der Vergleich ist manchmal faszinierend.

Nehmen wir an, die Person aus unserem letzten Beispiel heißt Otto Mainz. Die Numerologisierung würde dann wie folgt aussehen:

O	T	T	O	M	A	I	N	Z
7	4	4	7	4	1	1	5	7

geb. am 14. 5. 1961

Durch die Verteilung der Zahlenwerte dieses Namens – die Geburtsdatumszahlen waren bereits eingesetzt – an die entsprechenden Chakren ergibt sich folgendes Bild:

Chakra	*Geburtsdatumszahlen* das WAS	*Namenszahlen* das WIE
7	0	3
6	2	0
5	1	1
4	1	3
3	1	0
2	0	0
1	3	2

Tabelle 15

Wir suchen nun die Chakren, die auf der WAS-Seite mit 0 bzw. niedrig besetzt sind. Sie stellen die *Aufgabe* dar. Erscheint bei einem Chakra sowohl auf der WAS- als auch auf der WIE-Seite eine 0, bedeutet dies, daß diese Situation in dieser Inkarnation bedeutungslos ist.

Die Hilfe, die wir für die Aufgabe benötigen, finden wir auf der WIE-Seite, und zwar in den Chakren, die am stärksten besetzt sind – ungeachtet dessen, ob es dieselben Chakren sind, die auf der WAS-Seite ein Ziel bzw. eine Aufgabe anzeigen oder nicht. In unserem Beispiel ist es die Hilfe des 7. Chakras, die der Betreffende benützen kann, um die Liebe (4. Chakra – WAS-Seite) zu erwecken. Lassen Sie mich das etwas weiter ausführen, damit Sie die Zusammenhänge deuten lernen:

Die Aufgaben sind deutlich: Herr Mainz muß an der 2. und 7. Chakra-Ebene arbeiten. Eine Widersprüchlichkeit liegt darin, daß es sinnlos wäre, am 7. Chakra zu arbeiten, bevor die Situation der unteren Chakren geklärt ist. In diesem Fall scheint jedoch die Aufgabe des 2. Chakras unwichtig zu sein, weil sowohl auf der WAS- wie auch auf der WIE-Seite eine 0 erscheint, also *keine Aufgabe* für diese Inkarnation vorliegt! Da wir auf der 3. Chakra-Ebene nur die von der 9 zugeteilte 3 haben und die WIE-Seite leer ist, können wir auch dieses Chakra übergehen. Was nun? In diesen Fällen müssen wir die *Chakrenleiter* von 1 bis 7 hochsteigen, bis wir eine »korrekturbedürftige« Stelle finden. In diesem Beispiel ist dies das 4. Chakra (WAS-Seite 1 – WIE-Seite 3). Die Aufgabe besteht darin, an der Selbst- und Nächstenliebe zu arbeiten. Durch die Selbstliebe wird der Betreffende die Emotionalität regeln, und durch die Nächstenliebe wird er soweit kommen, daß seine Dualitätsprobleme »nebenbei« verschwinden. Eine weitere Hilfe hierbei ist die starke Spiritualität dieses Beispiels: 3mal die 7 auf der WIE-Seite. Dies wird dem Betreffenden helfen, auf den verschiedenen Ebenen der Liebe erfolgreich zu arbeiten.

Eine gute Extra-Hilfe in der Diagnose liefert uns das Bild der seelischen Bedeutung des Pentagramms.* Dieses würde in unserem Beispiel wie folgt aussehen:

Geburtsdatum 14.5.1961

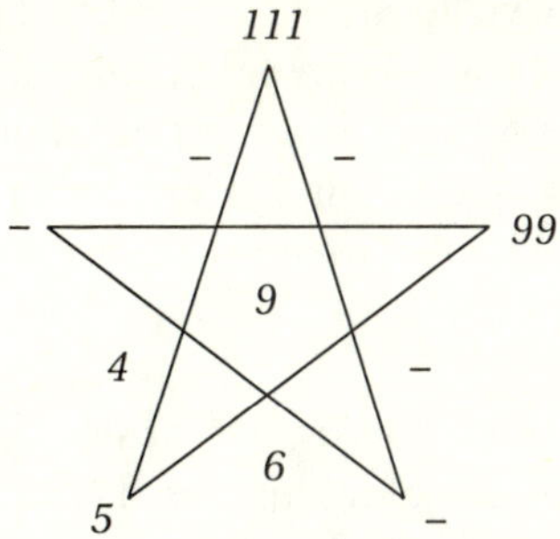

Wie wir der Karmadiagnose entnommen haben, ist die Aufgabe von Herrn Mainz die Entwicklung der Selbst- und Nächstenliebe. Betrachten wir nun die seelische Aussage des Pentagramms, d.h., was ihm hier fehlt: Leere Felder vor dem Herz-Feld sind *Bauchspeicheldrüse* (2. Feld - VERTRAUEN) und *Magen* (3. Feld - ZUVERSICHT).

Schon das Fehlen zu erkennen bedeutet eine große Hilfe. Herr Mainz wird dadurch aufgefordert, Akzeptanz seiner Situation gegenüber zu entwickeln, besonders durch die Übernahme der entsprechenden Verantwortung, und Vertrauen aufzubauen. So kennt er den Weg, denn Liebe - sei es Selbst-, sei es Nächstenliebe - zu entwickeln, ohne zuvor zu akzeptieren und zu vertrauen, ist unmöglich oder zumindest recht schwierig. Denken Sie an das Bild der Chakren-Leiter:

☆ Wir müssen, wie gesagt, mit den Aufgaben beginnen, die von den unteren Chakren angezeigt werden.

Dies bedeutet: Wenn wir z.B. zwei Aufgaben erkennen (sagen wir im 1. und 4. Chakra), müssen wir mit dem 1. Chakra beginnen, bevor wir an die Aufgabe des 4. Chakras auch nur denken!

Es ist schier unmöglich, die Verheißung des 4. Chakras zu erreichen, bevor die Aufgaben der anderen erfüllt sind. Versuchen wir es trotzdem, dann machen wir eine Arbeit, die nie Früchte tragen wird.

* Vgl. die Ausführungen auf S. 94ff. (Felder 1, 2, 3, 7, 8, 9 und 10).

Ungeachtet dessen, welche Aufgabe die WAS-Seite uns zeigt, ist es sehr wichtig, *auf die bestbesetzten Chakren der WIE-Seite zu achten*, denn dort finden wir die notwendigen Werkzeuge für unsere Arbeit.

Manchmal kann dies etwas unlogisch aussehen: Wir haben z.B. am 2. Chakra zu arbeiten, und das bestbesetzte Chakra der WIE-Seite ist das 3. Dies bedeutet, daß der Weg zur *Nächstenliebe* über den *Abbau des Ego* führt. Haben wir vielleicht im 5. Chakra die beste Besetzung, dann wäre zu überlegen, ob die *Partnerschafts-Situation*, die zu bewältigen ist, nicht im Bereich der *Spiritualität* liegt, besonders dann, wenn auch das 5. Chakra auf der WAS-Seite mit 0 oder niedrig besetzt ist (vgl. das Beispiel Gandhi); hier sollte die *Kommunikation mit dem höheren Selbst* aktiviert werden.

☆ Haben wir bei einem Chakra auf beiden Seiten eine 0-Besetzung, bedeutet dies, daß die Bewältigung dieser Aufgabe für die jetzige Inkarnation von *geringer Bedeutung* ist.

Allerdings gibt es eine wichtige Ausnahme: Nehmen wir an, das 2. Chakra zeigt diese Situation und weitere höhere Chakren ebenfalls, während andere Chakren nicht »korrekturbedürftig« sind, dann müssen wir zuerst an dem unteren, also dem 2. Chakra, arbeiten. Solange diese Situation nicht geklärt ist, werden wir nicht in der Lage sein, das Fundament für die Arbeit an den höheren Chakren zu festigen. Und ohne diese Grundlage wird jegliche weitere Arbeit stets nichtig und sinnlos sein.

Wir sollten folgendes beachten: Unsere karmische Aufgabe haben wir *selbst*, bereits *vor der Inkarnation* gewählt, und wir bekamen dann die notwendige Hilfe, um diese Aufgabe zu bewältigen. Diese Aufgabe zu erkennen, uns sozusagen wieder an sie zu »erinnern« sowie die Hilfen zu entdecken – dies sind die Hauptziele der Karmadiagnose! Eine glückliche bzw. unglückliche Ehe ist sicherlich ein Teil unserer früheren Entscheidung, jedoch nie das Ziel; bei einer Analyse von Mann und Frau im Vergleich wird dies der geübtere Diagnostiker aufdecken. Ich bin fest davon überzeugt, daß eine Heirat uns positiv oder negativ beeinflußt, aber das endgültige Ziel unserer Inkarnation, unsere Karma-Aufgabe, bleibt davon unberührt.

Eine Karma-Analyse ist an der *Individualität* des Menschen und nicht an seiner *Persönlichkeit* orientiert, denn unsere karmische Aufgabe haben wir – wie bereits erwähnt – festgelegt, bevor wir unsere heutige Persönlichkeit entwickelten. Ich glaube, daß dies eine entscheidende Rolle spielt. Das Wort »Persönlichkeit« stammt aus dem lateinischen *persona.* Damit wurde in alten Zeiten *die Maske* bezeichnet, die die Schauspieler im Theater trugen. Doch auch noch aus zwei anderen Vokabeln setzt sich das Wort *persona* zusammen: aus *per* (durch) und *sonare* (klingen, Musik oder Lärm machen). So wurde das Wort *persona* früher auch verstanden als *die Rolle, die ein Schauspieler auf der Bühne spielt.* Die Persönlichkeit ist also nicht der *Mensch selbst* sondern eher das, was er darstellt, und zwar aufgrund dessen, was er im Leben gelernt hat. Er spielt eine Rolle auf der Bühne des Lebens, und zu diesem Stück gehören auch andere Schauspieler, die uns und unsere Rolle (unser Leben) beeinflussen, besonders diejenige oder derjenige, die/den wir heiraten. Sie werden ein (wesentlicher) Teil unseres Lebens, aber nie wir selbst. Sie können das Theaterstück beeinflussen, gar ändern, doch nie den Autor!

»Individualität« dagegen kommt von dem lateinischen *individuum* und bedeutet das, was wir nicht von uns selbst trennen können: unseren göttlichen Anteil. Gerade von diesem Teil kommt das Karmaziel und dorthin läuft es auch. Das gleiche gilt für die in dieses Leben mitgebrachten Hilfen.

Eine Änderung des Namens ist nur eine zusätzliche Hilfe oder evtl. auch ein Hindernis auf unserem Weg, nichts weiter. Daher ist die Arbeit mit dem angeheirateten Namen sowohl bei Frauen als auch bei Männern nur interessant und gewinnbringend, wenn wir die gewonnenen Ergebnisse mit den Ergebnissen vergleichen, die aus der Analyse des Eigennamens entstehen.

Um Ihnen die Karma-Diagnose so praxisnah und verständlich wie möglich zu erklären, möchte ich sie am Beispiel lebender Personen, nicht an fiktiven Beispielen demonstrieren. Immer, wenn ich Beispiele aus meiner Praxis anführe, habe ich die Namen so verändert, daß sie zwar imaginär sind, das Ergebnis der Numerologisierung aber nicht geändert wurde.

H	E	I	N	Z		O	T	T
5	5	1	5	7		7	4	4

geb. am 13.5.1934

Chakra	*Geburtsdatumszahlen* das Was	*Namenszahlen* das Wie
7	0	2 (Z, O)
6	1 (aus 9)	0
5	1	**3** (H, E, N)
4	1	2 (T, T)
3	3 (1x aus 9)	0
2	**0**	0
1	2	1 (I)

Tabelle 16

3. Die Analyse

☆ Das *Geburtsdatum* sagt uns, Was zu tun ist, die Aufgabe; die *Namenszahlen* teilen uns mit, Wie die Möglichkeiten bzw. Hilfen aussehen.

☆ Der Bereich mit der niedrigsten Besetzung auf der Was-Seite ist der, welcher am meisten Zuwendung braucht. Der Bereich mit der höchsten Besetzung auf der Wie-Seite zeigt die vorhandene Haupthilfe.

Dabei spielt es keine Rolle, ob diese Bereiche auf derselben Ebene liegen. Ist z.B. das 4. Chakra auf der Was-Seite leer, aber das 1. Chakra auf der Wie-Seite gut besetzt, bedeutet dies, daß die Erweckung der Kundalini der Weg ist, um Liebe (4. Chakra) zu entwickeln. Oder das 2. Chakra der Was-Seite ist schwach besetzt (mit 0 oder 1), aber das 5. Chakra der Wie-Seite ist gut besetzt; dies bedeutet, daß die Überwindung der Dualität auf sexueller Ebene (2. Chakra) über die Kommunikation mit sich selbst oder/und anderen zu schaffen ist. Eine starke Besetzung des 3. Chakras (ab dreifach) auf der Was-Seite zeigt in der Regel zuviel mitgebrachte persönliche Macht und ein stark ausgeprägtes Ego. Wenn das 4. und das 5. Chakra auf der Was-Seite mit Null besetzt ist, weist das auf eine doppelte Aufgabe hin: die Entwicklung der bedingungslosen Liebe und die Verbindung mit dem Hohen Selbst.

Im Beispiel von Herrn Ott nun bemerken wir eine offensichtliche Diskrepanz in der Besetzung des 2. Chakras: Während die Bereiche des 1. und 3. Chakras gut belegt sind, ist das 2. Chakra »leer«. Dieses Phänomen erleben wir immer wieder, wenn der Mensch hauptsächlich als Kind in einer anderen Inkarnation unterdrückt wurde, meistens im Sinne der Sexualität. Diese Leere des 2. Chakras macht uns darauf aufmerksam, daß noch Prägungen oder Verhaltensmuster vorhanden sind, die das partnerschaftliche Denken des Individuums negativ beeinflussen. In der Regel sehen wir bei diesen Fällen häufig ein gut besetztes 3. Chakra. Diese Situation entsteht durch die »damals« getroffene Entscheidung, sich nie wieder unter Druck setzen zu lassen, was zu einer Betonung der persönlichen Macht bzw. des Ego führt. Dieser Aufbau der Macht geschieht, wie Past-Life-Therapien offenbaren, unmittelbar nach dem Bewußtwerden der Unterdrückung, häufig noch in der Kindheit. Wenn aus der Unterdrückung heraus das Ego die Oberhand gewonnen hat, lebt der Mensch in einer total dualistischen Situation, in der keine Verbindung mit sich selbst, d.h. mit dem höheren Selbst gewünscht wird.

Die wahre karmische Aufgabe von Herrn Ott ist, sich aus dem damaligen Bedrückungs-Schock zu befreien und die damals getroffene Entscheidung zu revidieren.

Die zweite Aufgabe von Herrn Ott besteht darin, die auf Kosten der Partnerschaft aufgebaute Macht dem Kosmos zur Verfügung zu stellen. Dies wird möglich, indem er den Kanal zum höheren Selbst öffnet, was durch Meditationen über das 5. Chakra erreichbar ist.

Das Wichtigste bei dieser Diagnose ist, zu erfahren, welche *primären Aufgaben* zu erledigen sind, also Prioritäten zu setzen. Wenn ein Chakra auf *beiden* Seiten (Geburtsdatum *und* Namen) mit 0 besetzt ist, ist die hier gestellte Aufgabe nicht primär, d.h., sie braucht nicht unbedingt in der jetzigen Inkarnation bearbeitet zu werden. Ein fiktives Beispiel:

Chakra	*Geburtsdatumszahlen* das WAS	*Namenszahlen* das WIE
7	2	1
6	3	2
5	0	3
4	0	2
3	2	1
2	**0**	**0**
1	1	2

Tabelle 17

Die wahren Aufgaben hier wären primär die Arbeit am 4. und am 5. Chakra. Die Bearbeitung des Dualismus – 2. Chakra – die Aufgabe ist sicher vorhanden, ist jedoch sekundär. Im Beispiel von Herrn Ott dagegen sind zwei Chakren (2. und 7.) mit 0 besetzt. Aber um die *Unio mystica* zu erreichen (die Verheißung des 7. Chakras), muß er zuerst die Verbindung zu sich selbst und zum höheren Selbst schaffen. Die Verbindung mit sich selbst, die Überwindung der Dualität von Persönlichkeit–Individualität ist absolute Voraussetzung, um das Ego abzubauen, die persönliche Macht abzugeben, die Verbindung mit dem Geist und dem Sohn (5. und 6. Chakra) zu intensivieren und sich endlich dem Bereich des *Sahasrara* (7. Chakra) zu nähern. Diese Priorität ist die einzige Ausnahme bei der doppelten 0! Die einzige Hilfe, mit der Herr Ott rechnen kann, ist die gute Besetzung des 5. Chakras (Kommunikation mit sich selbst, dem höheren Selbst und dem Geist) auf der WIE-Seite.

Fallbeispiele

Fallbeispiel ANTON MEYER

A	N	T	O	N		M	E	Y	E	R
1	5	4	7	5		4	5	1	5	2

geb. am 18.5.1930

Chakra	*Geburtsdatumszahlen* das Was	*Namenszahlen* das Wie
7	0	1 (O)
6	1 (von 9)	1 (O)
5	2 (1x von 8)	4 (2x N, 2x E)
4	0	2 (T, M)
3	3 (1x von 8; 1x von 9)	0
2	0	1 (R)
1	2	2 (A, Y)

Tabelle 18

Dieser Patient kam wegen körperlicher Beschwerden (schweres Herzleiden, Asthma und Verdauungsschwierigkeiten) zu mir. Die Karmadiagnose sollte Licht in die wahren Wurzeln seiner Beschwerden bringen.

Die Aufgabe ist deutlich: wie schon bei Herrn Ott die Integration der Dualität und die Entwicklung der (Selbst-)Liebe (4. Chakra), um der Transzendenz näherzukommen oder diese gar zu erreichen (7. Chakra). Auch bei Herrn Meyer liegt ein Schock vor, was durch die Besetzung der ersten drei Chakren ersichtlich ist (2 – 0 – 3). Menschen mit dieser Konstellation haben in der Regel Schwierigkeiten mit dem Prinzip Liebe, denn die Reaktion auf den bereits erwähnten Schock ist immer die gleiche: Aufbau des Ego und der persönlichen Macht, was auf Kosten des Liebe-Prinzips geschieht. Durch die Betonung des Ego werden diese Menschen extrem emotional, wodurch das Gefühl der wahren Liebe langsam aber sicher stirbt.

Anhand der Karmadiagnose wäre der Weg von Herrn Meyer in dieser Inkarnation:

a) Die Entscheidung von »damals«, sich durchzusetzen und weitere Unterdrückungen um jeden Preis zu vermeiden, in dieses Leben zu integrieren. Hierfür ist eine Past-Life-Therapie (bei einem guten Therapeuten) zur Aufdeckung dessen, was damals wirklich geschah, äußerst hilfreich.
b) Seine Emotionen in *Gefühle* zu transformieren bzw. die persönliche Macht dem Kosmos zur Verfügung zu stellen. Meditationen über den Monaden-Punkt leisten hierfür auch sehr gute Dienste: Der Monaden-Punkt, der den absoluten Ursprung des Menschen, seinen göttlichen Funken darstellt, liegt etwa zwei Fingerbreit über dem Nabel und zwei Fingerbreit im Bauchraum.
   Die Meditation ist sehr einfach: Man sitzt in meditativer Stellung, und nachdem Ruhe in den Körper eingekehrt ist, bringt man die ganze Bewußtheit auf diesen Punkt.
c) Intensiv Karma-Yoga zu üben, um das Ego abzubauen. Unter Karma-Yoga versteht man, das zu tun, was zu tun ist und anderen hilft, ohne sich um Dank oder Belohnung für sich selbst zu bemühen bzw. dieses zu erwarten. Mutter Teresa aus Kalkutta war die höchste Repräsentantin dieses Karma-Yoga seit dem Tod von Mahatma Gandhi.
   Durch Ausübung von Karma-Yoga wird die Nächstenliebe automatisch aktiviert. Dadurch wird Herr Meyer sich öffnen können, um die Hilfe, die er in seiner »Wie-Seite« mitgebracht hat, zu empfangen: nämlich die Kommunikation mit sich selbst und mit dem Göttlichen (5. Chakra), und sein Liebespotential, das in der Besetzung des 4. Chakras ersichtlich wird!

Mit Herrn Meyer darüber zu sprechen und ihm zu erklären, wo die eigentlichen Wurzeln seiner Erkrankung lagen, war nicht nur hilfreich für die Behandlung, sondern half ihm auch, sein Familienleben neu zu strukturieren.

Seine zum Vergleich hinzugezogene Pentagramm-Diagnose sieht folgendermaßen aus:

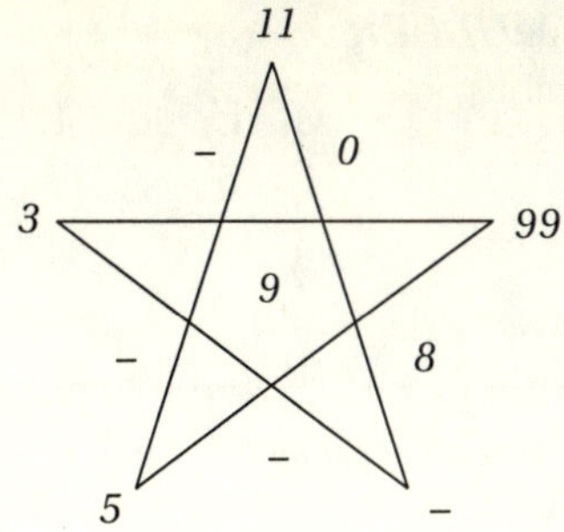

Interpretieren wir dieses Bild nicht organisch, sondern seelisch, so ergeben sich Schwächen im Bereich

Pankreas:	Kann das Leben nicht genießen.
Lungen:	Fühlt sich getrennt vom Leben und von sich selbst.
Hormone:	Schwache oder gar keine Verbindung mit dem 6. Chakra, dem Christus in uns.
Herz/Kreislauf:	Lebensunsicherheit. Mangel an Zentriertheit. Zu emotional. Unfähig, Gefühle richtig auszudrücken.
Belastung der Nieren:	Enttäuschung

Wie Sie sehen, ist die Ähnlichkeit zwischen Pentagramm- und Karmadiagnose frappierend!

Fallbeispiel SABINE MÜLLER

S	A	B	I	N	E		M	U	E	L	L	E	R
3	1	2	1	5	5		4	6	5	3	3	5	2

geb. am 8.9.1945

Chakra	*Geburtsdatumszahlen* das WAS	*Namenszahlen* das WIE
7	0	0
6	1 (aus 9)	1 (U)
5	2 (1 x aus 8)	4 (N, E, E, E)
4	1	1 (M)
3	2 (aus 8 + 9)	3 (S, L, L)
2	0	2 (B, R)
1	1	2 (A, I)

Tabelle 19

Auch hier ist ein früherer Schock vorhanden. In diesem Fall ist die Situation aber erheblich milder als in den vorausgegangenen Beispielen:

Die Differenz in der Besetzung der Chakren ist nicht so markant.

Die Besetzung des 3. Chakras ist eine indirekte, denn die Zahl 3 erscheint nicht direkt im Geburtsdatum, sondern wird aus den Zahlen 8 und 9 gewonnen. Dies ist eine »versteckte« Information.

Die Überwindung ihres Dualismus ist die wichtigste Aufgabe von Frau Müller. An zweiter Stelle muß Frau Müller sich bemühen, die Verbindung mit dem höheren Selbst (5. Chakra) zu erreichen, denn die Besetzung der 5. »WAS-Seite« ist z.T. wie im Falle des 3. Chakras indirekter Natur. Dies kann sie durch Meditation über das 5. Chakra (Verbindung zu sich selbst) und Karma-Yoga erreichen.

Auf den ersten Blick sind hier vier Aufgaben gestellt worden: Wie schon erwähnt, soll die Dualität überwunden werden. Außerdem haben hier die Liebe (4. Chakra), der Sohn/ das hohere Selbst (= Vorbereitung zur *Unio mystica*, das 6. Chakra) und die *Unio mystica* selbst eine nicht zu vergessende Bedeutung. Das Wichtigste ist jedoch hier, an der Dualität zu arbeiten. Die Überwindung der (eigenen) Dualität führt zur Kontaktaufnahme mit dem höheren Selbst und weckt den Wunsch nach selbstloser Liebe. Die Folge ist die Erweckung des Wunsches nach wahrem Wissen, was - endlich - den Weg zur *Unio mystica* öffnet.

Vielleicht klingen diese Gedanken etwas spekulativ? Die Veränderungen, die ich nach den Gesprächen mit der Betreffenden in ihrem Begehren und Benehmen feststellte, haben mich in meiner langjährigen Praxis immer wieder von der Richtigkeit der Methode überzeugt.

Fallbeispiel GANDHI

Ein eindrucksvolles Beispiel der Verbindung von Pentagramm- und Karmadiagnose liefert uns Mohandas Mahatma Gandhi, geb. 2. 10. 1869. Den Titel *Mahatma* (große Seele) müssen wir bei der Numerologisierung des Namens mit einschließen, aus dem gleichen Grund wie einen Doktor-Titel: Auch diese Anrede ist ein Bestandteil des Namens und somit der Persönlichkeit des Betreffenden.

1. Die Pentagrammdiagnose

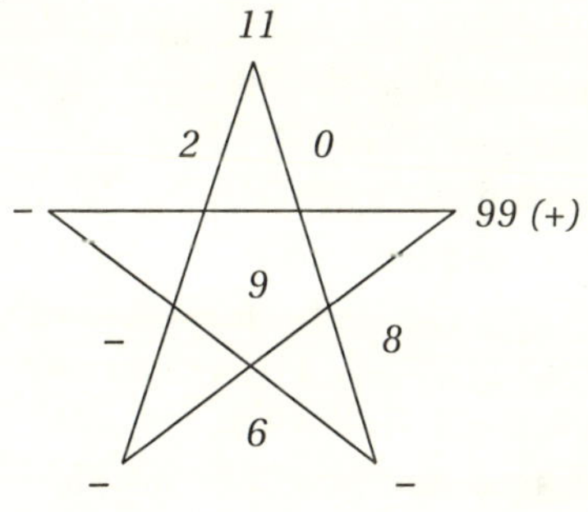

(+): Eine 9 resultiert aus dem Geburtsdatum (1869) und eine aus der Addition der Zahlen desselben (2 + 1 + 0 + 1 + 8 + 6 + 9 = 27 = 9).

Kurze Deutung:
Schwächen: Magen, Lungen, Leber/Galle, Herz/Kreislauf
Belastung: Nieren (In Kalkutta war Gandhi dem Nierenversagen recht nah!)

2. Die Numerologisierung des Namens:

M	O	H	A	N	D	A	S
4	7	5	1	5	4	1	3

M	A	H	A	T	M	A		G	A	N	D	H	I
4	1	5	1	4	4	1		3	1	5	4	5	1

Dies ergibt die Namenszahl 6.

Vergleichen wir nun die Pentagramm-Diagnose mit »Zahlen und Krankheitsdisposition« und »Astrologische Konstitutionsmittel«.

Hierbei arbeiten wir nur mit der Namenszahl. Wie wir aus der Tabelle *Zahlen und Krankheit* entnehmen können, spricht die 6 für eine rheumatische Tendenz bzw. Gefährdung, was eine stetige Entgiftungsnotwendigkeit aufgrund der Schwäche bzw. Belastung von Leber und Nieren plausibel macht. Ebenfalls spricht die 6 für Schwächen im Atmungs- und Verdauungssystem (vgl. die Schwächen in den Pentagramm-Feldern 3 (Magen), 4 (Lungen) und 5 (Leber/Galle).

Astrologisch hat Gandhi die Sonne in der Waage. Aus der Tabelle *Astrologische Konstitutionsmittel*, S. 186f., können Sie ersehen, daß bei Waage-Menschen die Blutgefäße, die Nieren und die Blase generell am ehesten gefährdet sind (vgl. die Pentagramm-Felder 7 [Herz/Kreislauf] und 9 [Nieren]. Außerdem wiederholt sich die Zahl 1 in Gandhis Namen siebenmal, was für Belastungen im kardio-vaskulären System spricht (vgl. die Schwäche im Pentagramm-Feld 7 - Herz/Kreislauf). Aus der zweithäufigsten Zahl im Namen (der 4, die sich sechsmal wiederholt) sehen wir die Neigung Gandhis zu Krampfadern, was identisch ist mit der Krankheitsdisposition der 1 (Belastungen im kardio-vaskulären System) und dem leeren Pentagrammfeld 7 (Schwäche im Herz/Kreislaufbereich).

Aus diesem Beispiel wird ganz offensichtlich, daß die *Zahlen der Karmadiagnose*, *astrologische Zeichen* und *Pentagrammdiagnose* sich entsprechen. Dies ist die Regel und nicht nur im Falle Gandhis so.

Das Gesundheitsbild Gandhis im Pentagramm entspricht nicht der gesunden Lebensweise, die er fast sein ganzes Leben geführt hat. In Kalkutta z. B. war er nach einer langen Fastenzeit dem Nierenversagen sehr nah. In London zwang ihn im Dezember 1914 eine Lungenentzündung, die Stadt zu verlassen und nach Indien zurückzureisen.

Widmen wir uns jetzt kurz Gandhis Karmadiagnose. Sie ist eine Offenbarung über die Bestimmung eines Menschen und über die Hilfen, die von der geistigen Welt kommen, um die vor der Inkarnation gewählte Aufgabe zu bewältigen.

Chakra	*Geburtsdatumszahlen* das WAS	*Namenszahlen* das WIE
7	0	1
6	2 (1x aus 9)	0
5	1 (aus 8)	5 (!)
4	0 (!)	6 (!)
3	2 (von 8 + 9)	2
2	1	0
1	2	7

Tabelle 20

Betrachten wir zunächst die WAS-Seite, also das, was Gandhi in dieser Inkarnation schaffen wollte, sollte oder mußte: Aufgrund der Differenz in der Besetzung des 1., 2. und 3. Chakras der WAS-Seite (das 2. Chakra ist mit einer 1 besetzt, während die beiden anderen mit 2 besetzt sind), ist denkbar, daß Gandhi ein Trauma sexueller Natur in diese Inkarnation mitbrachte. Diese Unausgeglichenheit (je stärker sie ist, desto deutlicher die Situation) spricht für einen sexuellen Schock in früheren Inkarnationen, was durch Regressionstherapien sehr häufig bestätigt wird.

Dies bedeutet, daß nun »etwas« im Bereich der Partnerschaft (2. Chakra) geschehen muß, daß etwas zu bewältigen ist. Doch was ist Partnerschaft überhaupt? Das kann eine Partnerschaft im üblichen Sinne (Ehe, Verlobung, sexuelle Beziehung, Freundschaft) sein. Das kann aber auch die Partnerschaft mit dem eigenen höheren Selbst sein, also die Vereinigung von Bewußtem und Unbewußtem, von Empfänglichem und Aktivem oder im indischen Sinne die Vereinigung von Ida und Pingala.

Gandhi heiratete mit 14 Jahren, hatte mit seiner Frau zwei Söhne und führte bis zu ihrem Tode eine glückliche Ehe mit ihr. Nach seiner Zeit in Südafrika lebte er in »keuscher Ehe«: Er ging eine vollkommene Partnerschaft mit seinem höheren Selbst ein. Wenn wir die WIE-Seite dieses Mannes sehen, erkennen wir, daß nur dieses sein Weg sein konnte. Sein Partnerschafts-Chakra (Svadhisthana - das 2. Chakra) ist leer, aber das Chakra der Verbindung mit dem höheren Selbst (Vishuddi - das 5. Chakra) ist erstaunlich gut besetzt. Dies ist die Art Partnerschaft, die der Mahatma wählte, ja sogar wählen mußte - hier fand er Hilfe, nicht auf der sexuellen Seite. Kurzum: eine seiner Aufgaben bewältigte er, indem er dem Ruf des 5. Chakras, der Verbindung mit dem höheren Selbst folgte.

Noch extremer ist die Situation des 4. Chakras: Auf der WAS-Seite ist es leer. Stellen Sie sich vor, der absolute Meister des Karma-Yoga (das, wie bereits erwähnt, daraus besteht, im Dienst am Nächsten selbstlos zu wirken) kommt zur Welt mit einem völlig leeren Herz-Chakra! Betrachten wir aber die WIE-Seite auf dieser Ebene (6mal die 4), sehen wir, daß gerade dies, ein Meister des Karma-Yoga, ein Mensch der Liebe und des Mitgefühls zu sein, die Hauptstärke dieses Mannes war.

Im Beispiel Gandhi gibt es eine besonders große Diskrepanz zwischen der WIE- und der WAS-Seite. Für ihn war Herausforderung, was für andere der Stein des Anstoßes gewesen wäre, an dem alle guten Vorsätze, alle Ideale Schiffbruch erlitten hätten. Es ist schier unmöglich, etwas zu schaffen, wenn nichts vorhanden ist, vergleichbar dem Versuch, eine wohlschmeckende Mahlzeit zubereiten zu wollen, ohne die nötigen Zutaten zur Verfügung zu haben! Viele Menschen wären an einer so schwierigen Lebensaufgabe verzweifelt. Gandhi und andere Idealisten, wie z. B. Mutter Teresa, haben ihren Weg *geahnt* und alles getan, jeder auf seine Art, um eine feste Verbindung mit jener Größe zu schaffen, die wir »das Göttliche« nennen. Sicher haben sie mindestens am Anfang nichts von der Hilfe, die ihnen zugeteilt wurde, *gewußt*; aber ihre Zuversicht, ihr Vertrauen waren so tief, daß sie diese Hilfe anzogen: Sie öffneten ihr das Tor ihres Herzens.

Wenn wir mit der Karmadiagnose arbeiten, haben wir es da etwas besser: Wir erfahren die Aufgabe und erkennen die Hilfe, wenn wir sowohl auf die WAS- wie auch auf die WIE-Seite achten. Die Differenz zwischen den Besetzungen dieser Seiten bestimmt die Aufgabe. *Je höher die Differenz, desto deutlicher die Aufgabe*; dies ist das Hauptkriterium. Wenn wie im Fall Gandhi bei einer Karmadiagnose das Herz-Chakra der WAS-Seite *leer* bleibt, das Herz-Chakra der WIE-Seite aber mit 6 besetzt ist, gibt es keinen Zweifel, daß die *Erweckung der Liebe* eine (oder *die*) Hauptaufgabe in dieser Inkarnation darstellt. Das gleiche gilt hier für das 5. Chakra: Somit war die Hauptaufgabe Gandhis die Erweckung der Liebe und die Vereinigung mit dem höheren Selbst!

Betrachten wir die Zahlen der WIE-Seite Gandhis etwas näher, ist leicht zu erkennen, wo die enorme Kraft dieses Mannes lag, wo der Motor für sein Tun steckte: nämlich in der Besetzung des 1. Chakras, das siebenmal mit 1 belegt ist und somit die größte Besetzung der gesamten Konstellation aufweist. Es ist zutreffend, daß eine starke Besetzung dieses Zentrums für eine gute Erdung steht (und diese hatte Gandhi auch), für Durchsetzungskraft (bei ihm äußerst ausgeprägt) und für Sexualität. Aber das Bedeutungsvollste bei diesem Chakra ist, daß es den Sitz der Kundalini darstellt. Gandhi hat diese Kraft in sich erweckt, und diese Kraft hat er benutzt. Sie war das Geheimnis seiner Macht, einer Macht, die Umstände, Traditionen, Ungerechtigkeiten besiegte, einer Macht, die nichts und niemand aufhalten konnte.

Fallbeispiel DER AUTOR

Mein Name, so wie er in der Geburtsurkunde erscheint, lautet:

A	D	O	L	F	O		S	E	R	G	I	O	
1	4	7	3	8	7		3	5	2	3	1	7	
F	A	U	S	T	O		G	A	B	R	I	E	L
8	1	6	3	4	7		3	1	2	2	1	5	3
W	A	G	E	N	E	R	G	I	M	E	N	O	
6	1	3	5	5	5	2	3	1	4	5	5	7	

geb. am 18. 3. 1931

Chakra	*Geburtsdatumszahlen* das WAS	*Namenszahlen* das WIE
7	0	5
6	1 (aus 9)	2
5	1 (aus 8)	9 (2x aus 8)
4	0	3
3	4 (1x aus 8, 1x aus 9)	10 (2x aus 8)
2	0	4
1	3	7

Tabelle 21

Die Situation ist deutlich:

a) Der Schock in einer Inkarnation (2. Chakra) ist vorhanden. Eine Rückführung ergab, daß ich als Mönch aufgrund meiner wissenschaftlichen Arbeiten, die nicht mit der damals gültigen Lehre konform waren, aus der Klostergemeinschaft ausgeschlossen wurde. Ich entschied, mich durchzusetzen und zu beweisen, daß ich richtig lag. Dies ergab einen progressiven Aufbau des Ego (vgl. Besetzung des 3. Chakras auf der WAS-Seite).
b) Meine Selbst- und Nächstenliebe soll aufgebaut werden (4. Chakra).
c) Die *Unio mystica* soll angestrebt werden.

Ich habe mich gefragt, warum Schocksituationen so häufig erscheinen. Dafür habe ich nur eine Erklärung: Wir haben alle schon einmal – wann auch immer – uns schockierende Unterdrückung erlebt. Dieses Geschehen und die Folgen davon haben uns gewissermaßen von uns selbst getrennt; was in der Regel als Startposition für weitere karmische Aufgaben zu betrachten ist. Ich bin der Auffassung, daß wir uns immer wieder, Inkarnation nach Inkarnation, ein Geburtsdatum aussuchen, bei dem diese Situation sichtbar wird – in der Hoffnung, diesbezüglich Hilfe zu bekommen und die Lektion »zu lernen«.

Der Weg, dem ich zu folgen habe, ist unmißverständlich: Abbau des Ego, Abgabe und Transformation der persönlichen Macht und Entwicklung der bedingungslosen Liebe, um die Verheißung des 7. Chakras zu erreichen bzw. ihr näherzukommen. Auch meine »Helfer« sind ersichtlich: eine gute Besetzung im Bereich der Kommunikation (5. Chakra) und in der Ebene des Göttlichen (7. Chakra). Außerdem habe ich eine stark ausgeprägte Emotionalität (3. Chakra), die ich über das 5. Chakra (geistige Kommunikation) dem Kosmos zur Verfügung stellen kann und muß.

Dies alles war mir theoretisch absolut deutlich, aber weder Rebirthing noch Rückführung noch Meditation schienen helfen zu können. Dann reiste ich nach Indien – ich wußte, daß manche Prägesituationen, unter denen ich litt, mit diesem Land, in dem ich in früheren Inkarnationen lebte, zusammenhingen. Meine erste Reise schien ergebnislos, und so entschied ich mich, sie zu wiederholen. Das zweite Mal kam ich u. a. in Berührung mit Karma-Yoga und verschiedenen Techniken zur Öffnung der Chakren. Karma-Yoga erwies sich als der Schlüssel, den ich lange Zeit vergeblich gesucht hatte! Wieder in Europa, begann ich dieses Karma-Yoga zu üben, und spürte, wie alle meine Helfer plötzlich aktiviert wurden und mir halfen, meine karmische Aufgabe selbst in die Hand zu nehmen. Das Wichtigste ist, sich selbst Hilfe zu leisten. »Hilf dir selbst, dann hilft dir Gott ...« Dadurch öffnen wir eine Spalte von jener Tür, die uns trennt von dem Teil in uns, der im Licht lebt.

Fallbeispiel MARIA MÜLLER

Der letzte Fall, den ich Ihnen vorstellen möchte, ist

M	A	R	I	A		M	U	E	L	L	E	R
4	1	2	1	1		4	6	5	3	3	5	2

geb. am 23.3.1979

Chakra	*Geburtsdatumszahlen* das WAS	*Namenszahlen* das WIE
7	1	0
6	2 (2x aus 9)	1
5	0	2
4	0	2
3	4 (2x aus 9)	2
2	1	2
1	1	3

Tabelle 22

Welche Aufgabe/n hat Frau Müller in dieser Inkarnation zu erledigen?

Wir beginnen immer mit den unteren Chakren, denn man kann nicht eine »niedrige« Aufgabe »übersehen« und sich in höheren Bereichen versuchen – das wäre vergleichbar mit einem Haus, bei dem wir ein wunderschönes, stabiles Dach bauen, bevor wir das Fundament absichern! Versuchen wir diesen Weg, werden wir feststellen, daß unsere Arbeit fruchtlos bleibt und wir nie ans Ziel gelangen. Es wäre eine verlorene Zeit, denn wir werden das Versäumte in der nächsten Inkarnation wiederholen müssen. Diese Jakobsleiter der Chakren hat sieben Stufen – und eine jede muß ausgelebt und integriert werden.

Wenn wir eine Karmadiagnose stellen, müssen wir nicht nur auf die hervorstechenden Aufgaben achten, sondern auch auf die allgemeine Lage des Betreffenden.

Frau Müller war, wie sie selbst zugab, eine stark egozentrische Persönlichkeit, die in einer Welt des Egoismus und der Selbstbezogenheit lebte. Unter diesen Umständen war es für sie unmöglich, Liebe zu sich selbst und zu anderen zu entwickeln.

Bei Frau Müller sind die Aufgaben offensichtlich: Pauschal gesehen hat sie Liebe (4. Chakra) und Kommunikation mit dem höheren Selbst (5. Chakra) zu entwickeln. Doch dieses Urteil wäre mangelhaft - und vor allem zu einfach. Die Kausalität der Aufgaben zu verstehen ist immer von eminenter Wichtigkeit. So sollen wir uns hier die Frage stellen: Was hat Frau Müller bisher daran gehindert, in früheren Zeiten diese Liebe zu entwickeln, so daß sie diese Aufgabe für die *jetzige* Inkarnation bekommen hat?

Diese Frage ist zwar theoretisch interessant, aber nicht so wichtig wie die praktische Frage: »Was soll Frau Müller jetzt tun, um spirituell fortzuschreiten?« Das Hindernis für sie liegt hauptsächlich in der starken Besetzung des 3. Chakras, die auf der einen Seite für eine sehr ausgeprägte Emotionalität und auf der anderen für eine dominante Persönlichkeit spricht, denn das 3. Chakra ist auch das Chakra der persönlichen Macht und der Dominanz. Dies hindert sie daran, eine selbstlose liebevolle Beziehung zu sich selbst und anderen zu entwickeln. Die erste Aufgabe von Frau Müller wäre, im Rahmen einer Neuorientierung ihrer jetziger Lebensanschauung, die Emotionalität in Dienst am Nächsten umzuwandeln - sprich Karma-Yoga - sowie die Meditation über den Monaden-Punkt (vgl. S. 122). Dadurch wird Frau Müller langsam, aber ohne Zweifel, eine starke Verbindung zu sich, zu Ihrem Hohen Selbst, zum 5. Chakra entwickeln. Außerdem wird sie sich durch die Übung von Karma-Yoga automatisch der Verheißung des 4. Chakras (bedingungslose Liebe) nähern.

Die *erste Aufgabe* dieser Patientin war: die Ursache für ihr Machtbedürfnis zu begreifen und zu lernen, sich zu lieben und diese Liebe anderen zur Verfügung zu stellen.

Ihre *zweite Aufgabe* bestand darin, die Kommunikation zu intensivieren; zuerst mit ihren Mitmenschen (Frau Müller war mißtrauisch und sehr reserviert) und dann mit sich selbst, d.h. mit ihrem höheren Selbst.

Dies wurde für Frau Müller einfach, nachdem sie die Tragweite der ersten Aufgabe verstanden hatte.

Die Hilfe für diese Aufgaben wird in der Wie-Seite ersichtlich: Die

Besetzung der unteren Chakren ist recht harmonisch. Hier zeigen sich eine gute Erdung und reife Sexualität (1. Chakra) Verständnis für die Dualität im partnerschaftlichen Bereich und mit sich selbst (2. Chakra) sowie ausgeglichene Gefühle, gemischt mit einer gesunden Empfindung der persönlichen Machtverhältnisse (3. Chakra).

Diese Hilfen sind immer gegeben, wenn die drei unteren Chakren auf der WIE-Seite wie in diesem Beispiel gleich - oder so gut wie gleich - besetzt sind. Außerdem ist die Besetzung des 4. und 5. Chakras gut und vielversprechend. Allerdings ist die beste Besetzung der WIE-Seite nutzlos ohne den entschlossenen Einsatz des Betreffenden!

Meine Arbeit mit Frau Müller wurde in einem Punkt sehr behindert. Ich erwähne diese Situation besonders, weil sie sehr häufig vorkommt, wenn wir mit Menschen arbeiten, die die gleichen oder ähnliche seelische Strukturen haben wie Frau Müller. Die Schwierigkeit lag darin, daß sie sich gegen die *Selbstliebe* innerlich wehrte. Sie war so entschlossen, sich zu ändern und arbeitete so hart daran, daß sie bereit war, alles abzuwehren, was mit Egoismus und Selbstbezogenheit auch nur im entferntesten zu tun haben konnte. Dabei verwechselte sie Selbstliebe mit Egoismus.

Ich betrachte das Analysieren der Aufgaben, die durch die Karmadiagnose aufgedeckt werden, als Einheit. Das hat mir das Verstehen der verschiedenen Situationen, mit denen ich konfrontiert war - und bin - immer erheblich erleichtert. Letztendlich hat der Mensch nur eine Aufgabe - und dies durch alle Inkarnationen hindurch: die Aufgabe, sich so zu vervollkommnen, daß er die Vereinigung mit dem Geist erreicht. Wir werden uns dessen aber erst bewußt, wenn wir die oberen Stufen unserer Karmaleiter erreicht haben. Wenn Sie sich darin üben, alle Aufgaben eines Menschen, die sich so deutlich in der Karmadiagnose offenbaren, als ein Ganzes zu betrachten, wird es Ihnen zunehmend leichter, mit dieser Methode zu arbeiten. Sie erkennen, daß die gezeigten Aufgaben eine Kausalkette darstellen. Dadurch sind Sie besser imstande, sich selbst zu erkennen oder einen Patienten beraten zu können.

Machen Sie sich mit den Verheißungen der Chakren vertraut, und betrachten Sie das Erkennen und Bewältigen der Aufgaben als *einen einzigen Auftrag*: kontinuierlich auf der Jakobsleiter nach oben zu klettern. Eine exakte und hilfreiche Analyse wird Ihr Lohn sein.

4. Pentagrammdiagnose und Karmadiagnose – ein Vergleich

Lassen Sie mich zum Abschluß zusammenfassend die Pentagrammdiagnose und Karmadiagnose vergleichen.

Pentagrammdiagnose

Sie wird aufgrund des Geburtsdatums durchgeführt und zeigt die familiäre (genetische) organische Belastung. Wir können so die betroffenen Chakren feststellen und durch eine Messung ihre energetische Lage untersuchen.

Karmadiagnose

Diese Diagnose zeigt uns:
1. die Aufgabe(n) bzw. unser(e) Ziel(e) für diese Inkarnation und
2. unsere Möglichkeiten, sie zu bewältigen, d.h. die Hilfe(n), die wir diesbezüglich mitgebracht haben.

Die Karmadiagnose unterscheidet sich grundsätzlich von der Pentagrammdiagnose. Bei der Pentagrammdiagnose sind wir mit einer *»Könnte-sein-Situation«* konfrontiert, denn sie offenbart die Möglichkeit des Durchbruchs einer genetisch determinierten Lage, d.h. etwas, was passieren könnte.

Die Karmadiagnose dagegen präsentiert die *»Soll-Situation«*. »Soll« nur insofern, daß sie uns an die Erledigung der Aufgabe erinnert, die wir selbst frei und ohne Zwang für diese Inkarnation gewählt haben. Wir »sollen« also diese Situation erledigen, dieses Ziel erreichen. Es ist unsere weitere freie Entscheidung, dies zu tun oder zu lassen.

Die beiden Diagnoseformen haben ganz unterschiedliche Aussagen, wie sicher schon deutlich geworden ist:

Die Pentagrammdiagnose setzt uns in Kenntnis über eine genetische Determinierung, die mit und in uns geboren ist, d.h. etwas, was sich unserer Willenskraft oder bewußten Entscheidung schon nach der Geburt entzieht. Ich kann zwar dem Manifest-Werden dieser genetischen Anlage vorbeugen, was ich aber nicht mehr kann (nachdem ich vor der Inkarnation meine Familie gewählt habe), ist, meine körperliche Grundlage zu ändern.

Bei der Karmadiagnose geht es darum, die Aufgabe, die ich mir vorgenommen habe, zu verwirklichen. Hier habe ich eine recht aktive Rolle zu spielen, was erst ab einem bestimmten Alter beginnt.

Passivität (Pentagrammdiagnose) und *Aktivität* (Karmadiagnose) sollten sich das Leben lang die Waage halten. Dies wäre ein idealer Zustand!

Das Wichtigste bei der Karmadiagnose ist zu erkennen (auch dann, wenn es uns nicht gefällt), was zu tun ist, unsere Möglichkeiten zu suchen und dann ... *es tun.*

Es geht nur darum, die aufbauende, positive Seite der Kräfte, die uns als Hilfe gegeben wurden, für unsere Zwecke zu gebrauchen. Denken Sie stets daran, daß *Meditation*, Karma-Yoga - das zu tun, was eben im Moment zu tun ist - und *Reflexion* über sich selbst die Werkzeuge sind, die uns erkennen lassen und helfen, das Ziel zu erreichen.

Vieles kann uns helfen, den Weg zu entdecken, doch nur wir selbst können ihn gehen. Es ist unser Weg. Und es ist nicht einmal wichtig, wie weit wir in einer Inkarnation kommen. Wichtig ist, das Beste zu geben und sich immer die alte taoistische Wahrheit vor Augen zu halten:

Der Weg ist das Ziel.

Denn »wer immer strebend sich bemüht, den werden wir erlösen.«

Es ist also nicht genug, zu wissen, man muß es auch verwenden.
Es ist nicht genug, zu wollen, man muß es auch tun. Goethe

V. Kapitel

Arbeit mit den Chakren – den unsichtbaren Erhaltern unseres Lebens

Die Arbeit mit den Chakren ist wie ein Spaziergang auf einer Linie, wo rechts das Reich der Phantasie, des Unbegreiflichen, und links das Reich der Realität liegen. Die Kunst in dieser Arbeit besteht darin, beide Reiche zu vereinigen, ohne daß sie etwas von ihren Eigenschaften einbüßen. A. Wagener

1. Chakren und Mystik

Nach der kurzen Einführung, die Sie bereits in die Chakren hatten, möchte ich nun für die Diagnose-Ergebnisse und Therapie größere Zusammenhänge aufzeigen. Ebenso wie die Zahlen haben auch die Chakren eine sehr tiefe Bedeutung. So wie die Zahlen eine physiologische und eine seelisch-spirituelle Aussage ermöglichen, so ist auch den Chakren diese Bedeutung zu eigen. Wer sich mit den Chakren befassen möchte, darf die mystische Seite dieser Zentren nicht übersehen.

Zuerst müssen wir bedenken, daß ein Chakra die Kundalinikraft benötigt, um tätig zu sein. Erst, wenn es diese Kraft bekommt, beginnt es zu rotieren und die Energie zu übertragen.*

Dr. Bittlinger bezeichnet das erste Chakra als »den ganz gewöhnlichen Alltag«. Das erste Zentrum stellt die erste Stufe der menschlichen Entwicklung dar. Es repräsentiert die kleinen und großen Freuden und Probleme des Lebens; Muladhara ist unsere Unruhe über die Masern oder den Scharlach unserer Kinder, ist der erste Kuß, das Büro, die Sorgen um das tägliche Brot, kurzum: die Welt, das Hier und Jetzt. Hier beginnt

* Hier möchte ich besonders auf zwei Werke hinweisen, die sich mit dem »Schöpfen dieser Kraft«, dem »Atemholen der Seele« befassen: *Das Vaterunser als Chakrameditation* als Buch und Kassette von Trudi Thali und *Vaterunser im Lichte der Tiefenpsychologie* von Dr. Arnold Bittlinger.

die Entwicklung, der Weg nach oben zu unserer letztlichen Bestimmung: zu Sahasrara (7. Chakra). Das 6. Chakra, das Dr. Bittlinger als »das Auge der Weisheit, wodurch wir die Weisungen des Meisters empfangen« und als »Stern Davids« bezeichnet, ist der Repräsentant des Sohnes (der vollkommene Meister).

In der hermetischen Philosophie, dem »Wie oben, so unten« wird der Davidstern (das Dreieck, das seine Basis oben hat, zeigt nach unten, das Dreieck, das seine Basis unten hat, zeigt nach oben) als Hexagramm abgebildet.

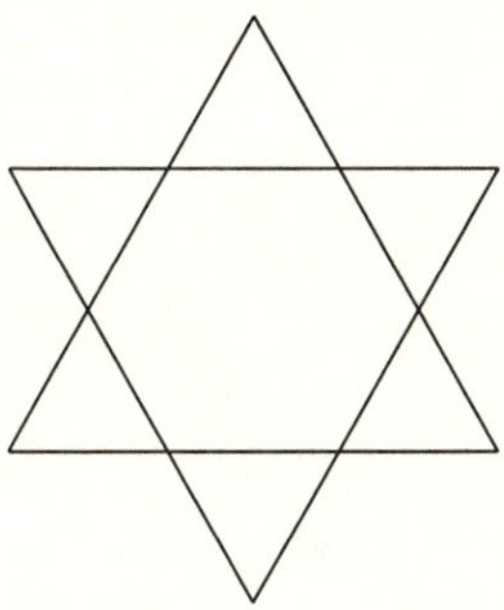

Es ist somit Ausdruck des göttlichen Willens, der *wie im Himmel so auf Erden geschieht* und sich im 7. Chakra voll und ganz realisiert und sichtbar wird.

Auch über die Farbsymbolik kommen wir zur gleichen Deutung der Energiezentren: Das 7. Chakra trägt die Farbe Violett als Symbol der Vereinigung der Gegensätze: Indigo (das Elektrische des 6. Chakras) und Rot (das Magnetische des 1. Chakras). Indigo wird zum Violett, der Farbe der Mystik. Erst nach der Verschmelzung mit der Farbe des Irdischen (Rot) wird sie zum Symbol der Einheit zwischen Himmel und Erde und der Einheit des Menschen mit und in sich selbst.

Gerade diese Gedanken sind wichtig, wenn wir ernsthaft an den Chakren arbeiten wollen! Es ist ein großer Irrtum, die Chakrenbehandlung als eine Art »geistige Pillen-Verordnung« zu verstehen. Die Wurzeln dieser Behandlung liegen viel tiefer: Ziel und Zweck einer wahren Harmonisierung der Chakren besteht darin, dem Menschen zu seiner Einheit zu verhelfen, und nicht, ihn von Kopfschmerzen oder Sodbrennen zu befreien. Der zentrierte Mensch genießt in der Regel Freiheit von Beschwerden und weiß, wie mit ihnen umzugehen ist.

In diesem Zusammenhang ist es gut, auf das 2. Chakra zu achten, denn das Chakra der Dualität ist unser bester Lehrer. Die letzte Bestimmung des Menschen ist die Vereinigung mit dem 7. Chakra, und diese Vereinigung bedeutet nicht mehr und nicht weniger als die Überwindung der Dualität, die Überwindung des 2. Chakras. Die Dualität ist das, was uns von unserem höheren Selbst trennt; und gerade in der Verheißung dieses Zentrums ist uns gegeben, dies zu erkennen. Daher ist Svadhisthana (2. Chakra) der Freund und Helfer, der uns ständig an die Unvollkommenheit des Seins innerhalb einer dualistischen Interpretation der Welt erinnert und ermahnt, uns auf den Weg zu begeben, auf den Weg zu uns, zu unserer Wirklichkeit jenseits von Zeit, Raum und vor allem von Dualität.

Das 2. Zentrum zu integrieren ist der erste Schritt zur Einheit mit dem eigenen, wirklichen Selbst. Ohne dieses Hindernis zu überwinden, kann unsere Entwicklung nicht vorangehen. Gewissermaßen finden wir hier verborgen, aber doch unübersehbar, die Aussage der Karte VI des Tarots (Die Liebenden) wieder. Entscheiden wir uns für die Dualität oder für die in der Einheit sich befindliche Wirklichkeit. Die Problematik dieser Entscheidung vermag uns einen Eindruck über die Wurzel fast aller Krankheiten unserer Zeit zu vermitteln.

In der Realisierung der Verheißung des 2. Chakras wird die Entscheidung verlangt, das Vorwärtsschreiten mit allen Konsequenzen anzunehmen. Diese Entscheidung kann uns nur dann leichtfallen, wenn wir uns für unser Leben verantwortlich fühlen und aus diesem Gefühl heraus handeln.

Wer dies erkannt hat, ist mit sich selbst und seiner Umwelt in Harmonie. Er hat die Zentrierung erreicht, das Reich der Mitte, und ist heil und gesund. Dies ist letztendlich Sinn, Zweck und Ziel der Chakrenbehandlung.

2. Die sieben Jahre: menschliche Entwicklung und Einfluß (Dominanz) eines Chakras

Von der Physiologie wissen wir, daß sich der menschliche Körper alle sieben Jahre erneuert, d.h., alle sieben Jahre bekommen wir einen neuen Körper, der den Herausforderungen des Lebens angepaßt ist. Ein ähnliches Phänomen beobachten wir auch mit den Chakren. Sie erneuern sich zwar nicht, aber jedes Chakra regiert sozusagen eine Periode des Lebens, die ebenfalls aus sieben Jahren besteht.

Diese siebenjährigen Phasen sind als Entwicklungsstufen anzusehen. Diese Entwicklung dürfen wir jedoch nicht betrachten als einen automatischen Sprung von Ebene zu Ebene, der ohne unser Tun geschieht. Der Einfluß eines Chakras ist hier wohl eine uns gegebene Hilfe, aber diese Hilfe entbindet uns keineswegs von der Verantwortung, die eigene Entwicklung voranzutreiben. Uns wird Hilfe angeboten - ob wir diese Hilfe annehmen oder nicht, bleibt unsere eigene Entscheidung und Verantwortlichkeit. Dies wiederholt sich von Inkarnation zu Inkarnation - und so schaffen wir durch unsere Taten und das Annehmen oder Ablehnen der kosmischen Hilfe unsere eigene Situation, unser eigenes Karma. Die Welt des Geistes ist geduldig; sie bietet uns ihre Hilfe an - wir brauchen nur zu reagieren.

Es ist keine Seltenheit, 30-, 40- oder 50jährigen zu begegnen, die immer noch im Bereich des 1. oder 2. Chakras leben! (Der Grund für das »Hängenbleiben« in einem Chakrabereich ist mannigfaltig und würde den Rahmen dieses Buches sprengen.) Aber die Karmadiagnose ermöglicht uns, diese Situation zu erkennen und ggf. zu korrigieren.

3. Die Chakren-Einflußbereiche

1. Chakra

Von der Geburt bis zum 7. Lebensjahr. Der Mensch macht die ersten Erfahrungen und erfährt die ersten Prägungen. Das Bewußtsein ist noch nicht erwacht. In dieser Zeit entwickelt sich bereits die Sexualität.

2. Chakra

Vom 7. bis zum 14. Lebensjahr. Die zwischenmenschlichen Kontakte enstehen in dieser Zeit: erst mit Familienangehörigen und mit Freunden, dann mit dem anderen Geschlecht. In dieser Periode entwickeln sich das Dualitätsbewußtsein und die Partnerschaftsgefühle.

3. Chakra

Vom 14. bis zum 21. Lebensjahr. Die Entstehung der eigenen Identität und des Ego findet in dieser Zeit statt. Dies ist das Chakra der persönlichen Gefühle, aber auch des Erfahrens der persönlichen Macht.

4. Chakra
Vom 21. bis zum 28. Lebensjahr. Bewußtwerden des persönlichen Karmas. Die kosmische Liebe, das Verständnis und das Christusbewußtsein entwickeln sich in dieser Lebenszeit.

5. Chakra
Vom 28. bis zum 35. Lebensjahr. Hier spürt der Mensch das Streben nach wahrem Wissen. Es ist das Chakra der Kommunikation – besonders mit dem höheren Selbst – und das Eingangstor zur Spiritualität.

6. Chakra
Vom 35. bis zum 42. Lebensjahr. Integration der beiden Gehirnhälften (Intuition und Intellekt und somit Vereinigung mit sich selbst). Hier findet die Transzendenz und die Sublimation des Menschlichen statt.

7. Chakra
Vom 42. bis zum 49. Lebensjahr. Dies ist eine Zeit der stillen Reifung, denn – wenn der Mensch soweit gekommen ist – dann geschieht in diesen sieben Jahren die endgültige Verbindung mit dem göttlichen Ursprung und somit die letzte Integration, die *Unio mystica*. Dies ist ein Idealzustand, der jedoch nur nach der Erfahrung vieler Inkarnationen erreicht wird.

Was geschieht mit und in der Zeit nach dem 49. Lebensjahr? Ich glaube, daß dies nur von der Entwicklungsstufe, in der der Betreffende lebt, abhängt. Der Mensch, der heute auf einer tiefen Inkarnationsstufe lebt, wird die Verbindung mit dem Hohen schon deshalb nicht erreichen, weil er noch nicht dafür vorbereitet ist. Er wird in dem Bereich bleiben, der seiner momentanen Entwicklung entspricht. Der andere, der bereits auf einer höheren Stufe ist, wird sich wahrscheinlich so damit befassen, daß er auf einer höheren Windung der Spirale die Siebenerstufe fortsetzt und somit den Boden für die endgültige Vereinigung vorbereitet.

4. Eine Störung der Chakren-Energie verursacht Krankheit

Bevor jemand krank wird, leidet er zuerst unter Störungen der Chakren-Energie. Energetisch ist dies leicht zu erklären: Schwankungen und Disharmonien im Mental- und Emotionalbereich bilden eine negative,

»klebrige« Energieballung, die sich über den ganzen Ätherkörper verteilt, diesen blockiert und aus dem Gleichgewicht bringt. Die richtige, effektive Energieversorgung des physischen Leibes ist somit gestört. Alle somatischen Funktionen werden langsamer, träger – die Lawine ist entstanden und beginnt unaufhaltsam zu rollen. Wir sollten unseren Energievorrat wirklich regelmäßig einer »TÜV«-Überprüfung unterziehen!

Die Schwierigkeit liegt darin, daß man auch bei schwerwiegenden Beschwerden in dieser Phase noch keine exakte diesbezügliche diagnostische Methode anwenden kann, da es in der ersten Phase der Krankheit noch unmöglich ist, das Geschehen klinisch zu erfassen. Auch irisdiagnostisch ist das Ergebnis nicht immer zufriedenstellend.

Der energetische Zustand der Chakren kann jedoch ausgependelt werden, mit dem Biotensor gemessen werden, mit den Händen erfühlt oder auch hellsichtig gesehen werden. Es liegt der Schluß nahe, Krankheit als einen Alarmruf der Natur zu verstehen, der uns auf den Energiemangel oder -überschuß in bestimmten Chakren aufmerksam machen möchte. Besser ist es natürlich, die Energien rechtzeitig auszugleichen und es so gar nicht erst zur Erkrankung des physischen Körpers kommen zu lassen!

Ist jedoch eine Behandlung bzw. eine Regulation angebracht, dürfen wir unter keinen Umständen vergessen, das 4. Chakra mit einzubeziehen, denn dieses eröffnet das gesamte System und setzt ein enormes Energiepotential frei. Vergessen Sie bitte auch nicht, daß dies das Chakra des Ätherleibs ist, also des Körpers, in dem alle »Entscheidungen« über Gesundheit oder Krankheit zuerst getroffen werden.

Wir wissen, daß depressive Menschen und »Schwarzseher« häufiger krank sind und langsamer genesen als die Optimisten. Alle negativen Emotionen neigen dazu, den normalen Energiefluß zu drosseln, so daß manche Organe, insbesondere aber Herz und Nieren, in ihrer normalen Funktionsfähigkeit beeinträchtigt werden. Das 1., 3. und 4. Chakra sind diejenigen, die hier unsere Aufmerksamkeit verlangen und bearbeitet werden sollen.

Ich möchte an dieser Stelle nochmals erwähnen, daß die Chakrenbehandlung keine organische Behandlung ist. Die Besserung des Organischen ist bloß eine sehr angenehme »Nebenwirkung«. Es wäre grundsätzlich falsch zu denken, daß die Behandlung der Chakren ein Lebenselixier darstellt. So gut, wie der körperliche Bereich dadurch auch beeinflußt werden kann, ist damit das Ziel der Behandlung keineswegs erreicht. Das wahre Ziel sollte für den Behandelnden immer darin bestehen, den Menschen zu harmonisieren, ihn zurück zum richtigen Weg zu führen, den Status »Krankheit« aus der Sicht von Paracelsus – »Krankheit ist ein Zeichen, daß dein Weg oder der deiner Vorfahren nicht richtig war« – zu betrachten. Die Beschwerdefreiheit, die durch diese Harmonisierung quasi nebenbei erreicht wird, ist nur das, was man mit der konventionellen medikamentösen Behandlung erreichen will und was irrtümlich als Endziel einer Kur betrachtet wird. Das wahre Endziel ist wie gesagt Harmonie und nicht die Freiheit von Symptomen; ohne Symptome wird der Mensch vielleicht vorübergehend »gesund« werden, aber niemals gesund bleiben.

Die Chakren eines Menschen kann ein anderer »manipulieren«, aber wahrhaft *behandeln* – wenn wir mit dem Wort »Behandlung« Erfolg und Dauereffektivität meinen – kann nur der Mensch sich selbst. Bei der Behandlung der Chakren müssen wir stets unser Ziel vor Augen behalten: Harmonie schaffen, Gleichgewicht herstellen, Balance erzeugen. Für eine kurze Zeit ist es möglich, solche Ziele durch eine »materielle« Therapie zu erreichen, jedoch nicht auf Dauer. Harmonie, Gleichgewicht, Balance – dies alles kann der Mensch erst erreichen, wenn er einige Voraussetzungen erfüllt hat:

- Zuerst muß der Kranke erkannt haben, daß er krank ist. Diese Erkenntnis muß er von der mentalen in die emotionale Ebene tragen und dort *begreifen.* Dann muß er seine Krankheit *annehmen.* Hat er dies erreicht, ist die erste Voraussetzung erfüllt.
- Die zweite Voraussetzung besteht darin, daß der Kranke sich über seine Krankheit Gedanken macht und sich die Frage stellt: »*Was will mir diese Krankheit sagen?* Was verdränge ich? Was habe ich bis jetzt falsch gemacht? Welche sind meine negativen Strukturen, Gedanken und Verhaltensmuster?«
- Die dritte Voraussetzung besteht darin, die bedingungslose Verantwortung für diese Krankheit und deren Ursachen, die nur in uns selbst zu finden sind, zu übernehmen und die Konsequenzen anzunehmen. Wir müssen uns dann – wie man so leicht sagt – entsprechend ändern, d.h. in uns hineinhorchen, uns ehrlich und unverblümt betrachten und vergessen, was andere mit unserer Krankheit zu tun haben oder zu tun haben könnten – denn letztendlich sind wir selbst einzig und allein der Schöpfer unserer Negativität – und somit auch der Schöpfer unserer Krankheiten.

Wir können über die Chakrenarbeit das Endziel Harmonie und Gesundheit erreichen. Aber es ist illusorisch, die Gesundheit wiedergewinnen zu wollen und unsere Beschwerden zu beseitigen, bevor wir nicht uns und unsere Einstellung dem Leben und uns selbst gegenüber ändern.

5. Das Menschenbild bei Über- bzw. Unterfunktion der Chakren

1. Chakra

Überfunktion: Der Mensch wird materialistisch, betont sinnlich, egoistisch, rücksichtslos und unfähig, zu geben oder zu empfangen. Gelegentlich leidet er unter chronischer Verstopfung und Übergewicht. Er reagiert gereizt, ärgerlich, wütend und aggressiv, besonders dann, wenn seine Meinung in Frage gestellt wird, und hat Angst vor Verlusten.

Unterfunktion: Allgemeine Schwäche als Folge ungenügender körperlicher und seelischer Widerstandskraft. Sorgen und Unsicherheit. Manchmal Durchfall bei Belastungen oder Streß. Instabiler Charakter. Das Leben wird ihm zur Bürde.

2. Chakra

Überfunktion: Die Sexualität wird zur Droge, der Mensch wird »sexabhängig«. Unmotiviertes Weinen und/oder unkontrollierte Emotionsausbrüche sind Zeichen einer Überfunktion des 2. Chakras.

Unterfunktion: Mangel an Selbstwertgefühl, Erstarrung der Emotionen und Gefühlskälte sind charakteristisch für eine Unterfunktion dieses Zentrums.

3. Chakra

Überfunktion: Aggressives Verhalten, Aktivitätsdrang, Ruhelosigkeit, weite Pupillen und eine beschleunigte Herztätigkeit kommen häufig vor.

Unterfunktion: Atemnot, die sogar asthmaähnlich erscheinen kann, sowie Kraftlosigkeit bis hin zur Apathie.

4. Chakra

Unterfunktion: Bei diesem Chakra sind nur Symptome der Unterfunktion vorhanden. Krankheiten bzw. gesundheitliche Störungen, die mit einer Überfunktion korrelieren, scheint es nicht zu geben. Bei der Unterfunktion finden wir häufig Sauerstoffmangel, Störungen im kleinen Kreislauf (Herz-Lungen), was einen normalen Gasaustausch zwischen Sauerstoff und Kohlendioxyd im Organismus beeinträchtigt. Ängstlichkeit und Schwäche. Physischer Energieverlust.

5. Chakra

Überfunktion: Ein sinnloser Redeschwall ist für diese Situation charakteristisch.

Unterfunktion: Allgemeine Schwäche und Ermüdung. Kommunikationsarmut und unklare Selbstdarstellung. Auch der Globus hystericus (»Kloß im Hals«) ist nicht selten.

6. Chakra

Überfunktion: Das häufigste Symptom ist der Kopfschmerz bis hin zur Migräne (bei langanhaltenden Kopfschmerzen fachkundigen Rat einholen!).

Unterfunktion: Das Leben wird von materiellen Wünschen und körperlichen Bedürfnissen bestimmt. Vergeßlichkeit, Sehstörungen und unklare Gedanken, sogar Verwirrung.

7. Chakra

Hier konnte ich nie deutliche Symptome finden, die für eine Über- bzw. Unterfunktion dieses Zentrums sprechen.

6. Energieblockaden und ihre Behebung

Aus der Lehre der Akupunktur ist bekannt, daß die Meridiane zu bestimmten Tageszeiten eine stärkere Tätigkeit aufweisen und aktiver zu behandeln sind. Das gleiche Prinzip gilt auch bei den Chakren. Die entsprechenden Tageszeiten können Sie der CHAKRENUHR entnehmen.

Die Chakrenuhr

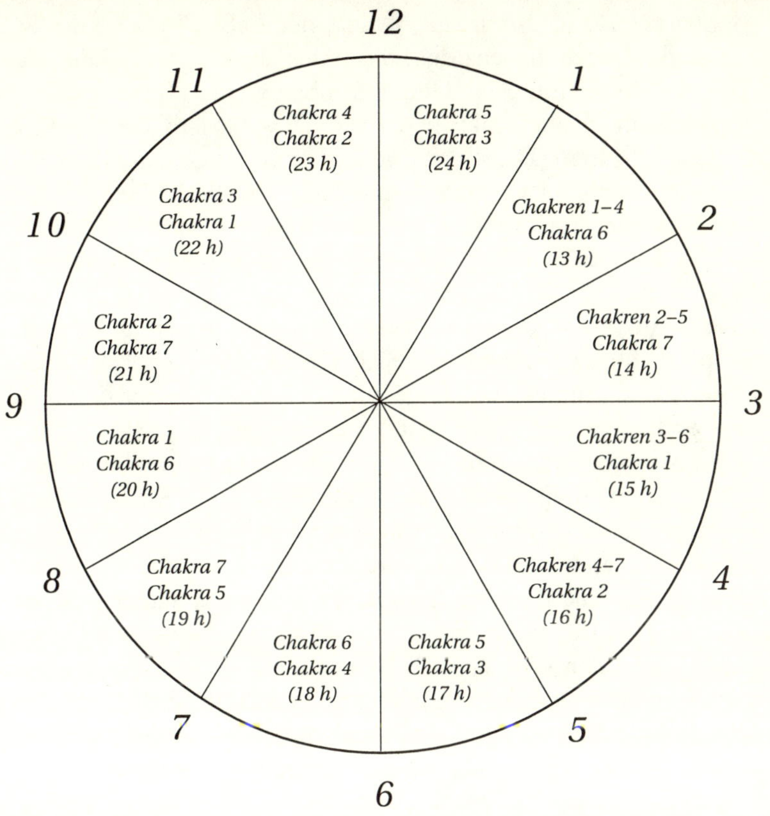

Die erhöhte Aktivität der Chakren zu bestimmten Zeiten des Tages und der Nacht bedeutet, daß der Einfluß dieser Zentren auf den menschlichen Organismus während dieser Zeiten ebenfalls stärker ist.

Wir wissen bereits, daß sich, sobald Unregelmäßigkeiten in den Chakren auftreten, Störungen/Blockaden in denjenigen Bereichen zeigen, die mit diesen Zentren in Verbindung stehen. Wenn die Energie, aus welchem Grund auch immer, nicht mehr harmonisch fließt, wird sie verzerrt, durchbricht die Barrieren und entlädt sich in unangemessener Weise in Form von starken, meistens negativen Emotionen oder in Form eines übersteigerten Aktivitätsdranges; dies entspricht der Yang-Ebene. Aber auch genau das Gegenteil ist möglich. Der Mensch kann, wenn die Energien stagnieren, in eine beinahe vollständige Apathie fallen; dies ist die Yin-Ebene. Er wird zum »Stausee«, und eine Unterversorgung des Organismus mit Verlust der Lebenskraft ist die Folge. Davon sind Menschen betroffen, die unter chronischer Müdigkeit leiden, ohne daß ein klinischer Befund erhoben werden kann.

Als Gegenmaßnahme aktivieren wir jedes Chakra und stimulieren so das ganze System. Diese erreichen wir z.B. durch das Einreiben der Chakren mit den angegebenen unverdünnten Bachblüten, was eine schnelle Energieaufnahme der Chakren bewirkt. In der Regel wird das System als Ganzes reguliert. Sollte ein Chakra trotzdem zu hypo- oder zu hyperton bleiben, ist es ratsam, die homöopathischen Mittel einzusetzen, die für diese Zwecke im Anhang unter »Chakren-Regulation durch homöopathische Einzelmittel« angegeben sind. Eine einmalige Einnahme von 5–6 Globuli (unter der Zunge zergehen lassen) reicht in der Regel aus, das »rebellische« Chakra »zur Vernunft« zu bringen.

Wenn wir uns dagegen in einer Yang-Phase befinden, beruhigen wir die Chakren, was Indispositionen, Empfindungen und Krankheiten, welche die Blockaden ursprünglich verursacht hatten, wieder an die Oberfläche bringen kann. Dies ist ein wohlbekanntes Phänomen in der klassischen Homöopathie und z.B. auch in der Reikibehandlung und bedeutet, daß die Heilung eingeleitet ist. Die Erklärung ist simpel: Durch die Befreiung der Energie steigen als Reaktion alle unterdrückten »Krankheitsreste« an die Oberfläche, und wir spüren die Krankheit(en) wieder. Pathologische Erscheinungen sind dann mit fachkundiger Hilfe auszuheilen; doch diese Reaktionen gehen meist schnell vorüber.

Wenden wir uns nun den Möglichkeiten zu, den Zustand der einzelnen Chakren auszutesten.

7. Die Chakrenmessung

Auf den ersten Blick scheint das Messen der Chakren kompliziert zu sein. Mit etwas Übung gelingt Ihnen auch dies von Mal zu Mal besser! Wir müssen davon ausgehen, daß man die Chakren selbst nicht messen kann, denn sie sind reine Energie, und reine Energie kann man noch nicht messen. Aber wir können nach der Energieformel »Leistung x Zeit« messen. Dies bedeutet, daß wir die Folgen der Energie messen, daß wir die Energiewirkung bzw. die Energieableitung des Körpers bestimmen.

Ehe ich auf die einzelnen Meßmöglichkeiten eingehe, etwas zu den Ergebnissen:

Die Ergebnisse dieser Messung sind sehr unterschiedlich. Es kommt vor, daß sie insgesamt eine Disharmonie ausweisen: Entweder befinden sich alle Chakren in einer Unterfunktions- (sehr selten) oder in einer Überfunktionsphase (selten), oder das System zeigt einen »Cocktail« aus Unter- und Überfunktionen, was meistens der Fall ist. Dies ist verständlich, denn der Mensch hat ein Energiekontingent, das gerecht verteilt sein muß. Hat ein Chakra zuviel von dieser Energie, muß ein anderes zu wenig haben, sonst wäre keine Harmonie des Ganzen möglich.

Bezüglich der energetischen Situation eines Menschen und ihrer Auswirkungen auf die normalen Funktionen des Organismus – und somit auf die allgemeine Gesundheit – muß man stets berücksichtigen: Es ist nicht entscheidend bei einer Messung, ob alle Chakren hyper- oder hypoaktiv sind (so pathologisch dieser Zustand sein mag); viel wichtiger ist das Energieverhältnis der Chakren untereinander. Das heißt, wenn alle Zentren gleichermaßen hyper- oder hypoaktiv sind, ist das Patientenwohlbefinden besser, als wenn in einem sonst pseudoharmonischen System ein einziges Chakra dissonant ist! (Man kann nicht kritisch genug sein, wenn es darum geht, mit den Chakren zu arbeiten.)

Wenn Sie bei einer Chakrenmessung feststellen, daß alle Chakren schwach sind, müssen Sie mit fachkundiger Hilfe ggf. auszehrende Krankheiten ausschließen!

Meßgeräte bzw. -möglichkeiten

Hier kommen in Frage:
- der Biotensor (oder Einhandrute)
- der Pendel
- technische Geräte wie z. B. Vegatest-Gerät
- der Muskeltest (Kinesiologie)
- das Scannen der Aura

Ich persönlich arbeite außer mit dem Pendel mit dem *Vegatest-Gerät*, das eine direkte Messung der Chakren ermöglicht, eine große Meßgenauigkeit ergibt und relativ schnelle Ergebnisse bringt. Es steht aber eine breite Auswahl an Meßmöglichkeiten zur Verfügung, die alle mit ein wenig Übung akurate Ergebnisse bringen.

Der *Biotensor*, auch *Einhandrute* genannt. Mit der Einhandrute kann man an einem von geopathischen Störungen freien Platz gute Messungen durchführen kann. (Der Platz ist dann als geopathisch unbelastet anzusehen, wenn die Rute entweder keinen Ausschlag macht oder wenn sie in die Horizontale ausschlägt.) Manche Ruten bestehen aus einem Material, das empfindlich auf Metallgegenstände, Heizkörper u. ä. reagiert. In diesem Fall zeigen sie in der Regel eine Rotationsbewegung. Die Nachbarschaft solcher Gegenstände ist bei der Chakrenmessung zu vermeiden.

Nachdem wir einen von geopathischen Störungen freien Platz gefunden haben, legen wir die freie Hand auf eines der Chakren und beobachten die Rute. Schlägt sie kreisend nach links, haben wir eine Störung des betreffenden Energiezentrums gefunden, schlägt sie aber kreisend nach rechts, dann ist das Chakra offen und aktiv. Bleibt die Rute bewegungslos, können wir daraus schließen, daß das entsprechende Chakra blockiert ist. Dies gilt gleichermaßen für Frauen und Männer. Der Nachteil einer Rutenmessung gegenüber der Vegatest-Messung ist, daß sie keine Hinweise darüber gibt, ob die Störung hyper- oder hypoton ist.

Die Meßergebnisse der Chakrenaktivität sind von den persönlichen Fähigkeiten des Behandlers abhängig. Die Methode, mit der ich beispielsweise sehr gut zurechtkomme braucht nicht Ihre Methode zu sein. Man sollte sich mit der Rute - mit dem Pendel (die zweite Möglichkeit) - vertraut machen und in Geduld üben und Erfahrungen sammeln. Dann wird es ein Leichtes sein, festzustellen, wie Rute oder Pendel ein harmonisches bzw. gestörtes Chakra offenbart.

In der Regel könnte man sagen, daß die Kreise einen Durchmesser von ca. 10 bis 12 cm haben sollten. Es ist auch möglich, daß die Rute statt Kreise horizontale bzw. vertikale Bewegungen macht. Die horizontalen zeigen ein gesundes, die vertikalen ein gestörtes Chakra an. Im allgemeinen gilt: Wenige Schläge zeigen eine Schwäche, viele zeigen eine Überfunktion. Es bleibt jedoch offen, welche Schlagzahl die Norm angibt. Eine absolute, definitive Norm gibt es schon deshalb nicht, weil die Chakren keine statischen Gebilde sind. Finden Sie heraus, wie viele Schläge oder Kreise die Rute für ein harmonisches Chakra zeigt. Damit haben Sie für sich eine »Norm« gefunden, aufgrund derer Sie die Abweichungen feststellen können.

Die Zahl und Intensität der Kreise sind von drei Faktoren abhängig:

a) Situation der Chakren,
b) Kondition des Messenden und
c) Rute bzw. Pendel selbst (Material u. ä.).

Diese Instrumente sind nicht alle gleich; und somit haben sie verschiedene eigene Schwingungen. Je kleiner die Kreise, die die Rute oder der Pendel über den Chakren zeigt, desto schwächer sind auch diese. Kleine Kreise sprechen für eine Unterfunktion; große Kreise zeigen eine Überfunktion an. In der Mitte liegt die Norm, die Sie selbst herausfinden müssen.

Die Erfahrung hat gezeigt, daß die Resultate bei dieser Arbeit zuverlässiger sind, wenn Sie den Pendel oder die Rute direkt über die Chakren halten, also ohne direkten Kontakt zum Patienten. Andernfalls könnten sich die Energien des Messenden und Gemessenen vermischen.

Zur Arbeit mit dem *Pendel* hier die Bewegungen, die ich persönlich als wichtig und charakteristisch empfinde:

a) Kreise nach links bedeuten eine Insuffizienz des Chakras. Je kleiner die Kreise, desto schwächer das Chakra.
b) Kreise nach rechts sprechen für eine Normalität des Chakras.
c) Vertikale Bewegungen sprechen dafür, daß die Energie des betreffenden Chakras in den spirituellen Bereich geleitet wird (was auch als Flucht vor der Realität bzw. vor der Aufgabe des entsprechenden Chakras interpretiert werden kann).
d) Horizontale Bewegungen sprechen für eine Blockade.

Die Kreise sollten einen Durchmesser von ca. 10–12 cm haben. Kleinere Kreise bei einer Linksdrehung sprechen für eine starke Insuffizienz. Zu große Kreise bei einer Rechtsdrehung sprechen für eine Überfunktion des Chakras. Aber auch hier gibt es keine feste Norm.

Testen wir unsere Chakren selbst, dann legen wir eine Hand auf das betreffende Chakra, halten Pendel oder Einhandrute in der anderen Hand und lassen das Instrument tätig werden.

Eine weitere Möglichkeit finden wir in dem Muskeltest der Kinesiologie. Für diese Methode brauchen Sie allerdings eine Hilfsperson. In der Bibliographie finden Sie entsprechende Literatur über diese auch von Laien schnell erlernbare Testmethode.

Es gibt eine weitere Möglichkeit, die Chakren, und besonders krankhafte Energien, zu »messen«! Dies ist das *Scannen der Aura*, das *Auratesten.* Dafür »kämmt« der Behandler die Aura des physischen Körpers des Patienten, ohne diesen zu berühren (ca. 10 cm Entfernung ist mein persönliches Maß). Dabei registriert er die Stellen, an denen er eine Änderung in der Temperatur oder in der Energie fühlt. An diesen Stellen haben sich gesundheitliche Unregelmäßigkeiten oder Krankheiten eingenistet. Auch diese Methode ist für den Laien mit ein wenig Geduld und Übung erlernbar.

Die Durchführung des Scannens ist denkbar einfach: Der Patient muß stehen oder so sitzen, daß der Behandler gleichzeitig mit seinen Händen langsam über Vorder- und Rückseite des Patienten streichen und die eventuellen energetischen Unregelmäßigkeiten sowohl der Chakrenblüten als auch der Chakrenwurzeln erfassen kann. So fühlt er das ganze Chakra und nicht nur einen Teil.

Die Deutung der Empfindungen beim »Kämmen« ist sehr mannigfaltig, und ich meine, daß jeder Behandler seine eigene Methode entwickeln soll. Hier gibt es keine starren »Rezepte« und darf sie auch nicht geben. Was man bei dieser Methode fühlt, ist nicht nur das, was der Patient ausstrahlt, sondern auch das, was der Behandler fähig ist, aufzunehmen und zu empfinden. Man sagt z. B., daß Hitze eine »sichere« Erscheinung bei Entzündungen ist. Ich persönlich empfand bei einem Fall von akuter Mandelentzündung eine unangenehme Kälte. Dabei war die Mandelentzündung deutlich sichtbar!

Meiner Meinung nach ist es unklug, eine fremde Methode nachzuahmen. Wichtig ist, selbst Erfahrungen zu sammeln und einen eigenen »Empfindungskatalog« zu entwickeln.

Manchmal hat man das Gefühl, daß die Hände vom Körper des Patienten angezogen werden. In der Regel handelt es sich hier um Energiestaus, die man über das entsprechende Chakra gut bearbeiten kann.

Am Anfang ist es empfehlenswert, diese Untersuchungen erst durchzuführen, nachdem eine (sichere) Diagnose gestellt ist. Dann kann man zwischen der Diagnose und den eigenen Empfindungen beim Auratesten vergleichen und Erfahrungen sammeln. Wir wollen zwar lernen, uns stets auf unsere Intuition zu verlassen, sollten aber immer darauf achten, daß wir uns nicht von einem unbegründeten Optimismus oder einer übermäßigen Gutgläubigkeit irreführen lassen. Gerade bei dieser Methode ist besonders viel Selbstkritik und Vorsicht geboten. Diese Diagnoseart verlangt eine tiefe Vorbereitung. Um damit (auf Dauer) Erfolg zu haben, ist es wichtig, ein reines Leben zu führen, in dem die

Meditation und der Wunsch zur spirituellen Entwicklung eine wesentliche Rolle spielen. Ohne das wird es schwer sein, das Hohe Selbst zu erreichen; und gerade der Kontakt mit ihm ist unentbehrlich, um richtige Diagnosen dieser Art zu stellen. Der Therapeut muß sich »entleeren« und sich von Wünschen und Erwartungen restlos befreien. Ohne eine absolute Objektivität dem Patienten und sich selbst gegenüber ist das Testen der Aura ein Risikounternehmen. Üben Sie vielleicht eine Weile mit einem Partner, mit Bekannten und Freunden, und gewinnen Sie auf diese Weise Sicherheit! Ich möchte nochmals wiederholen: Seien Sie mit dieser Methode sehr vorsichtig! Auch wenn routinierte Behandler damit Erfolge erzielen, wo andere diagnostische Methoden versagen, die Fehlerquelle bei Ungeübten ist wahrlich groß. Gebrauchen Sie, bis Sie *wirkliche* Erfahrungen gesammelt haben, diese diagnostische Möglichkeit nur in Begleitung anderer Methoden.

VI. Kapitel

Hilf deinem Nächsten wie dir selbst

Kein Problem wird gelöst, wenn wir träge darauf warten, daß ein Zuständiger sich darum kümmert. Martin Luther King

Nachdem wir uns mit der Pentagramm- und Karmadiagnose vertraut gemacht haben, die Bedeutung der Chakren kennen und einen Teil therapeutischer Maßnahmen angesprochen haben, will ich zunächst einmal auf die Möglichkeit der Selbstbehandlung eingehen, ehe ich Ihnen weitere Therapiemöglichkeiten aufzeige. In erster Linie soll die Pentagramm- und Karmadiagnose der Selbsterkenntnis und der Vorbeugung dienen. Ist jedoch eine Schwäche manifest geworden, d.h., ist es zu einer Erkrankung gekommen, erhebt sich die Frage: »Wie kann ich damit mir selbst oder anderen helfen?«

Die folgenden Ausführungen sollen natürlich keinen Ersatz für eine Behandlung beim Heilpraktiker oder Arzt darstellen. Alle länger anhaltenden Organerkrankungen, fieberhafte oder ansteckende Erkrankungen bedürfen fachkundiger Hilfe! Selbstbehandlung ist bis zu einem gewissen Grade riskant, jedoch die wachsende Vertrautheit und Erfahrung mit den Selbsthilfemitteln, genaue Beobachtung und kritische Einschätzung der körperlich-seelischen Reaktionen wirken sich hier positiv aus. Bitte seien Sie sich stets Ihrer Verantwortung bewußt – und erkennen Sie auch Ihre Grenzen. Im Zweifelsfall – es sei nochmals betont – sollten Sie sich in die Behandlung eines Arztes oder Heilpraktikers begeben! Meine Ausführungen werden Sie jedoch unterstützen, einen tiefen Blick in die Strukturen des Geschehens zu werfen. Verantwortliche Selbsthilfe ist somit selbstverständlich!

Für diejenigen, die die vorgestellte Diagnose und die folgenden Therapievorschläge als Hilfe für *andere* einsetzen, werden sich neue Horizonte öffnen. Sie werden – insbesondere im Bereich der energetischen Zusammenhänge – eine ganze Palette von neuen Heilmöglichkeiten entdecken.

Es sind einfache Möglichkeiten und Rezepturen, die auch für den medizinischen Laien gut verständlich sind. Doch um behandeln zu können, müssen wir etwas tiefer in die Materie eindringen. Es gilt zu bedenken, daß wir, um die Gesundheit wiederzugewinnen, *mit den in diesem Buch vorgestellten Methoden vor allem energetische Störungen beheben und nicht Krankheiten im üblichen Sinne behandeln.* Ohne energetische Ausgeglichenheit gibt es keine Heilungs-Möglichkeit. Daher möchte ich, bevor wir zur spezifischen Therapie kommen, noch einige Zusammenhänge klären und verdeutlichen.

1. Ist mit den hier dargelegten Methoden eine Selbstbehandlung möglich?

Wenn wir uns mit dem Gedanken einer Selbstbehandlung beschäftigen, müssen wir uns darüber klar sein, daß es einen großen Unterschied macht, ob wir Fachleute oder Laien sind. Dieser Unterschied beschränkt sich nicht nur auf Kenntnisse der Materie, sondern ebenfalls auf die therapeutischen Möglichkeiten, die uns zur Verfügung stehen.

Was braucht man, um eine *Selbstbehandlung* durchzuführen?

- Eine Anamnese und Untersuchung, die sich zwangsläufig von einer Fachuntersuchung unterscheidet.
- Die Auswertung der Untersuchung
- Eine Diagnose und therapeutische Maßnahmen.

Medikamente, die es ermöglichen, wieder eine Balance im seelisch-körperlichen System herzustellen.

Die Anamnese und Untersuchung

Auch dann, wenn diagnostische Mittel wie Laboruntersuchungen, Ultraschall u.ä. zwangsläufig fehlen werden, wird es mit wachsender Übung nicht allzu schwer sein, eine *Selbstdiagnose* zu stellen. Diese können wir in fünf Bereiche gliedern:

- *Die Pentagrammdiagnose*, die uns alle genetischen Schwächen und Belastungen offenbart. Diese zuvor ausführlich beschriebene Methode zeigt uns unsere *physischen* Schwachstellen, also jene Organe, die eventuell behandlungsbedürftig sind, wenn sich eine Schwäche *manifestiert* hat.

- *Die Karmadiagnose*, die uns – wie zuvor beschrieben – nicht nur unsere Aufgabe in der jetzigen Inkarnation zeigt, sondern auch unsere spirituellen Schwächen erklärt (was auch in der Pentagrammdiagnose bereits angedeutet wird) und die Hilfen aufzeigt, die wir mitgebracht haben.
- *Die energetische Situation des Organismus*, die durch die Chakren sichtbar wird. Testen Sie Ihre Chakren selbst, indem Sie eine Hand auf ein Chakra nach dem anderen legen und das entsprechende Zentrum auspendeln. (Vgl. zur Messung der Chakren S. 141.) So erfahren Sie ebenfalls schnell, wie die momentane energetische Situation Ihrer Chakren ist.
- *Die Zungendiagnose*, die wie die Pentagrammdiagnose die *organischen* Schwächen zeigt und somit als Bestätigung der Pentagrammdiagnose zu verstehen sein könnte.
- Die Pulsdiagnose, die ein treffendes Bild über die Labilität und/oder Stabilität unseres Nervensystems und über unsere emotionale Lage liefert. Sie ist ebenso wie die Zungendiagnose nur für den Fachkundigen oder sehr Geübten geeignet.

Die Auswertung der Untersuchung

Der Fachmann bekommt u.a. vom Labor einen Befund mit lauter Zahlen, der vom Laien nicht ohne weiteres zu verstehen ist. Auch wenn ein Laie die Bedeutung dieser Werte kennt, wird es ihm immer noch an den Kenntnissen fehlen, sie in die richtige Verbindung mit der Krankheit zu bringen. Bedenken wir aber, daß der Sinn einer Untersuchung es ist, festzustellen, welches Organ zu behandeln ist. Wenn Sie eine genaue Pentagrammdiagnose durchgeführt haben, wissen Sie es bereits und können ggf. die Bestätigung der Zungen- und Pulsdiagnose hinzuziehen. Die seelische Seite der Erkrankung erfahren Sie ebenfalls durch die Pentagramm- und die Karmadiagnose, und zwar deutlicher und treffsicherer als durch die üblichen Untersuchungsmethoden. Was Sie dazu brauchen, ist einfach Geduld und Übung, immer wieder Übung mit diesen Methoden.

Die Diagnose

Eine Diagnose im *üblichen* Sinne wird man als Nichtfachmann aus den bereits erwähnten Gründen nicht stellen können. Sind Ihnen die Krankheiten Ihrer Eltern und Großeltern nicht bekannt, so werden Sie auch nicht in der Lage sein, Ihrem Behandler diesbezügliche Informationen zu geben - und somit wird auch der Fachmann nicht wissen können, welche genetischen Belastungen Sie mitbringen. Aber selbst als Laie können Sie diese schnell und zuverlässig erfahren, wenn Sie eine *Pentagrammdiagnose* durchführen. Für Ihren Behandler wird es weiterhin nicht einfach sein, zu erfahren, was für ein Mensch Sie sind (seelisch gesehen). Ihnen selbst wird der Einblick in Ihr Inneres in ein paar Minuten gelingen, wenn Sie mit der Methode der Numerologie, wie sie in der *Pentagrammdiagnose* Verwendung findet, redlich umgehen! Nun wissen Sie bereits, welche seelische Struktur Sie besitzen und welche Belastung(en) Sie auf die Welt mitgebracht haben. Dazu sind Ihnen - wenn Sie diese Methoden nicht lediglich zur »vorbeugenden« Selbsterkenntnis benutzt haben, sondern aus einer akuten Situation heraus - auch Ihre momentanen Beschwerden bekannt.

Jetzt sind Sie soweit, daß Sie die dadurch gewonnenen Erkenntnisse mit der pathologischen Seite der Zahlen (vgl. Kap. II. 7.) vergleichen können. Last not least vergleichen Sie das Resultat Ihrer Arbeit und Ihre Farbe (die Sie durch die numerologische Arbeit festgestellt haben) mit der Wirkungsweise der Farben.

Die therapeutischen Massnahmen

Der Fachmann wird schon aufgrund der Informationen, die ihm vorliegen, wissen, welche Medikamente zu welcher Krankheit passen. Und der Nichtfachmann? Lesen Sie aufmerksam die Kapitel über die Chakren nach. In den folgenden beiden Kapiteln gebe ich Ihnen Hinweise zur Verwendung von Farben und zum Einsatz von homöopathischen Mittel gegen eine Über- bzw. Unterfunktion der Chakren, die astrologischen Konstitutionsmittel und den homöopathischen Einzelmittelkatalog gegen übliche Krankheiten.

Lassen Sie mich nochmals betonen: Ungeachtet dessen, ob Sie Hilfe bekommen oder nicht - bevor Sie sich auf eine Selbstbehandlung einlassen, müssen Sie in jedem Fall schwerwiegende Krankheiten wie Krebs, Multiple Sklerose, Anämie u. ä. medizinisch ausschließen lassen. Dies ist der Moment, in dem die Selbstverantwortlichkeit gefragt wird.

2. Vorbeugen ist besser als Heilen

Als ich ein Junge war, sah ich ein Bild des heiligen Martin, der, auf seinem Pferd sitzend, seinen Mantel teilt und die eine Hälfte einem Bettler vor die Füße wirft. Damals berührte mich dieses Bild tief, ohne daß ich wußte, warum. Später wurde mir klar, was der Maler damit meinte: Martin gibt dem Armen den Mantel nicht etwa in die Hand; der Bettler muß *selbst entscheiden*, ob er diese Mantelhälfte überzieht oder weiter friert. Martin stellt ihm dies frei!

Eine vergleichbare Entscheidungsfreiheit haben auch wir: Die Möglichkeiten, eine genaue Diagnose zu bekommen, sind mit wachsender Übung vorhanden. Es liegt an uns, diese zu benutzen. Ein altes Sprichwort sagt: »Vorbeugen ist besser als heilen.« Es ist viel Wahres daran! Häufig genug ist die bestgeführte Therapie unwirksam, weil der Betreffende viel zu spät entschieden hat, Hilfe zu suchen.

Wenn Sie die im vorliegenden Buch beschriebenen Methoden besonders dann anwenden, wenn Sie sich gesund fühlen, können Sie Ihre Besuche in einer Heilpraxis auf die Kontrolluntersuchung reduzieren. Sie werden vielleicht fragen: »Warum soll ich heilende Methoden anwenden, wenn ich nicht krank bin oder mich so fühle?« Die Antwort lautet: Damit Sie nicht krank *werden*! Ein Achten auf seelisch-körperliche Ausgeglichenheit und Selbsttherapie, die darauf abzielt, Ihre Energie (und damit Ihre Gesundheit) im Gleichgewicht zu *erhalten*, ist ein unentbehrliches und wunderbares Mittel, das in Ihren eigenen Händen liegt.

Meine Mahnung zur Eigenverantwortlichkeit könnte für manch einen Leser unangebracht, ja sogar beleidigend klingen – aber oftmals, wenn ich in meiner Praxis einem Patienten oder einer Patientin sagte, daß er/sie die Lebensweise ändern oder dieses oder jenes konsequent tun müßte, bekam ich zu hören: »Ich bezahle Ihnen Honorar; somit sind *Sie* verpflichtet, mir zu helfen!«

Lange Seiten über die Frage der Selbstverantwortlichkeit zu schreiben fühle ich mich nicht berufen. Aber ich fühle mich dazu verpflichtet, Ihnen zu sagen, daß die Selbstverantwortung – wie auch immer man das versteht – der Schlüssel für Harmonie und Glück ist. Selbstverantwortung und Selbstliebe – ohne sie werden wir uns im Kreis bewegen, um am Ende erkennen zu müssen, daß unsere lange Pilgerfahrt von einer ärztlichen Praxis zur nächsten uns in Verzweiflung und Machtlosigkeit geführt hat. Wir haben unsere Macht und Verantwortung für unsere eigene seelisch-körperliche Harmonie abgegeben.

Stellen Sie sich einmal vor, daß Sie am Ende jeden Monats zwar Ihr Gehalt bekommen wollen, aber gleichzeitig nicht bereit sind, ins Büro zu gehen und Ihre Arbeit zu verrichten. Irgendwann werden Sie einen mehr oder weniger höflichen Brief von der Personalabteilung Ihrer Firma bekommen, der Ihnen mitteilt, daß Sie entlassen sind. Würden Sie auch hier den Chef für schuldig erklären, weil er so ungerecht war, einen nicht im Büro erscheinenden Angestellten zu entlassen? Und falls Sie es täten, würde das etwas an Ihrer Arbeitslosigkeit ändern?

Die entscheidende Frage ist, ob Sie Ihr Benehmen beim nächsten Arbeitsplatz ändern wollen. Sie wissen, was auf Sie wartet, wenn Sie es nicht tun!

Wirklich gesund kann nur derjenige werden, der sich *befreit* von dem Irrglauben, er könnte Gesundheit erlangen, indem er die volle Verantwortung für die Heilung dem Behandler überträgt. Dies ist der erste Schritt zur verantwortlichen Selbstbehandlung. Diesen Schritt bzw. Gedanken weiterzuvermitteln ist in einer Heilpraktikerpraxis, in der das Hauptgewicht der Behandlung in der Kommunikation mit den Patienten liegt, stets möglich. Es ist wichtig, dem Patienten klarzumachen, daß die wahre Genesung aus dem Mut zur Selbsterkenntnis erwächst und durch die Wirkung des Medikaments »Selbstverantwortung« erfolgt!

3. Die Krankheit, die es nicht gibt

Es gibt nun Menschen, die wirklich gesund sein möchten und vieles tun, um gesund zu werden. Doch sie brauchen eine »Alibi-Erkrankung«, um alles mögliche zu delegieren - nicht zuletzt die Verantwortung für sich selbst. Dies geschieht meistens aus Verzweiflung, aus dem Gefühl heraus, allein zu sein und nicht genügend Aufmerksamkeit oder gar Liebe zu bekommen. Diese Menschen versuchen, aus ihrer Krankheit - die keineswegs fingiert ist - Kapital zu schlagen. Denn nun erfahren sie die Aufmerksamkeit, die sie so bitter benötigen und die sie in gesundem Zustand nicht bekommen haben. Die Krankheit macht sie zum Zentrum einer Welt, die sie für sich selbst schaffen »mußten«, da sie mit der täglichen wahren Realität nicht mehr fertig wurden.

Sich darüber Gedanken zu machen und diese gedanklichen Strukturen zu ändern ist in diesem Falle der erste Schritt zur Selbstbehandlung. Eine wahre Heilung ist nur dann zu erreichen, wenn wir zuerst die momentane Situation erkennen, d. h., wenn wir uns die Frage stellen »*Wozu?*« bzw. »*Wofür?*« geschieht dies in meinem Leben? Ein Guru erklärte mir in Indien: »Wenn etwas in deinem Leben geschieht, frage nicht *warum*, sondern frage, was dich diese Sache *lehren* soll (wozu es geschieht), und nimm es an in der Überzeugung, daß es gut für dich ist, denn sonst würde es nicht geschehen.«

Erst dann können wir unser Gedankenmodell neu programmieren und die Verantwortung übernehmen für das, *was wir allein uns geschaffen haben.*

Diese Ausführungen könnten leicht mißverstanden werden und lassen vielleicht vermuten, daß ich solchen Patienten unterstelle, durch eine Pseudokrankheit ihre Umwelt zu tyrannisieren oder gar zu erpressen. Dies ist keineswegs der Fall. Meine Erfahrungen haben mich gelehrt, daß ein sehr großer Teil der heutigen Erkrankungen in einer inneren Isolation, in Angst und Unsicherheit wurzelt. Es ist wichtig, zu begreifen, daß eine negative Lebenseinstellung, Mangel an Vertrauen und Angst (die Felder 2, 3 und 5 des Pentagramms) diesen Menschen die Grundlage für die innere Harmonie rauben. Ohne diese Harmonie gibt es keine wahre Chance, die Gesundheit zu erhalten oder wiederzugewinnen, und Selbstbehandlung und Selbstheilung bestehen letztlich darin, die innere Harmonie wiederherzustellen. Wie gut passen hier die Worte von Antoine de Saint-Exupéry im *Kleinen Prinzen*: »Du bist zeitlebens verantwortlich für das, was du dir vertraut gemacht hast.« Also für dich selbst!

In meiner Praxis habe ich mir oft die Frage gestellt: »Was mache ich bloß mit den Patienten, die ihre Eigenverantwortlichkeit nicht verstehen wollen oder können?« Der eine Weg war, ihre »Entscheidung«, nicht begreifen zu wollen oder zu können, zu respektieren. Dann mußte ich hinnehmen, daß sie sich gehenließen, und konnte nur hoffen, daß sie sich eines Tages ihrer selbst bewußt werden würden. Der andere – und wo immer möglich von mir beschrittene Weg war: es zu wagen ihnen klarzumachen, daß es andere Wege gibt, die zwar mühevoller, aber effektiver sind als bloße Einnahme verordneter Medikamente. Auch wenn die Patienten sich nicht immer überzeugen ließen – *irgendwann*, so ist meine Hoffnung, werden sie das Gehörte begreifen.

Wir sollten also verstehen lernen, was die Krankheit uns sagen will. Diese Bereitschaft und die daraus resultierenden Erkenntnisse sowie das Übernehmen der Verantwortung für das eigene Leben sind der Schlüssel, der die Tür zur Gesundheit öffnet.

VII. Kapitel

Die Therapie

Auch der längste Weg beginnt mit dem ersten Schritt.
Chinesisches Sprichwort

1. Allgemeines

Mit etwas Übung und entsprechenden Kenntnissen wird auch jeder interessierte Laie bald in der Lage sein, (einfache) Therapien durchzuführen. Weitere unentbehrliche Helfer dabei sind Erfahrung, Intuition und Menschenkenntnis. Je mehr wir diese Eigenschaften erwerben und einbeziehen, desto treffender wird auch die Diagnose sein.

Bevor wir mit der Therapie im Sinne der Pentagrammdiagnose effizient umgehen können, wollen wir uns vier Fragen stellen:

1. *Was ist zu behandeln?* Manchmal maskiert sich eine Krankheit, als ob sie sagen möchte: »Mal sehen, ob du hinter meine Tarnung blicken kannst.« Häufig kann man nicht so schnell Klarheit gewinnen, und manchmal kommt die richtige Erkenntnis viel zu spät.
2. *Wie oder wodurch ist die Krankheit entstanden?* Die Klärung der Ätiologie ist von großer Bedeutung, denn sonst bewegt sich unsere Therapie häufig in dem fruchtlosen Feld der Symptombehandlung oder -beseitigung, was zu Mißerfolg und Übertherapie führt.

Die nächsten zwei Punkte stehen konträr zu jeder Routine, ja sogar zu allen wissenschaftlichen Betrachtungsweisen. Das Drama der heutigen Schulmedizin besteht darin, daß das Gedankengut von Plato, Paracelsus, Hippokrates und anderen großen Persönlichkeiten der Heilkunst weitgehend in Vergessenheit geraten ist. Der Arzt ist heute oft zu wissenschaftlich geprägt. Der Mensch hat als logische Konsequenz des medizinischen Spezialistentums seine Hauptrolle im Krankheitsgeschehen zugunsten seiner *Symptome* eingebüßt, wobei ich die Notwendigkeit und Effektivität einer einleitenden Symptombehandlung jedoch keineswegs abstreiten will.

3. *WARUM wurde ich, wurde jemand krank?* So formuliert, scheint die Antwort nahezuliegen: Das Abwehrsystem hat versagt. Für mich ist eine solche Betrachtungsweise der Krankheit nur bedingt richtig, denn man könnte genauso legitim fragen: »Warum hat das Immunsystem versagt?« Egal, wie klein oder wie groß das Versagen des Immunsystems sein mag, die Wurzeln des Geschehens liegen tiefer.

Wenn wir diese Gedanken mit den Farben zusammenbringen, stellen wir fest, daß es typische Krankheiten für einen bestimmten Menschentypus gibt. Menschen, die eine bestimmte Krankheit haben, sind nach meinen Erfahrungen häufig von den gleichen Chakren – und somit von den gleichen Farben – »gesteuert«. Bei Menschen eines bestimmten Typus verlaufen die Krankheiten zwar nicht gleich, doch die Krankheit (besonders deren Wurzel) ist fast immer die gleiche: Choleriker haben mit dem Herzen zu tun, Melancholiker mit den Nieren, neidische Menschen mit der Gallenblase usw. Man könnte denken, nicht nur die Krankheit, sondern auch die Aufgaben, die diese Menschen hier zu bewältigen haben, seien die gleichen.

Dadurch gewinnt man eine neue Perspektive des Begriffs »Kranksein«. Man erkennt, daß es weder Krankheiten noch Kranke gibt, sondern Menschen, die so stets daran erinnert werden, *die Richtigkeit ihres Weges zu überprüfen.* Schauen wir uns die »zivilisierten« Länder an und bleiben dabei in dem uns bekannten europäischen Raum. Betrachten wir die Lebensform und -weise von uns Europäern, und stellen wir uns die Frage, ob wir uns in der Tat bemühen, ein Leben zu führen, das unserem Wesenskern entspricht. Wahrscheinlich kommen wir der wahren Wurzel des Krankseins näher, wenn wir uns eine ehrliche Antwort auf diese Frage geben.

Der Anfang ist für uns selbst getan, wenn wir unsere gesundheitlichen Störungen in diesem Sinne betrachten. Aber es genügt nicht, wenn wir unsere Erkenntnisse nur katalogisieren und es dabei bewenden lassen. Hier steigen wir in die Thematik des vierten Punktes ein:

4. *WOZU ist diese Krankheit wichtig oder gut?* Hier geht es um die Frage, wozu wir diese Krankheit bekommen. Was geschieht hier? Was sollen wir damit anfangen? Nachdem diese Fragen gestellt sind, kommt die praktische Seite: Handeln heißt die Devise – *horchen und handeln*! Wollen wir damit beginnen, daß wir etwas akzeptieren:

Jeder von uns hat eine Aufgabe, die direkt für ihn selbst und indirekt für seine Mitmenschen wichtig ist. Diese Aufgabe dient primär unserer eigenen weiteren Entwicklung und weniger der Entwicklung der Welt oder der anderen – letzteres ist eine Konsequenz, jedoch nicht das Primäre.

Dies können wir auch bei der Bestimmung der Farben in bezug auf die Krankheiten feststellen, denn sie zeigen uns das, was wir zu bewältigen und zu entwickeln haben, nicht nur unsere somatische »Schwachstelle«. Zum Beispiel: Rot spricht für die triebhafte Sexualität, Orange für partnerschaftliche Entwicklung, Gelb für die Gefühle, Grün für die Nächstenliebe, Hellblau für die menschliche Kommunikation, Indigo für die Transformation. Die Zahlen, die Farben und die Qualität der Chakren sind die Repräsentanten dessen, was wir hier ausleben und in unsere Gesundheit integrieren sollen. Dieses »Teilchen« fehlt in unserem menschlichen Puzzle!

Und so wollen wir auch das Kranksein verstehen: Die Frage *wozu* muß beantwortet werden – und die Antwort kann sich nur jeder von uns selbst geben. Diese Antwort wird aber erst wirksam, wenn wir entsprechend handeln, wenn wir unser Leben in entsprechender Weise verändern. Erst dann wird die Krankheit aufhören, uns zu plagen, erst dann können wir von endgültiger Heilung sprechen.

Der Esoteriker könnte jetzt vielleicht lächeln und sagen: »Karma«. Diese Antwort aber ist genauso unvollständig und wäre nur zu bejahen, wenn wir den Begriff »Karma« von dem Gedanken der Bestrafung befreien. Karma ist dem Gesetz der Ursache und Wirkung unterworfen; wir ernten, was wir gesät haben. Die Krankheit ist das Leiden der Seele, das sich am Leib äußert. Ich kann nicht an die Bestrafung durch eine Krankheit glauben, eher an die Möglichkeit, durch die Krankheit wesentliches »gutzumachen«, dazuzulernen und – weiterzugeben.

In meiner langen Praxiszeit habe ich festgestellt, daß jeder Mensch, der durch den Prozeß des Krankseins ging, sich veränderte – ohne daß er sagen konnte, wie und wodurch. Lassen wir dies einmal als Hypothese gelten, dann nähern wir uns dem Gedanken, daß der Mensch diese Krankheit brauchte, um etwas zu erkennen und zu begreifen. Und dies ist fast immer der Sinn unseres Daseins hier auf Erden.

Kranksein wäre dann ein Genesungsprozeß zum ganzheitlichen Heil-Werden und weder Bestrafung noch Schicksalsschlag. Sie wäre ein

Hinweis – so etwa wie das Klingeln des Weckers am Morgen: lästig, aber notwendig! –, daß wir den richtigen Lebensweg verlassen haben. Sie wäre ein Warnsignal, damit wir für den Sinn unserer Inkarnation offen und wach bleiben.

2. Praktische Hilfen

Diagnose

Und nun wollen wir uns der praktischen Seite der Therapie zuwenden:

Als erstes skizzieren wir einen kleinen »Fahrplan«. Er besteht aus drei Phasen und ist leichter, als man denkt:

a) Wir verschaffen uns einen allgemeinen Überblick über unsere Situation bzw. die des Patienten.
b) Wir decken die seelischen Hintergründe auf.
c) Wir legen den Therapie-Modus fest.

Die einzelnen Schritte der Therapie werde ich ausführlich erklären. Sie werden sehen: Alles ist leicht nachvollziehbar!

Mit dem folgenden Beispielfall will ich Ihnen Diagnose und Therapie aufgrund der Pentagrammdiagnose verdeutlichen. Ich habe ein Beispiel gewählt, in dem latente Anlagen sich bereits in Störungen *manifestiert* haben. Je selbstverantwortlicher Sie lernen, mit Ihren eigenen Diagnose-Ergebnissen vorbeugend, in Richtung auf harmonischen Ausgleich also, umzugehen, um so seltener wird sich bei Ihnen eine akute Störung zeigen!

Fallbeispiel MARIA MÜLLER

- *Pentagrammdiagnose*

Nehmen wir als Beispiel Maria Müller (Müller = Mueller), geboren am 23.3.1979. Die Patientin klagte über Blähungen, Herzstiche und Brechreiz.

Das Pentagramm mit den eingefügten Zahlen des Geburtsdatums sieht wie folgt aus:

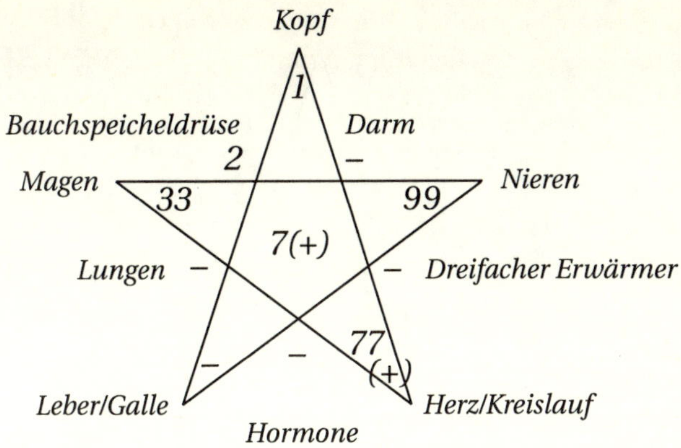

(+): Diese 7 resultiert aus der Summe aller Ziffern des Geburtsdatums (2 + 3 + 3 + 1 + 9 + 7 + 9 = 34 = 3 + 4 = 7).

Kurze Deutung

Belastung – da die entsprechenden Felder *doppelt* besetzt sind – in den Bereichen Magen (3. Feld), Herz/Kreislauf (7. Feld) und Nieren (9. Feld)

Schwächen (da die entsprechenden Felder *nicht* besetzt sind) in den Bereichen Lungen (4. Feld), Leber/Galle (5. Feld), Hypophyse (6. Feld), Dreifacher Erwärmer (8. Feld) und Darm (0-Feld)

Da weder von den Symptomen her noch untersuchungsmäßig an Probleme mit den Lungen zu denken war, mußte ich hier eine seelische Belastung vermuten, was auch der Fall war (übrigens eine sehr häufige Situation!). Durch die Ziffern des Geburtsdatums ist ersichtlich, daß die danach zu erstellende Karmadiagnose von Frau Müller eine Leere im 4. und 5. Chakra aufweisen wird (ihr Geburtsdatum enthält keine 4 und keine 5; vgl. auch Kapitel »Die Karmadiagnose«).

Betrachten wir jetzt die betroffenen, auszugleichenden oder therapiebedürftigen Chakren. Für den Anfang empfehle ich, mit der Aufstellung zu arbeiten, die Sie unter dem Pentagramm finden:

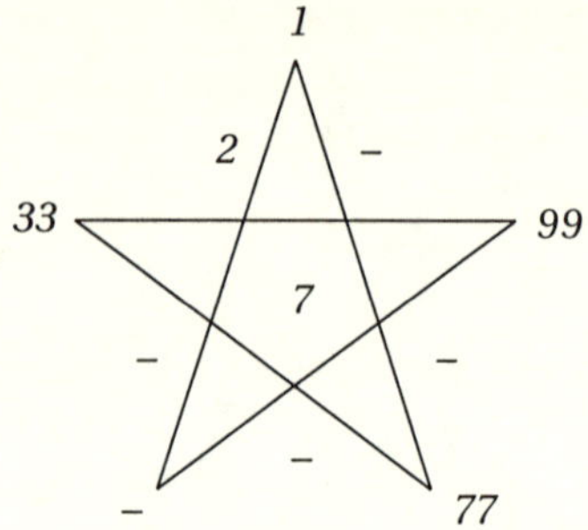

Feld Nr.	*Organ*	*Chakra*
1	Kopf	7. Chakra
2	Bauchspeicheldrüse	3. Chakra
3	Magen	3. Chakra
4	Lungen	4. Chakra (indirekt 5.)
5	Leber/Galle	3. Chakra
6	Hypophyse	1., 2. und 6. Chakra
7	Herz/Kreislauf	4. Chakra (indirekt 5.)
8	Dreifacher Erwärmer	1., 2, 3. und 4. Chakra
9	Nieren	2. Chakra
0	Darm	2. und 3. Chakra

Tabelle 23

In der Reihenfolge des Pentagramms (gegen den Uhrzeigersinn abzulesen), sind folgende Chakren belastet bzw. schwach:

3. Chakra	(Magen, 3. Feld)
4. und 5. Chakra	(Lungen, 4. Feld)
3. Chakra	(Leber/Galle, 5. Feld)
1., 2., 6. Chakra	(Hypophyse, 6. Feld)
4. und 5. Chakra	(Herz/Kreislauf, 7. Feld)
1., 2., 3., 4. Chakra	(Dreifacher Erwärmer, 8. Feld)
1. und 2. Chakra	(Nieren, 9. Feld)
2. und 3. Chakra	(Darm, 0-Feld)

Die meistbelasteten Chakren sind also das
2. und 3. (jeweils 4x belastet), das
1. (jeweils 3x belastet) und das
4. und 5. Chakra (jeweils 3x bzw. 2x). Am Ende kommt das
6. Chakra, das nur im Bereich der Hypophyse schwach ist.

Unsere Aufmerksamkeit wollen wir dem 2. und dem 3. Chakra widmen, weil diese am stärksten belastet sind. Durch diese schnell durchzuführende Arbeit haben wir bereits folgende Fragen beantwortet:

- Welche Organe sind am Geschehen beteiligt?
- Welche Chakren sind betroffen?
- Welche Meridiane wären (ggf. vom Fachmann) zu behandeln? (s. Anhang)

Nachdem wir wissen, welche Chakren betroffen sind, wollen wir überprüfen, wie ihre momentane energetische Lage ist, d. h., ob sie zuviel (hyperton) oder zuwenig (hypoton) arbeiten. Dazu führen wir eine Chakrenmessung durch.

- *Numerologie und Farbe*

Nun numerologisieren wir den Namen von Frau Müller (Umwandlungstabelle siehe S. 29):

M	A	R	I	A		M	U	E	L	L	E	R
4	1	2	1	1		4	6	5	3	3	5	2

= 37 = 3 + 7 = 10 = 1 + 0 = 1

Beachten Sie: Wenn die 0 neben einer Zahl steht, wie in diesem Beispiel die 10, oder 20, 30 usw., verstärkt sie die Eigenschaft dieser Zahl!

Frau Müller hat die Zahl 1 und lebt also – numerisch/konstitutionell betrachtet – im Bereich des 1. Chakras und der Farbe Rot.

In diesem Fall müssen wir dem Herz-Kreislauf-System eine erhöhte Aufmerksamkeit schenken. Dies ist, wie wir gesehen haben, die numerische Krankheitsdisposition der Zahl 1. Weiterhin hat Frau Müller durch den Einfluß des 1. Chakras eine konstitutionelle Neigung zu »festen« Krankheiten. Auch die Pentagrammdiagnose weist eine starke Belastung in diesem Bereich (Feld 7) aus.

Im Pentagrammbild von Frau Müller heben sich die Belastungen und Schwächen im Verdauungstrakt sowie in den Bereichen Herz/Kreislauf und Nieren hervor. Physiologisch betrachtet belastet die Leber das Herz, und dieses wiederum die Nieren; beide Momente sind hier deutlich geboten.

Betrachten wir dazu die Beschwerden der Patientin: Blähungen, Herzstiche und Brechreiz (= Verdauungstrakt und Herz). Das diagnostische Bild ist abgerundet. Im Anhang werde ich nochmals auf die Pentagrammdiagnose Frau Müllers zurückkommen, um sachkundigen Laien, Heilpraktikern und naturheilkundlich arbeitenden Ärzten einen Einblick in die mögliche, speziellere Ergänzung durch Zungen-, Puls- und Akupunkturpunktdiagnose zu geben.

Lassen Sie mich nun auf die Möglichkeiten eingehen, die weitgehend auch dem Laien zur Verfügung stehen, wenn durch Pentagrammdiagnose und Numerologisierung die Situation abgeklärt ist. Zur erfolgreichen Weiterbehandlung geht es erst einmal darum, die Chakren auszugleichen.

Die Regulation der Chakren

Nachdem wir festgestellt haben, ob ein Chakra hypoton oder hyperton ist, stellt sich die Frage: Wie regulieren wir dieses Zentrum, was ist zu tun, damit das System wieder harmonisch arbeitet? Für den Fachkundigen ist die Situation problemlos: Er greift zur Akupunktur, zu Medikamenten (homöopathische Hochpotenzen können diese regulative Funktion übernehmen, siehe ANHANG), zu Lithotherapie, Kundaliniarbeit u.ä. Mit Reiki und Bachblüten ist es auch für den Laien (jeweils beim entsprechenden Chakra angegeben) recht einfach, die Chakren zu regulieren. Eine andere nur am Rande erwähnte Möglichkeit besteht in der Einnahme von Turmalin-Edelstein-Elixier (Schwarz, Grün und Rosa gemischt). Man nimmt 3mal täglich 10 Tropfen von dieser Mischung drei Wochen lang ein. Dadurch entsteht eine langsame, aber gute Regulierung der Chakren. Wenn diese Möglichkeiten uns jedoch nicht zugänglich sind, können wir mit *Farben* arbeiten (siehe entsprechendes eigenes Kapitel).

Alle medizinischen (Homöopathie oder Akupunktur, siehe ANHANG) oder manuellen Möglichkeiten (Reiki), die wir bei den Chakren anwenden, werden diese Zentren für eine gewisse Zeit ausgleichen und regulieren. Danach werden die Chakren wieder und immer wieder aus der

Balance kommen. Es gibt nur eine Möglichkeit, die Energiezentren auf Dauer auszugleichen, nämlich die Aufgaben, die diese Zentren uns stellen, zu erledigen (vgl. »Die Karmadiagnose«):

Das 1. Chakra kann man dauerhaft regulieren, indem man das Leben und seinen Alltag bejaht (Arbeit, Rechnungen, Parties, Theater oder Familie),

das 2. Chakra, wenn man das Ich im Du der Partnerschaft - mit allem was ist - findet,

das 3., wenn man lernt, die persönliche Macht in das große Ganze zu integrieren, und

das 4., wenn man in sich Mitgefühl und bedingungslose Liebe erweckt und selbst im Herzen zentriert ist. Die Erweckung des 4. Chakras macht den Spruch des Augustinus »Ama et fac quo vid« (Liebe, und dann kannst du tun, was du willst) lebendig und wirksam.

Hat man das erreicht, dann öffnet sich das Tor zur Entwicklung der oberen Chakren von selbst.

Ist die Messung richtig durchgeführt und erscheint eine Diskrepanz zwischen Chakrensituation und Beschwerden des Patienten, können Sie mit Sicherheit davon ausgehen, daß dieser Mensch unter »etwas« (sehr) chronisch leidet. Diese Pseudonormalität spricht nicht für eine gute, normale Funktion der Zentren, sondern für eine Selbstregulation derselben, um die Funktionstüchtigkeit des Systems - wenn auch beeinträchtigt - aufrechterhalten zu können. Ein weiterer Grund für dieses Bild (krankhafte Symptome vs. Chakrennormalität) sind Probleme in der Kindheit, die durch Verdrängung »erledigt« wurden. Nach Jahren normalisiert sich die Funktion der entsprechenden Chakren, vorausgesetzt, daß keine somatischen Anomalien in diesem Bereich auftreten.

Das Grundleiden aber wirkt ungehindert weiter und arbeitet - einem Maulwurf ähnlich - immer an einer anderen Stelle. Das Potential, das ein Mensch auf die Welt mitbringt und die Einflüsse (Erziehung, Umgang mit anderen Menschen usw.), denen er im Laufe der Zeit von Kind an ausgesetzt ist, sind verschiedene bestimmende Faktoren. Nicht nur das Potential ist wichtig; auch das, was man damit macht, bestimmt das Leben, den Lebenslauf und die Entwicklung des Individuums.

Auch die Arbeit mit den Balance-Öl-Flaschen von Aura-Soma, direkt auf ein gestörtes Chakra gelegt, hat sich als sehr hilfreich erwiesen:

Chakra	*Aura-Soma-Flasche (Farbe)*
1	gelb / rot
2	orange / orange
3	gelb / gold
4	blau / grün
5	blau / blau
6 + 7	blau / purpurmagenta

Tabelle 24

Natürlich kann man das gestörte Chakra auch mit dem entsprechenden Öl einreiben, was eine gute und schnelle, jedoch nicht dauerhafte Wirkung bringt.

Wie Sie sehen, gibt es genügend Möglichkeiten, diesbezügliche Korrekturen durchzuführen. Dennoch ist die Akupunktur- bzw. Reikimethode nicht nur die schnellste in der Wirkung, sondern auch die zuverlässigste. Mit Akupunktur oder Reiki (verstärkt durch die Anwendung von Viburnum) wird nicht nur eine kurzfristige, sondern auch eine langfristige Regulation erreicht, was ich bei vielen Patienten immer wieder bestätigt gefunden habe (vgl. »Ausgleich des Energie-Systems«; siehe Anhang).

Diese Methode zur Systemregulation können Sie unbedenklich häufig anwenden. Sie werden nie übertherapieren. Sind die Chakren normal, werden Sie keine Änderung bewirken. Wenn Sie die Arbeit mittels Farbe durchführen, sind Disziplin und Geduld besonders wichtig, um Erfolg zu erzielen.

Es ist natürlich verständlich, daß es keine Dauerregulation der Chakren geben kann, denn, da sich Chakrentätigkeit und körperliche, emotionale, mentale und spirituelle Entwicklung des Menschen gegenseitig beeinflussen, sind die Zentren stets in Bewegung.

Therapeutische Möglichkeiten der Farben

In den Farben sind verborgene Dinge von Harmonie und Kontrast. Dinge, die durch sich selbst wirken und die man durch kein anderes Medium ausdrücken kann. Vincent van Gogh

Wenn man mit Farben arbeiten will, ist es wichtig, sich eine Vorstellung von diesem Begriff zu machen: »Was ist für mich Farbe? Was bedeutet diese Sichtbarmachung des weißen Lichtes? Was teilt mir das Licht (in Form der Farben) mit?« Haben wir unsere persönliche Definition gefunden, wird auch unsere Beziehung dazu inniger und die Arbeit leichter und effektiver. Anders formuliert: Je mehr ich meine Arbeitswerkzeuge liebe, je tiefer ich sie kenne, desto leichter und effektiver wird auch meine Arbeit damit sein.

Für mich sind Farben Lichtgedanken, Brücken, die uns zum Licht führen ... zum Licht und zur Selbsttransformation. Die Farben sind die Flüsse, die in den Ozean des Lichtes münden. Sie sterben dort, wo sie geboren sind: im Lichte.

Die Farben wirken auf die Grundsubstanz, auf die Seele, und die Wirkung, die man über den Körper erfährt, ist die Folge der Harmonisierung dieser Grundsubstanz, die uns beseelt und beherrscht. Somit wird der ganze Mensch erfaßt.

Damit uns die Wichtigkeit der Farben klar wird, müssen wir verstehen, daß der intimste biologische Bereich des Menschen (seine Zelle) von den Farb(licht)schwingungen abhängig ist. Und wenn die Zellen in eine disharmonische Lage geraten sind, entsteht die Grundlage dessen, was wir »Krankheit« nennen. Das gestörte Programm können wir erst normalisieren, wenn wir diese Disharmonie beheben (was allerdings auch durch Akupunktur, homöopathische Hochpotenzen u. ä. möglich ist). Die Bachblüten leisten ebenfalls gute Dienste, denn diese Disharmonien sind in der letzten Konsequenz in der Seele des Individuums verankert.

Hier finden wir eine Parallelität zu den homöopathischen Potenzen und den Bachblüten: Die Farben – wie auch die hohen Potenzen der Homöopathie – verändern etwas, ohne sich selbst zu verändern. Die Farben haben eine »enzymatische Wirkung« auf die Energiefelder des Organismus. Diese Wirkung rufen wir hervor, wenn wir Farben auf den menschlichen Körper projizieren. Die Schwingungen der Farben mischen sich mit denen des Körpers – und eine Reaktion entsteht: Der Körper wird daran erinnert, daß seine momentane Lage nicht im Gleichgewicht ist, und wird gezwungen, sich mit der eigenen Harmonie »zu befassen«, sie neu zu erschaffen. Kurz: die Reizung der Farben setzt einen Prozeß, eine Reaktion in Gang. Die disharmonische Lage reagiert und verändert sich. Das menschliche elektromagnetische Feld schwingt in einer anderen Frequenz und versucht, sich selbst zu regenerieren. Für die klassischen Homöopathen ist dies ein ganz natürlicher Vorgang! Man könnte dieses Geschehen »Wellenhomöopathie« nennen.

Das ist in ein paar Worten gesagt Sinn, Weg und Zweck der Farben-Therapie. Wenn ich von »Wellenhomöopathie« spreche, ist damit keineswegs gemeint, daß eine Farben-Therapie eine homöopathische Behandlung ersetzt. Die Farben *anstelle* einer anderen Behandlungsmethode zu gebrauchen wäre falsch.

Alle in diesem Buch erwähnten therapeutischen Möglichkeiten für nach der Pentagrammdiagnose bedürftige Chakren und damit Organe (Homöopathie, Akupunktur, Bachblüten) eignen sich hervorragend als Komplementär- oder auch Mischbehandlung. Eigentlich sollte nichts von vornherein ausgeschlossen werden, sondern wir sollten weitmöglichst alle Methoden anwenden, die den größtmöglichen Behandlungserfolg versprechen.

Dies verlangt auf der einen Seite zwar methodische Fachkenntnisse, andererseits aber auch eine gute Portion gesunden Menschenverstand. Ohne in Dilettantismus zu verfallen, müssen wir stets versuchen, uns von der *Intuition*, der eigenen inneren Stimme, beraten zu lassen, denn nur durch das »Verstandeswissen« des Behandlers werden wir nie wahre Erfolge erzielen können. Umgekehrt gilt das gleiche.

Ist die Ursache aller Krankheiten in einer gestörten »Schwingungslage« im energetischen Bereich zu suchen und zu finden, wird es deutlich, warum die Farben eine ausgeprägte Hilfe für jede Therapie darstellen.

- *Die Wirkung der Farben*

Rot und seine Derivate (Orange und Gelb) sind die warmen, die magnetischen Farben. Sie wirken immer wärmend und aktivierend. Somit sind sie nicht geeignet bei Erkrankungen oder Umständen, bei denen Hitze und/oder Hektik herrscht. Die kalten, elektrischen Farben sind Blau, Indigo und Violett; sie wirken beruhigend und abkühlend. Grün liegt in der Mitte des Systems, ist neutral und wirkt ausgleichend. Warme Farben ermöglichen uns die Erdverbindung und verleihen uns die magnetische Energie, ohne welche wir nicht existenzfähig wären. Das ist der Grund, warum sich ein Mensch nach einem langen Bettaufenthalt schwach fühlt: Er hatte während dieser Zeit keinen Kontakt zur Erde – den wir nur über unsere Füße herstellen können.

Die Farbe Rot

Rot symbolisiert Kraft, Macht, Stärke und Vitalität sowie die rein sexuelle, animalische Liebe. Es wirkt verstärkend auf Herz, Blut und Kreislauf. Doch Menschen mit Herzbeschwerden sollten sehr vorsichtig mit dieser Farbe umgehen, besonders dann, wenn eine *Herzschwäche* (auch in der Anamnese) vorliegt.

Die Beeinflussung des Muskeltonus und die Stimulation der Sinneswahrnehmungen durch die Nerven sind die »Spezialität« dieser Farbe. Rot hilft unterstützend bei Anorexia nervosa (Medizinische Fachbegriffe finden Sie im Glossar), Lähmungserscheinungen, Hautleiden aufgrund schlechter Durchblutung, Amenorrhoe, Pessimismus, chronischen Bronchitiden, Konzentrationsschwäche und immer wieder dort, wo es etwas zu stimulieren gibt.

Eine absolute *Kontraindikation* sind Entzündungen aller Art (hier Farbe Blau) und emotionale Störungen (hier Farbe Grün).

Die *positiven* Eigenschaften von Rot sind Mut, Leistungsfähigkeit, Potenz, Vitalität, Kraft und Dynamik (der Topmanager-Typ lebt in der positiven Seite dieser Farbe).

Leidenschaft jeder Art, Unkontrollierbarkeit, Gewalttätigkeit - bis hin zum Mord -, Unmäßigkeit - häufig genug durch die Maske der Großzügigkeit getarnt -, Eifersucht, Abhängigkeit - bis hin zur Hörigkeit -, Zorn, Haß u.ä. sind Äußerungen der *negativen* Seite der Farbe Rot.

Es ist verständlich, daß Rot stimulierend auf alle Energiemangel-Situationen wirkt. Aber auch hier ist es grundsätzlich notwendig, Vorsicht walten zu lassen. Energiemangel-Symptome sind nicht selten die »Maske«, die viele Krankheiten (sogar Krebs) benutzen, um sich einer richtigen Diagnose zu entziehen. Bei Energiemangel - und anderen nichtssagenden Beschwerden muß man stets bemüht sein, eine sehr genaue Diagnose zu stellen oder stellen zu lassen: Es muß jede Möglichkeit eines *Malignoms* ausgeschlossen werden. Besonders dann, wenn dieser Energiemangel chronisch ist, ist Vorsicht geboten! Sonst kann es leicht geschehen, daß wir unserer Leichtgläubigkeit zum Opfer fallen - was entsprechende fatale Konsequenzen hätte.

Rot erweitert die Gefäße, stimuliert den Kreislauf, erhöht den Blutdruck und fördert die Bildung der roten Blutkörperchen, ist also der Feind der Anämie. Es verstärkt die Atmungstätigkeit, vermehrt die Sauerstoffzufuhr und erhöht die Körpertemperatur. Hier müssen wir achtgeben, wenn die anormal niedrige Körpertemperatur chronisch ist, denn das bedeutet, daß der Kraftspiegel des Menschen (das, was die rote Farbe zu erhöhen vermag) zu niedrig ist.

Es versteht sich von selbst, daß bei schweren Krankheiten wie beispielsweise Krebs die Therapie selbstverständlich konkreter, tiefgreifender und komplexer sein muß als die bloße Anwendung der roten Farbe. Hier hilft Rot unterstützend, um Stoffwechselblockaden abzubauen. Es wäre falsch, auf diese Eigenschaft von Rot zu verzichten. Rot ist auch der »Sponsor« der sexuellen Energie, ist aber nicht in der Lage, sie zu sublimieren. Wenn eine Verminderung der sexuellen Potenz aufgrund einer physiologischen hormonellen Herabsetzung entsteht, wird die Wirkung allerdings sehr geringfügig sein. Rot aktiviert die Nebennieren und begünstigt somit die Adrenalinausschüttung ins Blut.

Die Komplementärfarbe ist Blau. Rot ist die Farbe des 1. Chakras. (Das 1. und das 7. Chakra haben eine unlösbare Verbindung: durch das 1. Zentrum bekommen wir die magnetische Energie der Erde, durch das 7. die kosmische aus dem All. Ohne eine dieser beiden Energien sind wir lebensunfähig.)

Die Farbe Orange

Orange ist die Farbe der Milz und unterstützt die Gonaden in ihrer Funktion. Es begünstigt die Umwandlung des Sauerstoffs, wirkt dadurch positiv auf die Atemwege und regt das Verdauungssystem an.

Orange entwickelt Optimismus und Selbstvertrauen. Außerdem sind Selbstsicherheit, Enthusiasmus, Freundschaftsgefühle, Unabhängigkeit, Mitgefühl und Hilfsbereitschaft die *positiven* Aspekte dieser Farbe. *Negativ* äußert sie sich in Neigung zu Dominanz, Exhibitionismus, destruktivem Stolz, Trägheit, Unselbständigkeit u. ä.

Die Farbe Orange wirkt aufmunternd, entkrampfend und entspannend. So können wir sie anwenden bei Depressionen, Ängsten, Psychosen, Neurosen, aber auch bei Muskelschmerzen und Verspannungen. Diese Farbe ist eine gute Hilfe bei der Bildung von Calcium im Organismus; man kann sie getrost als Energiezufuhr für Vegetarier ansehen. Sie stimuliert die Verdauung, regt die Gesamtheit der Drüsen mit innerer Sekretion an, hilft gegen Kreislaufschwäche, Herzbeschwerden unmotivierte Müdigkeit (Achtung: unmotivierte Müdigkeit könnte u. a. ein Warnsignal für Krebs sein!). Orange verstärkt den Abbau von Giftstoffen und hat somit eine ausgleichende Wirkung auf Energiemangelzustände (wie sein großer Bruder Rot). Dadurch entsteht eine indirekte

Stimulation des Immunsystems. Somit spricht nichts dagegen, auch diese Farbe bei Krebspatienten einzusetzen – als unterstützende Maßnahme, versteht sich! Wie die rote Farbe aktiviert Orange die Funktion der Nebennieren, kann aber die sexuelle Kraft sublimieren.

Anzuwenden ist Orange bei Virus-Infekten und chronischem Rheuma, bei Asthma (besonders chronischem), Nierenentzündungen und Gallensteinen. Diese Farbe erhöht den Pulsschlag, aber nicht den Blutdruck und beruhigt die Funktion der Nebenschilddrüse. Sie lädt den Ätherkörper wieder auf, befreit von Zwängen, schenkt das Gefühl von Freiheit und schließt Löcher in der Aura.

Wir sind gut beraten, wenn wir Orange gegen Anämie (wie Rot), Niereninsuffizienz, Sklerosen jeder Art, Abmagerung (hier unbedingt auf einer Diagnose beharren!), Allergien und Energiemangel einsetzen.

Die *Komplementärfarbe* ist Indigo.

Orange ist die Farbe des 2. Chakras.

Die Farbe Gelb

Gelb ist nach Goethe die mächtigste Farbe. Gelb ist ein Symbol der Dualität. So, wie Goethe diese Farbe als »von höchster Reinheit und immer die Natur des Heilens mit sich tragend« bezeichnet, ist sie für die Buddhisten sowohl der Vertreter des Lebens (das Licht der Sonne) als auch des Todes und der Verwesung.

Die *positive* Seite von Gelb stammt von der Sonne und ist fröhlich, großzügig, optimistisch. Gelb kann sich gut ausdrücken, strebt zum Erfolg, interessiert sich für vieles, ist herzlich und großzügig. Die negative Seite von Gelb ist eben das Gegenteil: Unaufrichtigkeit, Minderwertigkeitsgefühle, Pessimismus, Mißerfolgsgedanken, kleinliches Denken, Neid und Eifersucht.

Die Wirkung dieser Farbe kann man folgendermaßen beschreiben: Sie hilft gegen schlechtes Gedächtnis, ist Stimulation im allgemeinen (d.h. Geist, Muskulatur, Motorik), reinigt das Blut und die Lymphe und ist eine gute Unterstützung bei der Entschlackung des Organismus (durch seine Wirkung auf den Abbau von Giftstoffen, die über die Haut ausgeschieden werden). Somit ist die Farbe Gelb hilfreich bei unreiner Haut, Akne und Cellulitis, besonders dann, wenn diese Symptome von der Leber ausgehend bedingt sind. Gelb regt die Galleproduktion an und stimuliert Bauchspeicheldrüse und Milz, was die positive Wirkung auf das Blut erklärt.

Diese Farbe hilft gegen metabolisch bedingte Ermüdung und gegen düstere Gemütsstimmungen und fördert Heiterkeit und Lebensfreude. Sie begünstigt die Ausscheidung von Kalkablagerungen und ist eine gute Unterstützung bei rheumatischen Erkrankungen. Man sollte Gelb auch bei Krankheiten im Bereich der Harnblase, der Nieren und des Magens sowie gegen Allergien einsetzen. Und nicht zu vergessen ist die gute Wirkung von Gelb bei Darmträgheit. Hier empfehle ich, »gelbes Wasser« zu trinken. (Bei Verstopfung müssen wir an indigo- und blaufarbiges Wasser denken. Zur Herstellung von farbigem Wasser s. S. 183.) Bei Neurasthenie bis hin zum Nervenzusammenbruch ist diese Farbe nicht indiziert; hier sind Blau und Grün zu empfehlen.

Die *Komplementärfarbe* ist Violett.

Gelb ist die Farbe des 3. Chakras.

Die Farbe Grün

Goethe sagt: »Unser Auge findet in derselben eine reale Befriedigung«, und Hildegard von Bingen: »Am lichten Grün sind Himmel und Erde erschaffen und die Schönheit der Welt«. Grün ist eine neutrale Farbe. Man könnte denken, daß Gott uns in der Schwingung dieser Farbe Harmonie und Balance, kosmische Zentrierung und schöpferische Ausgeglichenheit geschenkt hat. Grün ist die Farbe des Herzens und steht im Chakrensystem exakt in der Mitte, als Vermittler zwischen Materie und Spiritualität, zwischen Gott und seiner Schöpfung – und vor allem zwischen unseren beiden Polen, die sie in Balance hält.

Die Farbe Grün wirkt auf Herz, Nieren und weibliche Gonaden, kurzum: sie wirkt auf die Welt der Gefühle, stärkt das Gefühl der Geborgenheit und die Nächstenliebe. Die *positive* Seite dieser Farbe entwickelt Sympathie, Mitgefühl und Harmonie, macht die Menschen anpassungfähig(er), integ(r)er, verläßlich(er).

Die *negative* Seite: Menschen, die in der Schattenseite von Grün leben, sind meistens träge, gleichgültig, unversöhnlich, kritiksüchtig und materialistisch eingestellt.

Diese Farbe fördert die allgemeine Regeneration des Körpers (durch ihre Position im Chakrensystem arbeitet sie eher als »Vermittler« denn als »Behandler«). Grün beruhigt das Herz und die Nerven, hilft gegen Stauungen und Schwellungen in allen Geweben, sediert und stabilisiert den Blutdruck und die Herztätigkeit (immer aber als ausgleichender Faktor und niemals als »Eingreifer«). Bei Hypertonie muß man mit Hellgrün, bei Hypotonie mit Dunkelgrün arbeiten. Grün eignet sich hervorragend bei Belastungen des Herzens (auch bei seiner Insuffizienz) und des Nervensystems. Es beeinflußt das Verdauungssystem und fördert dessen normale Tätigkeit. Diese Farbe übt eine indirekte Stimulation auf die Hypophyse aus und wirkt sedierend bei Schockwirkungen und Neuralgien. Auch bei Diabetes, Stoffwechsel-Erkrankungen im allgemeinen, Arthritis, Geschwülsten, Rheuma, Gicht, Arthrosen, Krämpfen, Störungen der Augen und bei Sehfehlern leistet Grün sehr gute Dienste. Nicht zu unterschätzen ist die hilfreiche Wirkung von Grün im Kampf gegen Vergiftungen, chronische Entzündungen, Asthma und Bronchitis. Es wirkt desinfizierend, keimtötend und antiseptisch wie keine andere Farbe, kühlt bei Verbrennungen und verjüngt und strafft die Haut.

Die *Komplementärfarbe* ist Magenta.

Grün ist die Farbe des 4. Chakras.

Auch bei der Arbeit mit der Chakra-Farben-Kombinationsmethode müssen wir stets bedenken, daß unsere Hauptaufgabe die *Regulation des gesamten Systems* ist. Wenn das 4. Chakra disharmonisch ist, wäre der Versuch, das System trotzdem zu harmonisieren, eine reine Utopie ohne jegliche Chance der Verwirklichung: Denn - wie wiederholt gesagt - dieses Zentrum ist die zentrale Achse, die letztendlich über Harmonie und Disharmonie des Systems herrscht! Die Harmonie des 4. Zentrums (dafür ist die Farbe Grün nötig) zieht die Harmonie des gesamten Systems an; ohne diese Harmonie sind alle unsere Bemühungen, eine Ausgeglichenheit in Körper, Seele und Geist zu erreichen, zum Scheitern verurteilt.

Die Farbe Blau

Blau ist die Farbe, die uns hilft, Vertrauen zu entwickeln. Diese Farbe wirkt - im Gegensatz zu Rot - abkühlend und hat wie Grün antiseptische Eigenschaften; auf die Schilddrüse wirkt sie ausgleichend. Den Haupteinfluß übt Blau auf die Atmung und somit auf das Atemsystem aus und beruhigt sowohl den Geist als auch die Nerven. Was Grün für die Augen, ist Blau für das Gemüt! Aufgrund seiner antiseptischen Eigenschaften finden wir den Wirkungsbereich von Blau in allen Situationen, wo es darum geht, abzukühlen und zu desinfizieren. Auch bei Hautjucken, Schlaflosigkeit, schmerzhafter Menstruation - besonders dann, wenn die Schmerzen krampfartig sind -, bei allen Kinderkrankheiten (Blau hat eine starke Affinität zur kindlichen Seele), bei Schock und Fieber ist diese Farbe anzuwenden. Blau ist in seiner Wirkung genau das Gegenteil von Rot.

Seine *positiven* Eigenschaften sind Vertrauen, Loyalität, Geduld, Ergebenheit (keine Abhängigkeit!), Zuversicht und Aufrichtigkeit. Suchen wir die *negative* Seite dieser Farbe, dann finden wir Überheblichkeit, Ungeduld, Mangel an Vertrauen, Treulosigkeit u.ä.

Die Auswirkung von Blau können wir leicht aus seinen Eigenschaften ableiten: Es bringt Ruhe und Entspannung, wirkt gegen Fieber, verengt die Gefäße, senkt den Blutdruck (ähnliche Wirkung wie Hellgrün), beseitigt oder lindert Angst und ist gut einzusetzen gegen alle infektiösen Prozesse.

Die *Komplementärfarbe* ist Rot.

Blau ist die Farbe des 5. Chakras.

Die Farbe Indigo

Diese Farbe versetzt uns in den Bereich der Spiritualität. Sie ist Repräsentant der göttlichen Liebe. Während Rot sich ausschließlich auf die Sexualität bezieht und diese verstärkt, so ist Indigo (wie Orange, jedoch mit stärkerer Intensität) in der Lage, die körperliche Liebe auf die Ebene der Spiritualität zu transformieren. Aufgrund seiner Farbschwingungen nimmt Indigo eine besondere Stellung im Farbspektrum ein, denn es ist eine Mischung der anderen Farben und vereinigt somit deren Energien in sich. Indirekt beeinflußt Indigo alle Chakren.

Am besten ist diese Farbe geeignet zur Anwendung bei Krankheiten im Bereich des Kopfes (Augen, Nase, Ohren, Nebenhöhlen), bei Wachstumsstörungen und bei Erschöpfungszuständen auf geistig-seelischer Ebene.

Indigo befreit von Angst (oder lindert sie), hilft beim »Loslassen« und erfüllt uns mit Sehnsucht nach der Wahrheit und nach der Liebe Gottes. Es ist die Farbe der Mystik und der Transzendenz - Eigenschaften, die wir auch in Violett finden.

Diese Farbe wirkt positiv auf Hypophyse, Skelett und Blut (im Sinne der Reinigung), beruhigt die Nerven und gleicht die Aktivität des Lymphsystems aus. Sie ist eine gute Unterstützung bei akutem Rheuma, Arthritis, Krampfadern, Schlaflosigkeit, Ekzemen, Prellungen und aggressiven Prozessen wie Furunkeln und Geschwüren.

Außerdem ist Indigo in der Lage, den Ätherleib zu regenerieren und zu heilen.

Die *positiven* Eigenschaften des Indigo sind Furchtlosigkeit, Idealismus und das Heilsein von Körper, Seele und Geist.

Bei Menschen, die in der *negativen* Seite von Indigo leben, finden wir immer wieder Intoleranz, Pessimismus, Depressionen, Ungerechtigkeit und Verfolgungslust (manche Inquisitoren des Mittelalters lebten sicher in der negativen Seite dieser Farbe!).

Indigo wirkt anregend auf die Schilddrüse und sedierend auf die Nebenschilddrüse; es hat somit eine ausgleichende Funktion innerhalb dieses Systems. Es hilft bei nervösen Störungen und bei Krämpfen, lindert Schmerzen - wenn diese akut und heftig auftreten - wirkt kühlend, gefäßverengend (wie Blau), blutstillend, abschwellend und entzündungshemmend. Es übt eine beruhigende Wirkung auf das Nerven- und Lymphsystem aus und führt uns über das dritte Auge zu höheren Bewußtseinszuständen und allem, was damit zusammenhängt.

Die *Komplementärfarbe* ist Orange.

Indigo ist die Farbe des 6. Chakras.

Die Farbe Violett

Violett ist die Farbe der göttlichen Erkenntnisse. Ramakrishna hat die Bedeutung dieser Farbe in einem Gebet an Kali wunderbar zusammengefaßt (ein Gebet, das uns an die Mystik des Franziskus erinnert):

»Oh Mutter, ich habe die Zuflucht zu Dir genommen.
Lehre mich, was ich tun und reden soll.
Dein Wille herrscht überall zum Besten Deiner Kinder.
Nimm meinen Willen in Deinen auf, und mach mich zu Deinem Instrument.«

Goethe sagt: »Wenn sich das Blau (Passivität) ins Rot (Aktivität) steigert, erhält es dadurch etwas Wirksames.« Das Wirksame ist die Harmonie, die diese Farbe uns verleiht. Aufgrund der Geistigkeit des Violetts entwickeln wir unter seiner Einwirkung Opferbereitschaft und Selbstlosigkeit, aber auch die Molekularstruktur des Körpers wird durch diese Farbe positiv beeinflußt.

Die *positive* Seite von Violett ist Menschenfreundlichkeit, Geistigkeit, Nächstenliebe und Idealismus.

Die *negative* Seite äußert sich als Arroganz, Fanatismus, Verzweiflung, Ausschweifungen, Wahn, Interesse an Schwarzer Magie, Sucht, Genuß, bis hin zu Kriminalität.

Bei depressiven Menschen sollte man von Violett absehen und statt dessen Grün oder Blau anwenden. Violett leistet zwar gute Hilfe bei Zuständen wie Melancholie, Hypochondrie, Hysterie und Wahnideen – aber dennoch: Verwenden Sie Violett nie bei Depressionen!

Violett hilft gegen Sucht (speziell gegen Alkoholismus) und sorgt für eine geistige Reinigung und Erneuerung. Es aktiviert das Lymphsystem und die Milz, fördert die Sensibilität für psychische Prozesse (Paranormalität), reguliert den Kalzium- und Phosphorspiegel im Körper und ist behilflich bei der Bildung von Eisen und Jod (Schilddrüsenwirkung). Wenn wir den Kopf mit dieser Farbe bestrahlen, beugen wir Haarausfall und Schuppenbildung vor. Diese Farbe fördert die Normalisierung des Stoffwechsels der Drüsentätigkeit, besonders der Zirbeldrüse, hat einen positiven Einfluß auf die Produktion der weißen Blutkörperchen und ist ein hervorragender Energiespender.

Die Komplementärfarbe ist Gelb.

Violett ist die Farbe des 7. Chakras. Es hat jedoch eine sehr positive Wirkung auf *alle* Körperzentren.

Die Farbenuhr

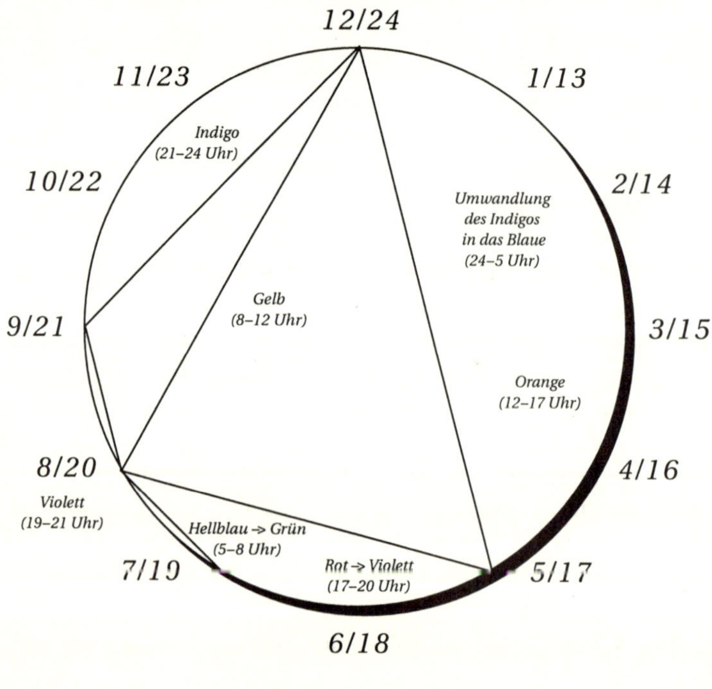

Farbe	*Zeit der maximalen Wirkung*
Indigo	Zwischen 21 Uhr und Mitternacht. Am Ende dieser Zeit wandelt sich das Indigo ins Blau um (Joh 1,5), (24–5 Uhr).
Hellblau	Zwischen 5 und 8 Uhr früh. Kurz vor 8 Uhr wandelt sich das Blaue ins Grüne.
Gelb	Zwischen 8 und 12 Uhr.
Orange	Zwischen 12 und 17 Uhr.
Rot	Zwischen 17 und 20 Uhr. Gegen 19 Uhr wandelt sich das Rote ins Violett um.
Violett	Zwischen 19 und 21 Uhr.

Tabelle 25

- *Die Farbenuhr*

Wie die Chakren und die Akupunkturmeridiane haben auch die Farben Zeiten, in denen sie eine optimale Wirkung auf den Körper ausüben. Nach Möglichkeit sollte man die Farbbestrahlung in diesen Zeiten durchführen.

- *Heilung und Farben*

Wenn wir alle Ausführungen über die Farben aufmerksam lesen, stellen wir fest, daß die gleiche oder ähnliche Wirkung bei verschiedenen Farben erscheint. Dies ist weder Diskrepanz noch Widerspruch. Es ist eine Tatsache, die uns ermahnt, mit dieser Therapiemethode behutsam umzugehen.

Bevor man eine Farbe anwendet, muß man sich nicht nur mit der Farbe, sondern auch mit dem Menschen, seinen Beschwerden und seiner Konstitution vertraut machen. Deshalb sollte man keine Farbe benutzen, bevor man ein klares Bild des Gegenübers gewonnen hat. Dies ist relativ leicht, wenn wir mit der Numerologie, den Chakren und der Pentagrammdiagnose arbeiten. Auch die Veränderung, die nach der *Anwendung* der Farben im Menschen eintritt, verlangt einen Wechsel der Farbe. Wenn wir dies ständig bedenken, gebrauchen wir die Farben richtig(er) und kommen dem Erfolg näher.

Arbeiten wir mit Zahlen, Farben und Chakren, dann müssen wir stets folgendes bedenken: Es kann sein, daß ein Name numerologisiert wird und sein »Besitzer« von der Farbe Rot »regiert« wird (also Zahl 1 und das 1. Chakra betont ist). Man könnte denken, daß der Betreffende diese Farbe braucht. Doch dieser Mensch leidet nun einmal unter Entzündungen, Hypertonie oder Herzinsuffizienz oder hat einen Schrittmacher – also Krankheiten, die die Anwendung von Rot strikt verbieten. Dies bedeutet jedoch nicht, daß dieser Mensch von seiner seelischen Struktur her nicht der roten Farbe »gehört«. Er würde diese Farbe auch benötigen, wenn seine Gesundheitslage eine andere wäre. Vielleicht ist seine gesundheitliche Situation sogar die Folge von *zuviel* Rot-»Essenz«. In diesem Fall müssen wir uns mit den *Komplementärfarben* beschäftigen und eventuell damit arbeiten.

Was ich zu verdeutlichen versuche, ist, daß die durch die Numerologisierung festgestellte Zahl bzw. Farbe uns die Grundlage des Menschen offenbart – ungeachtet dessen, wie sein *momentaner* Zustand ist.

Jemand mit der Zahl 1 (um bei dem Beispiel zu bleiben) lebt in der roten Farbe. Die Dominanz seiner Struktur äußert sich durch die seelischen Eigenschaften von Rot. Was durch diese Farbdiagnose deutlich wird, ist die charakterliche Grundlage und die seelische Struktur des Individuums, die ebenfalls die Grundlage einer eventuellen *Therapie* sein muß. *Die gleichen Prinzipien gelten für alle Farben und Zahlen.*

Wenn wir z.B. sagen »Die Zahl 1 korrespondiert mit dem 1. Chakra und der Farbe Rot«, bedeutet dies, daß diese Zahl zum Bereich der »festen« Krankheiten (Knochen usw.) gehört.

Aber jede Zahl hat auch medizinisch-pathologischen Neigungen, die ihr eigen sind. So sind Menschen mit betonter Zahl 1 kardio-vasculär gefährdet. Bei den anderen Zahlen verhält es sich genauso. Hat ein Mensch die Zahl 2, bedeutet dies, daß er aufgrund der mitgebrachten seelischen Strukturen unter dem Einfluß des 2. Chakras und der Farbe Orange steht.

Von ihrer Struktur her sind die magnetischen Farben (Rot, Orange und Gelb) anregend und die elektrischen (Hell- und Dunkelblau) beruhigend. Doch mit welcher wollen wir anregen, mit welcher sedieren, welches Ziel wird durch unsere Therapie verfolgt? Die Wichtigkeit einer exakten Diagnose wird ersichtlich! Haben wir diese nicht, sind aber Erkrankungen wie Krebs, Aids, Multiple Sklerose oder ähnliches definitiv ausgeschlossen, können wir auch mit dem Pendel und einer Farbtabelle – die Sie für sich selbst anfertigen können – sehr gut arbeiten. Diese Methode ist trotz ihrer Einfachheit von größter Zuverlässigkeit.

Ein sicherer Weg, um die richtige Farbe für den Patienten zu finden, ist festzustellen, was dem Betreffenden gesundheitlich fehlt, und seine Störungen mit den Wirkungen der Farben zu *vergleichen*. Dies führt uns zur notwendigen Farbe.

- Es gibt *eine* Farbe, die man grundsätzlich als Ergänzungstherapie anwenden sollte, auch dann, wenn diese Farbe nicht die gesuchte ist. Es handelt sich um ORANGE, das den Ätherleib stets belebt. Die Verstärkung dieses Körpers, in dem jede Krankheit sich zuerst »formiert«, ist eine unschätzbare Hilfe.
  Auch, wenn Rillen in den Fingernägeln erscheinen (was für eine Störung des Stoffwechsels - speziell des Darms - spricht), sollte man an diese Farbe denken.

Wenn wir sozusagen Hunger haben auf bestimmte Farben, wenn diese in unserem Ernährungsplan dominieren oder wenn sie sich häufig wiederholen, können wir (fast) sicher sein, daß diese - sei es eine oder mehrere - im biologischen System fehlt: Man kann dies mit dem Heißhunger auf Süßigkeiten vergleichen, der an eine akute Hypoglykämie denken läßt.

Nach dem indischen Arzt und Chemiker Dr. Ghadiali können die Elektrolyte einzelnen Farben zugeordnet werden:

Farbe	*Elektrolyt*
Rot	Argon, Mangan
Orange	Aluminium, Kalzium, Kupfer
Gelb	Magnesium, Carbon
Grün	Barium, Chlor, Radium
Blau	Cäsium
Indigo	Wismut, Kobalt
Violett	Aktinium, Strontium

Tabelle 26

Wir werden natürlich nicht so naiv sein, eine Patientin in der Menopause von ihrer Osteoporose befreien zu wollen, indem wir mit Orange bestrahlen; aber die Resorption der entsprechenden *MEDIKATION* wird verbessert, wenn wir diese Bestrahlung parallel, also unterstützend durchführen.

Für Patient und Behandler – im Fall also für Sie selbst – muß immer das Prinzip gelten: Je weniger Medikamente und/oder Behandlungen, desto besser.

- *Praktische Anwendungsmöglichkeiten*

Rot	wirkt	stimulierend;
Orange	wirkt	abtötend auf Giftstoffe (diese Farbe heilt die Aura);
Gelb	wirkt	stimulierend auf die Gallenproduktion, die Milz und die Bauchspeicheldrüse;
Grün	wirkt	zentrierend und positiv auf Herz und Nieren; bei Hypertonie soll man mit Hellgrün, bei Hypotonie mit Dunkelgrün arbeiten;
Blau	wirkt	entspannend, entkrampfend und sedierend;
Indigo	wirkt	befreiend von negativen Emotionen (Angst u.ä.);
Violett	wirkt	transzendierend; es ist die Farbe der göttlichen Erkenntnis.

Die Anwendung der Farben hängt von der vorliegenden Situation ab.

In Fällen, wo der Verdauungstrakt involviert ist, empfehle ich, die notwendigen/fehlenden Farben zu »essen«; d.h., entweder werden Nahrungsmittel, die diese Farbe(n) haben (rote oder grüne Paprika, Auberginen, grüner Salat etc.) – im Rahmen des Erlaubten –, gegessen oder das Essen wird vor dem Verzehr mit der opportunen Farbe bestrahlt oder man deckt es mit einer durchsichtigen Folie ab und läßt es einige Minuten in der Sonne stehen.

Die fehlenden Farben können wir dem Körper also über das Essen und Trinken zufügen. Brauchen wir z.B. Orange, dann essen wir alle Nahrungsmittel, die diese Farbe haben, wie Orangen, Mandarinen u.ä.; dies gilt für die anderen Farben genauso.

Wollen wir die natürliche Wirkung dieser Farben verstärken, bestrahlen wir die Nahrung und/oder das Wasser ca. zehn Minuten lang vor dem Verzehr mit der entsprechenden Farbe (eine 40-Watt-Glühbirne reicht vollständig aus).

Wir bedecken das Wasser mit einem transparenten Farbfilter (was auch mit Nahrungsmitteln möglich ist) und lassen es in der Sonne, je nach Sonnenintensität 30 bis 90 Minuten, stehen. Dieses solarisierte Wasser enthält Eigenschaften und Wirkungen der Farben, mit denen wir es bestrahlen. Arbeiten wir mit der Sonnenenergie, bekommen Wasser, Salate usw. das ganze Farbspektrum auf einmal.

Brauche ich die Farbe/n beispielsweise für die Nieren oder die Harnblase, dann trinke ich sie und bereite die Flüssigkeit in der oben beschriebenen Weise.

Benötigen die Lungen Farbe/n, dann müssen wir in die Meditation gehen und visualisieren, wie diese Farbe/n Lungen und Bronchialraum anfüll(t)en.

Außerdem ist es sehr gut, den ganzen Körper ca. 10–15 Minuten lang zweimal oder dreimal wöchentlich mit der benötigten Farbe zu bestrahlen und dazu Sonnenbäder zu nehmen. Ist dies nicht möglich, können wir die bedürftigen Chakren einzeln mit der entsprechenden Farbe bestrahlen; also Rot für das erste, Orange für das zweite, Gelb für das dritte, Grün für das vierte, Hellblau für das fünfte, Indigo für das sechste und Violett für das siebte Chakra. Eine 10minütige Anwendung zweimal in der Woche genügt durchaus.

Was die Anwendung der Farben betrifft, habe ich immer die besten Resultate erzielt, wenn ich entweder einzelne Chakren oder den ganzen Körper mit einer bestimmten Farbe bestrahlt habe. Arbeiten wir auf der Farbe-Chakra-Ebene, dann gilt Rot für das 1., Orange für das 2., Gelb für das 3., Rosa oder Grün für das 4., Hellblau für das 5., Dunkelblau für das 6. und Violett oder Weiß für das 7. Chakra.

Wenn wir die Behandlung mittels Bestrahlung des ganzen Körpers durchführen, müssen wir darauf achten, daß der Betreffende (Temperament, Konstitution, Gesundheitslage bzw. momentane Beschwerden) und die angesetzte Farbe(n) zueinander passen. Der Mensch, seine Situation und die anzuwendende Farbe müssen eine biologisch-energetische Einheit bilden.

Eine Farbe erscheint erst durch die Frequenz ihrer Moleküle. Frequenzen oder Schwingungen sind die Grundlage des Lebens. Wenn diese disharmonisch sind, entsteht eine Krankheit. Die disharmonischen Schwingungen sind die gestörten Schwingungen der Farbwellen. Somit ist die Harmonisierung dieser gestörten Schwingungen der Weg zur Wiedergewinnung der Gesundheit und zur Heilung.

Die Farbprojektion auf den Körper kann eine Hilfe hierbei leisten. Die

Farben wirken nicht nur über die Seele, sondern auch direkt auf den Körper. Dies ist der Grund, warum die Einwirkung des Sonnenlichtes auf den nackten Körper so gesund ist. (Natürlich müssen wir dabei die Gefährlichkeit des Ozon-Loches berücksichtigen und dürfen uns auch nicht von der Sonne »braten« lassen.) Durch ein Sonnenbad - in Maßen - bekommen wir alle Farben des Spektrums auf einmal, und zwar in einer Form, die wir trotz Entwicklung der Technik nicht nachahmen können.

Die auf den Körper projizierten Farben werden zu ca. 10% durch die Augen absorbiert, was direkt auf den Nervus opticus und indirekt auf das Gehirn wirkt. Die restlichen 90% werden durch die Haut aufgenommen. Und hier scheint eine »magnetische« Anziehung seitens des Hypothalamus in Aktion zu treten: Die Reize, die die Farben auslösen, werden vom Hypothalamus weitergeleitet, und es entsteht eine rein somatische Wirkung, die den gesamten Metabolismus, der in großem Maße vom Hypothalamus gesteuert ist, erfaßt.

Ebenfalls gute Resultate sind zu erzielen, wenn wir die Chakren mit Reiki versorgen und dabei visualisieren, wie die entsprechende Farbe durch unsere Hände in das Chakra eintritt. Dies allein bringt eine erstaunliche Wirkung.

Im allgemeinen ist es sehr zu empfehlen, sich mindestens einmal in der Woche selbst Reiki zu geben oder geben zu lassen. Hier ist eine Ganzkörperbehandlung - evtl. mit Mentalauftrag - sehr nützlich. In jedem Fall sollte man dabei jene Chakren, die schwach oder belastet sind oder waren, entsprechend intensiv behandeln. Übertherapieren kann man mit Reiki nicht.

Wir können Farben auch einatmen. Versetzen Sie sich dazu in einen meditativen Zustand und stellen sich vor, wie diese Farbe - eine oder mehrere - mit der Atemluft in Ihren Körper einströmt. Atmen Sie ruhig und tief bis in den Beckenbereich hinein, und stellen Sie sich vor (oder visualisieren Sie), wie diese Farbe Ihren Körper füllt.

Auf die gleiche Art können Sie auch jedes Chakra mit der eigenen Farbe versorgen, d.h., Sie atmen Rot durch das 1., Orange durch das 2., Gelb durch das 3. Chakra ein usw.

3. Therapeutische Anwendung der Bach-Blüten

Als weitere therapeutische Empfehlung möchte ich die Bachblüten in Verbindung mit der Chakren-Behandlung erwähnen. Wir wissen, daß die Bach-Blüten Kräfte entfalten, die über die Seele, also energetisch, auf den Körper wirken. Somit ist es logisch, zu denken, daß jedes Chakra (jeder Energiebereich) eine Affinität zu bestimmten Blüten haben muß.

Durch vieles Experimentieren in der Praxis konnte ich feststellen, daß dieses tatsächlich so ist. Die Therapie, die ich nachfolgend gebe, hat mit der Wirkung der Einzelblüten im Sinne von Dr. Edward Bach meistens keine Ähnlichkeit. Jedoch haben die Blüten, die ich in der Praxis - wie aufgelistet - verwendet habe, immer zwei positive Wirkungen gezeigt:

- das entsprechende Chakra wurde normalisiert und
- die Situation der dazugehörenden Organe wurde gebessert.

Wenn ich von einer organischen Besserung spreche, meine ich keineswegs eine subjektive Besserung, sondern eine Besserung, die klinisch feststellbar war.

Ich habe Ihnen diese Bach-Blüten angegeben, der Einfachheit halber möchte ich sie jedoch hier auflisten:

Chakra	*Bach-Blüten*
1	Beech
2	Holly
3	Larch und Mimulus
4	Walnut, Beech, Chicory, Holly
5	Water Violet, Wild Oat, Beech, Cerato und Pine
6	Vervain
7	Rock Rose und Walnut

Tabelle 27

Dort, wo mehrere Blüten notwendig sind, verabreicht man sie zusammen. Die Vorbereitung ist einfach: 30 ml 20%igen Alkohol mit 3 Tropfen von jeder Blüte. Die Dosierung: 4mal täglich 4 Tropfen. Diese Therapie ist kein Ersatz für eine »Fachtherapie«, sondern nur als Zusatz zu verstehen. Aber die Resultate sind häufig verblüffend.

4. Astrologische Konstitutionsmittel

Es gibt noch eine weitere Möglichkeit, potentielle Belastungen zu erkennen und mit der Pentagrammdiagnose abzustimmen: Das sind die Krankheitsdispositionen, die uns die astrologischen Zeichen offenbaren. Wir gehen hier vom Tierkreiszeichen aus, in dem bei der Geburt die Sonne stand. Jedes Sonnenzeichen hat zwei Mittel. Weiter ist auch der Aszendent, also das im Augenblick der Geburt im Osten aufsteigende Zeichen, einzubeziehen. Beides kann aus einem Horoskop (Kosmogramm) entnommen werden. Die Tierkreiszeichen mit den dazugehörenden vorbeugenden Therapien:*

♈ Widder	*Mittel:* Kalium phos. und Natrium phos. *Krankheitsdisposition:* Kopfschmerzen, Meningitis und Meningismus, Augenerkrankungen, Gallenblasenleiden mit Koliken oder Kolikneigung, Zahnschmerzen.
♉ Stier	*Mittel:* Natrium sulf. und Calcium sulf. *Krankheitsdisposition*: Hals- und Bauchspeicheldrüsenaffektionen
♊ Zwillinge	*Mittel:* Kalium chloratum und Silicea. *Krankheitsdisposition:* Lungen- und neurologische Erkrankungen.
♋ Krebs	*Mittel:* Calcium fluoratum und Calcium phos. *Krankheitsdisposition:* Verdauungstrakt, Brust- und Genitalraum.
♌ Löwe	*Mittel:* Magnesium phos. und Natrium muriat. *Krankheitsdisposition:* Herz, Kreislauf, Wirbelsäule.
♍ Jungfrau	*Mittel:* Kalium sulf. und Ferrum phos. *Krankheitsdisposition:* Darm, Bauchspeicheldrüse.

* Nach A. T. Mann: *Astrologie und Heilkunst* (siehe Bibliographie).

♎	Waage	*Mittel:* Natrium phos. und Kalium phos. *Krankheitsdisposition:* Gefäße, Nieren, Blase, Haut, Diabetes.
♏	Skorpion	*Mittel:* Calcium sulf. und Natrium sulf. *Krankheitsdisposition:* Urogenitalraum, Nebenhöhlenentzündungen.
♐	Schütze	*Mittel:* Silicea und Kalium chloratum *Krankheitsdisposition:* Hüfte, Leber, Neigung zu Lähmungen.
♑	Steinbock	*Mittel:* Calcium phos. und Calcium fluor. *Krankheitsdisposition:* Rheumatischer Formenkreis, Hautentzündungen, Erkältungen
♒	Wassermann	*Mittel:* Natrium muriat. und Magnesium phos. *Krankheitsdisposition:* Krämpfe, Zentralnervensystem, Venenleiden, offene Beine.
♓	Fische	*Mittel*: Ferrum phos. und Kalium sulf. *Krankheitsdispositionen*: Füße, Psyche, Lungen.

Die Therapie nach dieser Methode ist rein vorbeugend zu verstehen, was nicht bedeutet, daß wir sie nicht als Ergänzung einer anderen Behandlung einsetzen könnten. Eines sollte aber ganz klar sein: Natrium muriaticum z. B. nimmt ein Stier nicht deshalb ein, weil er unter einer für das Mittel charakteristischen Krankheit leidet (wie z. B. hier »heftiger Fließschnupfen« oder »Schmerzen in den Augen beim Hinuntersehen«, »Blasen wie Perlen auf den Lippen« etc.), sondern weil es *sein astrologisches Konstitutionsmittel* ist. Wir können diese Therapie als eine »astrologisch-konstitutionelle« betrachten.

In der Regel genügt es, wenn man zwei Wochen lang – jeweils im Frühjahr und im Herbst – einmal täglich 10 Tropfen des entsprechenden Mittels in der Potenz D6 einnimmt.

Günstig ist es, auch den Aszendenten mitzubehandeln. So sollte z. B. ein Fisch mit Aszendent Skorpion Ferrum phosphoricum und Kalium sulfuricum (Fischmittel) zusammen mit Calcium sulfuricum und Natrium sulfuricum (Skorpionmittel) zu gleichen Teilen (zusammen 1mal täglich

20 Tropfen) einnehmen. Diese Mischung wird in jeder Apotheke rezeptfrei angefertigt.

Nochmals zur Klärung: Jedes Zeichen hat zwei homöopathische Mittel zur Verfügung. Bei der präventiven Behandlung lassen wir den Apotheker die entsprechende Mischung wie oben erwähnt anfertigen. Die Mischung für das Zeichen wird also zwei Substanzen beinhalten, und wir nehmen davon 1mal täglich 10 Tropfen.

Nehmen wir auch die Mittel für den Aszendenten dazu, dann verfahren wir wie in obigem Beispiel des Fisches.

Es kann geschehen, daß eines dieser Mittel vom Behandler, aus medizinischen Notwendigkeiten - und nicht bloß präventiv - bereits verordnet wurde. In diesem Falle sparen wir das bereits verordnete Mittel aus der astrologischen Zusammensetzung aus. Ein Fisch bekommt z. B. ohnehin Ferrum phosphoricum und will die astrologische Medikation zu sich nehmen. Er darf dann nur Kalium sulfuricum einnehmen, denn das andere astrologische Mittel hat er bereits.

5. Homöopathische Einzelmittel zur Organ-Behandlung

- Diese Mittel sind zum größten Teil mit ein wenig Erfahrung und Achtsamkeit auch für eine Selbsthilfe geeignet. Mit den hier vorgestellten homöopathischen Einzelmitteln - für die aufgelisteten Indikationen und in den angegebenen Potenzen - werden Sie in der Lage sein, sich selbst bei diversen Beschwerden zu helfen.
- Dies bedeutet allerdings nicht, daß fachlicher Rat *völlig überflüssig* wird. Die Entwicklung bitte stets beobachten und bei jeder Verschlechterung des Zustands fachkundigen Rat einholen!
- Zusätzlich zu dieser Medikation (oder allein als präventive Behandlung) können Sie sich ohne Bedenken der zuvor beschriebenen astrologischen Konstitutionsmittel bedienen.

Lassen Sie uns an dieser Stelle einige wichtige Punkte besprechen, die Sie für den Einsatz dieser Mittel grundlegend wissen müssen. Im Anhang finden Sie dann die Auflistung der Mittel. Vielleicht probieren Sie anfänglich einmal das eine oder andere Mittel bei sich selbst aus. Zunehmend werden Sie im Umgang damit sicherer werden.

Die Dosierung

Beginnen Sie mit 3mal tgl. 10 Tropfen, und steigern Sie langsam bis zu 3mal tgl. 20 Tropfen. Nehmen Sie z.B. alle zwei oder drei Tage 2 Tropfen *mehr* ein, d.h. 3mal 10, nach 2 Tagen 3mal 12 usw. bis zu 3mal 20 Tropfen, auf den Tag verteilt. In der Regel dauert es drei bis vier Wochen, bis eine Besserung eintritt.

Manchmal fühlt man sich am Anfang einer Behandlung mit homöopathischen Mitteln unpäßlich bzw. schlecht. Man glaubt, daß die Beschwerden stärker werden. In der Regel geht es hier darum, daß der Heilungsprozeß eingesetzt hat. In so einem Fall ist es empfehlenswert, die Medizin drei Tage abzusetzen und dann mit der Hälfte wieder zu beginnen. Wird die Situation in diesen drei Tagen nicht besser, dann haben wir es *nicht* mit der »homöopathischen Erstverschlimmerung« zu tun: Es muß etwas anderes dahinterstecken. Holen Sie sich hier umgehend fachkundige Hilfe!

Die Modalitäten

Bei der Beschreibung der Mittel werden Sie feststellen, daß häufig der Begriff »Modalitäten« erscheint. Eine Modalität ist eine Wirkungsweise des Mittels, die mit einer Eigenschaft der Krankheit in Zusammenhang steht. Das Mittel XY wirkt z.B. am besten, wenn die Beschwerden durch Bewegung oder Ruhe oder durch nasses Wetter etc. besser bzw. schlechter werden. Geschieht das gleiche mit dem Zustand des Patienten, wird das Mittel schneller und zuverlässiger helfen, als wenn dies nicht der Fall wäre.

Fast jedes homöopathische Mittel hat ein breites Wirkungsspektrum, d.h., das gleiche Mittel wirkt auf Urogenitalsystem, Bauch, Kopf etc.; für jeden Bereich haben diese Substanzen ebenfalls bestimmte Modalitäten. Wenn die Beschwerden sich mit den Modalitäten decken, ist die Wirksamkeit des Mittels am besten, das bedeutet nicht, daß dieses Medikament wirkungslos ist, wenn die Substanzmodalitäten und die Krankheitserscheinungen nicht restlos übereinstimmen. Eucalyptus z.B. wirkt sehr gut bei akuter Bronchitis; ist diese Bronchitis asthmatisch, wird die Wirkung von Eucalyptus tiefer und schneller sein, denn die Hauptmodalität in diesem Bereich des Mittels ist »asthmatisch«. Auch dann, wenn die Bronchitis keine asthmatische Komponente hat, wird Eucalyptus lindern bzw. heilen, allerdings etwas langsamer.

Der Stoffwechsel

Es ist nur zu selbstverständlich, daß in jede Behandlung die Sanierung des Stoffwechsels einzuschließen ist. Für die allgemeine Behandlung des Stoffwechsels empfehle ich aufgrund seiner blutreinigenden Wirkung Lachesis in der Potenz D8 bis D12, 2mal täglich 8 Tropfen.

Teucrium scorodonia Ø (in der Urtinktur) wirkt über eine Reinigung der Leber. Hiervon nimmt man 3mal täglich 20 bis 25 Tropfen. Eine sehr breite Wirkung haben Echinacea Ø und Chamomilla matricaria Ø (Chamomilla ist besonders für Kinder zu empfehlen). Von diesen Mitteln nimmt man 3mal bis 4mal täglich 25 bis 30 Tropfen ein.

Bei Kindern und Jugendlichen bis 17 Jahre verabreicht man so viele Tropfen wie der Betreffende an Jahren zählt. Danach ist die Dosis für Erwachsene anzuwenden, die bis zu 30 Tropfen stündlich bedenkenlos erhöht werden kann. Bei Kindern bitte besonders vorsichtig sein!

Dazu ist besonders im Fall der Selbsthilfe eine Behandlung des Organs oder der Organe angebracht, die im Pentagramm eine Belastung zeigen. Angenommen, jemand hat zweimal die 9 im Pentagramm (Belastung der Nieren), dann sollte er Teucrium scorodonia Ø (um die Entgiftung des Stoffwechsels über die Leber zu beschleunigen bzw. zu regulieren), Echinacea (das eine stärkere reinigende Wirkung als Chamomilla hat) und ein Nierenmittel einnehmen. Als »Stoß-Therapie« für die Nieren habe ich selbst immer mit gutem Erfolg zu Cantharis gegriffen und zu Asparagus, wenn die Wasserausscheidung zu spärlich war.

Ich persönlich habe vor jeder Behandlung eine Grundreinigung der Leber durchgeführt. Besonders im Fall einer Selbstbehandlung halte ich dies für sehr wichtig. Was ist Gesundheit, bzw. wer ist somatisch gesund? Gesund ist der, der frei von Giften ist. Anders ausgedrückt: je weniger Gifte im Körper sind, desto gesünder ist auch der Mensch.

6. Ein paar Gedanken zum Abschluß

Medikamente und jegliche therapeutischen Maßnahmen – auch die »farblichen« – sind in letzter Konsequenz nur vorübergehende Hilfestellungen. Wer sich von einem Magengeschwür (operativ oder konservativ) befreit hat, kann sicher sein, es wieder zu bekommen, wenn er seine Ängste und Minderwertigkeitskomplexe nicht überwindet und sein Vertrauen in den rechten Fluß des Lebens nicht verstärkt. Das beste Beispiel liefert uns Hiob: »Der Herr hat es gegeben, der Herr hat es genommen, gelobt sei sein Name« (Hi 1,21). In diesem Denken vereinigen sich die drei Voraussetzungen für das total Positive: *Glauben, Vertrauen und Loslassen.* Nun sind wir zwar nicht Hiob, aber wir können trotzdem versuchen, diese geistige Haltung zu üben, ohne in eine fatalistische Lage zu geraten. »Dein Wille geschehe« zu üben ist schon ein wunderbarer Anfang!

Auch wenn wir von unserem geistigen Ursprung und unserer geistigen Bestimmung her eine Einheit sind, so leben wir auf Erden stets in einem dualistischen Prozeß. Es war unser Wunsch, hier mitzuwirken. Wir streben zwar nach der Vereinigung mit uns und dem Kosmos, doch solange wir auf diesem Planeten existieren, sind wir der Dualität unterworfen. Tag und Nacht, Hell und Dunkel, Gut und Böse, Gesundheit und Krankheit - dies sind unsere Begriffe und Gegebenheiten. Alles, was uns umgibt, ist dual, die Zahlen, die Chakren und die Farben. Jede Zahl hat eine positive und eine negative Seite - und somit einen positiven und einen negativen Einfluß auf jeden von uns - und dennoch gibt es keine Zahl, die richtig, falsch, gut oder böse ist.

Zahlen, Chakrensituation und Farben geben uns Hinweise über unseren Lebensweg. Diesem Weg zu folgen oder ihn zu verlassen steht uns frei; und wir sollen nach dem Prinzip dieser Freiheit entscheiden. Die Konsequenz trägt den Namen »Karma«: Wirkung und Ursache, Ursache und Wirkung - keine Strafe! Durch unsere Entscheidungsfreiheit und unsere Selbstverantwortlichkeit werden wir Herr unseres Karmas. Goethe hat dies erkannt und in seinem *Faust* an uns weitergegeben:

Der Herr: Solang er [Faust] auf der Erde lebt,
so lange sei dir's [Mephisto] nicht verboten.
Es irrt der Mensch, solang er strebt.

Und ein paar Zeilen später offenbart er uns die große Erkenntnis:

Der Herr: Nun gut, es sei dir überlassen!
Zieh diesen Geist von seinem Urquell ab
und führ ihn, kannst du ihn erfassen,
auf deinem Wege mit herab,
und steh beschämt, wenn du bekennen mußt:
Ein guter Mensch in seinem dunklen Drange
ist sich des rechten Weges wohl bewußt.

Nichts macht uns weiser als der Mut zum Wagnis, die Courage zu Neuem. Sich zu trauen, auf dem Weg zu neuen Ufern Fehler zu machen, diese anzunehmen, ohne sich ihrer zu schämen, daraus zu lernen, mit der eigenen Unvollkommenheit zu leben und zu wissen, daß es besser ist, ein guter Mensch zu sein als ein Pseudo-Engel zu werden, – das verjüngt uns im Alterungsprozeß. Es ist der Samen zur Selbsterkenntnis und der Schlüssel zum Licht.

Anhang

6

Diagnosemöglichkeiten zur Überprüfung und Vertiefung der Pentagrammdiagnose und Therapiemöglichkeiten – für den Fachmann

Die folgenden Ausführungen sind überwiegend als unterstützende Hinweise für Heilpraktiker, Akupunkteure und Naturheilärzte zusammengestellt.

1. Die Zungendiagnose

Sie zeigt Schwächen und Belastungen im organischen Bereich. Dr. A. Strobl sagte einmal, daß die Zunge das »Schaufenster des Verdauungstraktes« sei. Seine diesbezüglichen Bemerkungen* sind sehr hilfreich und auch sehr zuverlässig, und ich gebe sie auszugsweise wieder:

Reine Zunge: gesunder Verdauungstrakt
Trockene Zunge: Fieber und Austrocknungserscheinungen
Zittern der Zunge beim Herausstrecken: verschiedene Gehirnerkrankungen und nervöse Personen
Weißlich-gelber Belag auf der Zunge: Magenschleimhautentzündung, kein Magengeschwür
Geschwollene Zunge mit Zahneindrücken an den Rändern und einem dicken grauen Belag: akute Gastritis
Dicker gelblicher bis bräunlicher Belag: Leber- und Gallenerkrankungen, Stauung im Pfortadersystem
Trockene Zunge mit rotem Streifen durch die Mitte: schwere Darmentzündung und Krämpfe
Trockene Zunge mit vielen Einrissen: Diabetes

* In Anlehnung an das Buch *Die Zungendiagnostik als Hilfsmittel des praktischen Arztes* von Anton Strobl (siehe Bibliographie).

Trockene Zunge, in der Mitte braun, die Ränder feucht und rot: Dünn- und Dickdarmentzündung

Trockene und aufgesprungene Zunge: Verdacht auf eine Magenschleimhautentzündung durch Vergiftung

Trockenes Gefühl auf der Zunge, obwohl sie feucht ist: allgemeine Anämie und besonders schlechte Durchblutung der Baucheingeweide

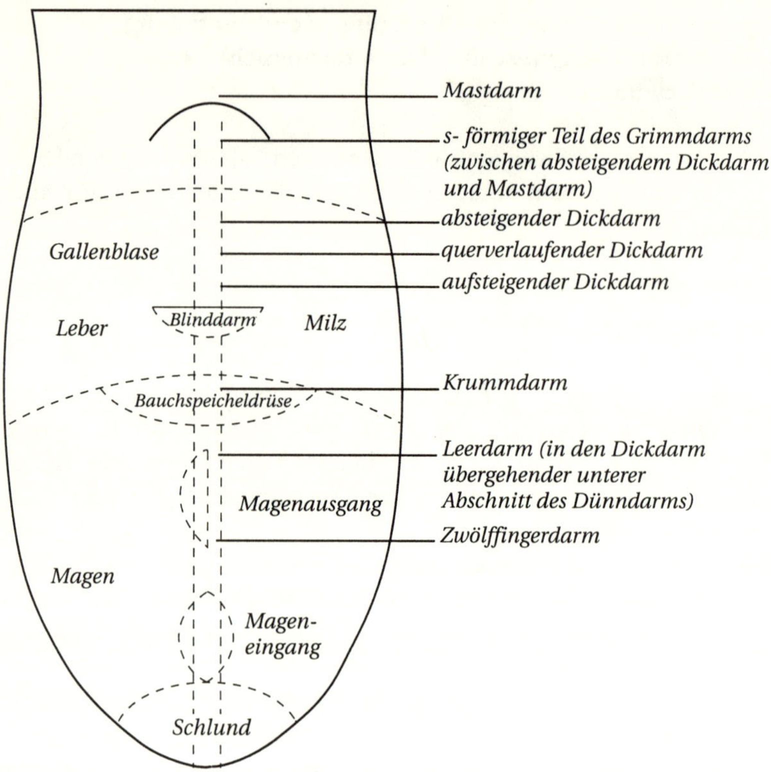

2. Die Akupunktur-Alarmpunkte

Sie deuten durch Druckschmerz an diesen Punkten auf eine Belastung des entsprechenden Organs hin. Dies ist für Fachkundige eine weitere sichere und schnelle Möglichkeit, belastete Organe zu orten und damit die Ergebnisse der Pentagrammdiagnose zu differenzieren. Ergibt der Druck auf die Alarmpunkte der Akupunkturmeridiane einen spontanen, daraus resultierenden Schmerz, besagt dies, daß das Organ, das mit diesem Punkt in Verbindung steht, behandlungsbedürftig ist.

»Unter Alarmpunkt versteht man einen Spontanschmerzpunkt, der über oder in unmittelbarer Nachbarschaft des Organs lokalisiert ist, auf dessen Störungen eine Schmerzhaftigkeit alarmierend hinweist. Er liegt auf dem Meridian, der an dieser Stelle verläuft, wird aber demjenigen Meridian zugerechnet, auf dessen Organ er sich bezieht.«*

Löst man z.B. einen Spontanschmerz beim Druck auf Punkt 14 KG aus, dann muß man, da hier der Herzmeridian betroffen ist, das 4. Chakra behandeln. Dabei ist zu empfehlen, die Chakren 1 und 2 (Kreislauf), 5 (Herz- und Kreislaufmeridian) und 6 (ebenfalls mit dem Herz/Kreislaufmeridian verbunden) in die Behandlung mit einzubeziehen.

Diese Handhabung gilt für alle Alarmpunkte.

Akupunkturmeridiane und	*ihre Alarmpunkte*
Herz	14 KG (Konzeptionsgefäß)
Dünndarm	4 KG
Harnblase	3 KG
Nieren	25 Gallenblase
Kreislauf/Sexus	1 Kreislauf und 11 Nieren
Dreifacher Erwärmer	5, 7, 12 und 17 KG
Gallenblase	23 und 24 Gallenblase
Leber	14 Leber
Lungen	1 Lungen
Dickdarm	25 Magen
Magen	12 KG
Milz/Pankreas	15 Milz/Pankreas

Tabelle 28

3. Die chinesische Pulsmessung

Bevor wir zur tatsächlichen Messung kommen, ein kurzes Wort zur Erklärung der Begriffe »Yin-« oder »Yang-Pulse«: Es gibt *keinen* »Yin-«

* R. de la Fuye/Schmidt, H.: *Die moderne Akupunktur* (siehe Bibliographie).

oder »Yang-Puls«. Yin und Yang bezieht sich nur auf die Qualität der Meridiane. Bei diesen haben wir eine ähnliche Situation wie beim Hormonhaushalt der Menschen: So wie eine Frau männliche und ein Mann weibliche Hormone hat, haben auch die Meridiane sowohl »weibliche« als auch »männliche« Komponenten. Was über die Bezeichnung »Yin-Meridian« oder »Yang-Meridian« entscheidet, ist der Hauptanteil der Energie (Yin oder Yang), der in den Meridianen enthalten ist. Sprechen wir also von »Yin-« oder »Yang-Puls«, beziehen wir uns auf den Hauptanteil von »weiblicher« oder »männlicher« Energie in den Meridianen selbst. Vielleicht ist das der Grund, warum die Begriffe *Yin* und *Yang* in unseren Kulturkreis mit »weiblich« und »männlich« übersetzt wurden.

Dies ist eine Akupunktur-Pulsmessung, die nicht nur die energetische/physio-pathologische Situation von Organen und Systemen zeigt, sondern auch die seelische Stabilität offenbart. Ich gebe sie hier in sehr knapper Form wieder, der Interessierte möge dazu in der Literatur nachlesen:

Die Messung ist auf sechs Stellen (drei am rechten und drei am linken Handgelenk) verteilt:

1 = distal von der Radiusapophyse
2 = auf der Radiusapophyse
3 = dicht proximal von der Radiusapophyse

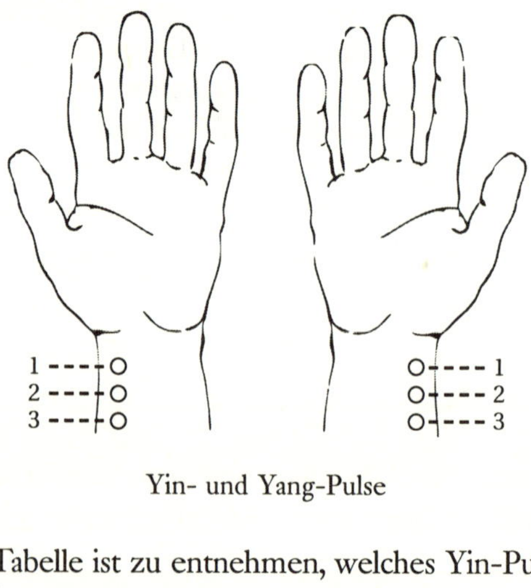

Yin- und Yang-Pulse

Der folgenden Tabelle ist zu entnehmen, welches Yin-Pulse und welches Yang-Pulse sind:

	Oben	Mitte	Tief
Links			
1	Dünndarm (Yang)	-	Herz (Yin)
2	Gallenblase (Yang)	-	Leber (Yin)
3	Harnblase (Yang)	-	Nieren (Yin)
Rechts			
1	Dickdarm (Yang)	-	Lungen (Yin)
2	Magen (Yang)	Pankreas (Yin)	Milz (Yin)
3	3 E (Yang)	Kreislauf (Yin)	Sexus (Yin)

(Zur Beachtung: Es sind nicht 14 – wie aus der Tabelle zu verstehen wäre – sondern 12 Meridiane, denn Milz/Pankreas und Kreislauf/Sexus bilden jeweils einen Meridian. 3 E = Dreifacher Erwärmer.)

Tabelle 29

Diese Pulse werden wie folgt gemessen: Fühlen Sie die angegebenen Stellen so, als ob Sie den Puls wie üblich messen möchten. Drücken Sie die vorstehend abgebildete Pulsstelle behutsam, bis Sie den oberen Puls spüren, halten Sie inne und merken Sie sich die Stärke dieses Pulses (z.B. zwischen 1 und 10). Sie können sich auch Notizen dazu machen. Jetzt haben Sie den oberen Puls geortet. Nun drücken Sie etwas stärker, bis der obere Puls verschwindet und der tiefere fühlbar wird.

Es kann allerdings geschehen, daß Sie irgendeinen Puls nicht verifizieren können. Versuchen Sie es wieder und wenn Sie ihn diesmal auch nicht spüren, denken Sie daran, daß der Puls, den Sie im Moment messen wollen, total leer ist, d.h., der entsprechende Bereich (z.B. Leber, Nieren usw.) ist sehr abgeschwächt. Dies bedeutet: Sie *haben* den Puls gemessen, auch dann, wenn es nichts zu fühlen gab! Notieren Sie diese Leere (0) unter Yin oder Yang.

Diese Messung und/oder Kontrolle empfiehlt sich besonders bei labilen Patienten. Dieser Patiententypus zeigt in der Regel eine starke Differenz zwischen den Yin- und Yang-Pulsen. Dadurch erkennen Sie seine Labilität. Die Labilität eines Menschen kann man nicht ohne weiteres erkennen. Es gibt genügend Patienten, die nach außen die Ruhe selbst sind, die man als ausgeglichen einstuft, während sie dennoch unter einer starken nervlichen Labilität leiden. Diese sonst schwer nachvollziehbare Situation können wir leicht durch die Pulsmessung feststellen.

Zeigt sich eine nennenswerte Differenz zwischen Yin und Yang, dann müssen wir die Chakren 2 und 3 (das 4. Zentrum kommt dazu!) in unsere Therapie einbeziehen. Bei solchen Situationen reicht manchmal die Regulierung des 2., 3. und 4. Chakras aus, um das gesamte System für eine längere Zeit zu regulieren. In einem solchen Fall ist es empfehlenswert, das 2., 3. und 4. Chakra einzeln zu messen. Sind diese – trotz festgestellter Labilität – nicht wesentlich gestört, arbeiten Sie mit den *homöopathischen Einzelmitteln* zur Chakrenregulation (siehe S. 202 ff.). Bei so strukturierten Patienten habe ich nach einer solchen Behandlung stets eine positive Änderung der subjektiven Lage beobachtet, die von einer besseren Zusammenarbeit der Chakren untereinander begleitet war.

Möchten Sie Ihre Arbeit mit der chinesischen Pulsmessung vereinfachen, so messen Sie die Pulse wie vorhin beschrieben, und notieren Sie die gefundene Stärke (3, 1, 8, 7 oder was auch immer Sie fühlen), addieren Sie dann diese Zahlen und dividieren Sie durch 6 (Yang) bzw. 8 (Yin) Pulse. Dadurch können Sie den Unterschied zwischen Yin und Yang und ihre »Regierungskraft« im Körper leichter feststellen.

Beispiel:

Puls:	*Stärke:*
Dünndarm	4
Gallenblase	6
Harnblase	2
Dickdarm	7
Magen	5
Dreifacher Erwärmer	2
das ergibt	26 : 6 = 4,3

Die gesamte Yang-Messung ergibt eine Yang-Stärke von 4,3.

Puls:	*Stärke:*
Herz	3
Leber	3
Nieren	0
Lungen	3
Milz	2
Pankreas	3
Kreislauf	5
Sexus	5
das ergibt	24 : 8 = 3

Die Differenz zugunsten von Yang ist ersichtlich. Die zu schwachen oder zu starken Pulse geben zusätzliche Hinweise auf die funktionelle Situation der entsprechenden Chakren.

Natürlich reicht eine so einfache Methode nicht aus, um auf dieser Basis eine Chakrenbehandlung durchzuführen. Diese Messung dient als Ergänzung der übrigen Diagnose und dem Zweck, festzustellen, ob der Patient labil ist oder nicht. Stellen wir aber fest, daß ein Puls extrem betont oder extrem »leer« ist (in obigem Beispiel die Nieren) müssen wir diesen Befund im Auge behalten. Bei diesem Nieren-Puls haben wir einen Hinweis auf die Situation des 1. und 2. Chakras.

Diese Messung, die vielleicht zu Beginn etwas kompliziert erscheint, ist eigentlich leicht zu handhaben. Mit etwas Übung werden Sie selbst als Laie bald in der Lage sein, die Stärke der verschiedenen Pulse zu fühlen. Betrachten Sie es als ein »Spiel«, und beginnen Sie, mit sich selbst zu üben. Bald werden Sie die Einfachheit der Methode erkennen.

4. Ausgleich des Energie-Systems

Jetzt können wir mit einer speziellen Therapie beginnen. Das erste Gebot ist, zunächst das Energie-System auszugleichen.

Wir können dies erreichen, indem wir die Akupunkturpunkte Gouverneur-Gefäß 2 (2. Wirbel von unten) und 16 (dort, wo die Wirbelsäule die Schädelbasis trifft) mit je fünf Tropfen des homöopathischen Mittels Viburnum opulus Ø (Ø = Urtinktur) einreiben. Dabei müssen wir darauf achten, daß die Flüssigkeit weder die Schleimhaut des Afters noch die der Vagina berührt; denn sonst entsteht ein zwar harmloses, jedoch unangenehm brennendes Gefühl. Anschließend gibt man ca. 10 bis 15 Minuten Reiki auf beide Punkte gleichzeitig.

Sowohl Viburnum opulus als auch alle anderen homöopathischen Mittel, die in dem Buch erwähnt werden, sind in jeder Apotheke rezeptfrei erhältlich. Und wie alle Mittel dieser Gattung sind sie frei von Nebenwirkungen! Empfehlenswert ist jedoch, sie beim Vorliegen längerdauernder Störungen unter fachkundiger Aufsicht einzunehmen.

Als Akupunkteure können wir den Ausgleich erreichen, indem wir mit goldenen Nadeln die Punkte 2 und 16 des Gouverneur-Gefäßes tonisieren. Vor der Punktion reiben wir diese Punkte mit vier oder fünf Tropfen Viburnum opulus Ø ein. Eine 10minütige Punktion reicht in der Regel aus. Ich erreiche mit Reiki eine bessere Regulation als mit Akupunktur. Reiki-Behandler gibt es in jeder größeren Stadt, vielleicht sogar in Ihrem Bekanntenkreis?

In jedem Falle – aber besonders, wenn so viele Chakren dissonant sind, wie in dem Beispiel der Frau Maria Müller (s. Seite 131ff.) rate ich, nach der allgemeinen Regulation eine Messung der Einzel-Energiezentren vorzunehmen.

Wichtig ist es immer, daß – bevor wir mit der Detailarbeit beginnen – das System so ausgeglichen wie nur möglich ist. Je größer die Harmonie, desto regelmäßiger ist auch der Energiefluß und um so erfolgreicher wird unsere weitere Arbeit an uns oder an dem Patienten sein!

5. Chakren-Regulation durch homöopathische Einzelmittel

Was werden wir durch eine Messung der einzelnen Chakren feststellen? Es gibt drei Möglichkeiten:

1. Sie sind nach der allgemeinen Regulation normal. In diesem Fall können wir unsere therapeutische Arbeit ungehindert fortsetzen.
2. Sie (oder manche von ihnen) sind hypoaktiv.
3. Sie (oder manche von ihnen) sind hyperaktiv.

Fast immer kommt es vor, daß die beiden letzteren Möglichkeiten gegeben sind, d.h., manche Chakren sind zu schwach, während andere zu stark sind. Liegt diese Diskrepanz vor, ist sie leicht mit Einzelhomöopathie zu beheben.

Sind die Energiezentren hyperaktiv, dann behandelt man sie wie folgt.

Chakra	*Homöopathisches Mittel zur Sedierung*
1	Ferrum metallicum D200
2	Mercurius vivus D200
3	Cuprum metallicum D200
4	Aurum metallicum D200
5	Plumbum metallicum D200
6	Argentum nitricum D200
7	Platinum D200

Tabelle 30

Meistens genügt eine einmalige Gabe dieser Substanzen (6–7 Globuli unter der Zunge zergehen lassen). Nach ca. 10 Minuten ist die Chakra-Tätigkeit in der Regel normalisiert.

Im Falle einer Unterfunktion verabreichen wir die gleichen Substanzen, jedoch in der Potenz D60.

Haben wir aber die übliche Situation, daß ein Chakra über- und ein anderes unteraktiv ist, so ist zu empfehlen, mit der Behandlung des hyperaktiven zu beginnen, denn normalerweise zieht die Regulation des hypertonen Chakras die Regulierung des hypotonen nach sich.

Wichtig ist, daß Sie - falls Sie eine Selbstregulation vornehmen - die angegebene Dosis *nicht überschreiten.* Dies gilt ganz besonders für die Hochpotenzen (D60 und D200), von denen eine einmalige Gabe ausreichend ist. Bitte bedenken Sie, daß es hier nicht darum geht, eine allgemeine homöopathische Behandlung vorzunehmen, sondern bloß um die Regulation eines Energiezentrums (Chakra). Was Sie mit einer Gabe nicht erreichen, wird mit einer zweimaligen oder dreimaligen auch nicht gelingen. In dem Fall sollten Sie zu den anderen Regulationsmethoden greifen, die ebenfalls im Buch beschrieben sind.

Häufig sind wir mit der Situation konfrontiert, daß ein bestimmtes Chakra immer wieder dissonant wird. Dann müssen wir uns zuerst mit dem entsprechenden organischen Bereich beschäftigen. Was geht in dem mit diesem Chakra korrelierenden Organ vor? Ergibt die Untersuchung nichts oder nichts Alarmierendes, dann ist das betroffene Chakra mit »seinem« Mittel zu behandeln, denn jedes Zentrum verfügt über ein homöopathisches Regulationsmittel:

Chakra	*Homöopathisches Regulationsmittel*
1	Helleborus D8
2	Ignatia D8
3	Lachesis D12
4	Belladonna D8
5	Carbo animalis D10
6	Tarantula hispanica D12
7	Calcium sulfuricum D12 und Formica rufa D12 – zu gleichen Teilen

Tabelle 31

Von diesen Mitteln reichen 2mal täglich 8 Tropfen auf die Zunge, 3 bis 4 Wochen lang, aus, um eine (relativ) langzeitige Regulation zu erreichen.

ACHTUNG: Die Mittel Belladonna und Ferrum metallicum (in welcher Potenz auch immer) sollen nicht zusammen eingenommen werden, weil sie homöopathische Antagonisten sind, d.h., sie heben sich in der Wirkung gegenseitig auf.

6. Homöopathische Einzelmittel-Empfehlungen

Die Auflistung der homöopathischen Einzelmittel erfolgt in der Reihenfolge der Organfelder im Pentagramm.*

> **Achtung!**
> Alle Störungen, die länger andauern oder mit akuten Schmerzen verbunden sind, gehören *unter die Obhut eines entsprechenden Facharztes.* Auch die hier angegebenen homöopathischen Mittel soll man vor der Einnahme mit dem Arzt und/oder Homöopathen absprechen.

Kopf (Feld 1)

Bei Erkrankungen und Prozessen im Bereich des Kopfes ist vor einer Selbstbehandlung grundsätzlich zu warnen! Die Diagnose dieses Körperteils ist viel zu schwierig. Besonders wenn jemand unter ständigen Kopfschmerzen und Schwindelgefühl leidet und diese Beschwerden schlimmer werden, ist fachliche Hilfe unbedingt notwendig. Jedoch empfehle ich ein paar Mittel für Störungen in diesem Bereich, die als »Hilfsmittel« - und/oder erst nachdem die Diagnose geklärt ist - eingesetzt werden können.

Cyclamen - D4 oder D6
Modalitäten:
Flackern mit den Augen
Migräne mit Schmerzen im ganzen Kopfbereich.

Iris - D4
Kopfschmerzen, besonders links

Sanguinaria - D4
Modalitäten:
Erweiterte Schläfenadern
Kopfschmerzen, besonders rechts

* Die Modalitäten sind aus der *Materia Medica* von Boericke entnommen (siehe Bibliographie).

Ignatia – D4
Modalitäten:
Verschlimmerung beim Vorneigen des Kopfes
Kopfschmerzen, besonders im Hinterkopf
(Ignatia in der Potenz D4 ist übrigens auch ein hervorragendes Mittel gegen grundloses Weinen).

Capsicum – D6
Akute Mittelohrentzündung

Silicea – D6
Modalitäten:
Reichlicher Kopfschweiß
Rezidivierende und chronische Ohrleiden

Pankreas (Bauchspeicheldrüse) und Milz (Feld 2)

Sie erscheinen hier zusammen, weil sie zusammen in einem Akupunkturmeridian (Milz/Pankreas-Meridian) erfaßt sind.

Bryonia – D4
Modalitäten:
Magendruck nach dem Essen. Übelkeit und Schwäche beim Aufstehen
Bauchspeicheldrüsenentzündung

Chelidonium – D4
Bauchspeicheldrüsenstau
Das Mittel ist besonders einzusetzen, wenn der Betroffene über Schafkot klagt.

Fel Tauri – D6 oder D8
Modalitäten:
Schlafneigung nach dem Essen
Bauchspeicheldrüseentzündung
Das Kriterium zur Wahl zwischen Bryonia und Fel Tauri liegt in den Modalitäten.

Ceanothus – D4
Modalitäten:
Schmerzen die ganze linke Seite hinauf
Milzschwellung und -stiche
Probeweise kann man dieses Mittel bei der Behandlung des Haarausfalls besonders bei Kindern einsetzen.

Magen (Feld 3)

Cerium oxalicum - D6 oder D8

Modalitäten:

Unverträglichkeit enger Kleidung am Oberkörper

Voller Magen, nervöser Magen, Gastritis

Nux vomica - D4

Modalitäten:

Übelkeit morgens nach dem Essen. Schwäche des Leistenringgebietes

Akute Gastritis, Magenneurose

Colocynthis - D6 oder D8

Modalitäten:

Sehr bitterer Geschmack, Patient krümmt sich vor Bauchschmerzen. Koliken im Oberbauch.

Achtung: atypische Blinddarmentzündung?

Robinia - D6 oder D8

Modalitäten:

Saures Aufstoßen. Erbrechen von saurer Flüssigkeit.

Gastritis, Roemheld

Argentium nitricum - D6 oder D8

Modalitäten:

Starke, flatulente Auftreibung. Stuhl grün wie Spinat.

Magengeschwür, akute und chronische Gastritis

Carbo animalis - D4 bis D8

Modalitäten:

Schlechte Verdauung. Blähungen.

Gastritis durch und nach Alkoholmißbrauch.

Anacardium - D6 bis D12

Modalitäten:

Leeres Gefühl im Magen. Schmerzen, als ob ein stumpfer Pflock in die Eingeweide gepreßt wäre.

Akute und chronische Gastritis

Lungen (Feld 4)

Lobelia - D4

Modalitäten:

Atemnot mit dem Gefühl der Einschnürung in der Brust. Alles bessert sich durch rasches Gehen.

Asthma und Emphysembronchitis

Coccus cacti - D2 oder D4
Modalitäten:
Ansammlung von dickem, zähen Schleim. Kitzeln im Kehlkopf.
Akute Asthmaanfälle auf spastischer Basis

Eupatorium - D4
Modalitäten:
Verschlimmerung der Beschwerden nachts
Akute Fieberbronchitis

Luffa - D4
Heuschnupfen (am Anfang, bevor die Patienten übertherapiert sind)

Eucalyptus - D6
Modalitäten:
Asthmatische Beschwerden
Akute Bronchitis
Eucalyptus, besonders in Teeform, sollte man nicht zu lange und/oder nicht zu intensiv anwenden, denn sonst besteht die Gefahr einer Darmschleimhautreizung bzw. -entzündung.

Teucrium scordonia - D6 oder D8
Chronische Bronchitis

Cuprum aceticum - D4 oder D6
Chronische Bronchitis
Die letzten Mittel (Teucrium scorodonia und Cuprum aceticum) kann man sehr gut zusammen nehmen, z. B.:
Teucrium scorodonia D6
Cuprum aceticum D4
3mal 20 Tropfen nach jeder Mahlzeit.

Ephedra - D4 bis D8
Allgemeine asthmatische Beschwerden und Bronchitis mit ständigem Hustenreiz

LEBER/GALLE (FELD 5)

Bryonia - D4
Modalitäten:
Magendruck nach dem Essen. Übelkeit und Schwäche beim Aufstehen.
Gallenblasen- und Gallengänge-Entzündung

Chelidonium - D4

Leberstau

Dieses Mittel ist immer einzusetzen, wenn der Patient über Schafkot klagt.

Fel tauri - D8

Modalitäten:

Schlafneigung nach dem Essen

Hat die gleiche Indikation wie Bryonia, wirkt aber kräftiger.

Ein Kriterium, um zwischen Bryonia und Fel Tauri zu wählen, sind die Modalitäten.

Cardus Marianus - Ø

Modalitäten:

Stuhl hart, schwierig, knotig

Dieses Mittel kann bei jeder Leberstörung eingesetzt werden, denn es handelt sich um einen Leberfunktionsregulator.

Berberis - D4

Gallensteine und -koliken

Taraxacum - Ø

Gallenblasenentzündung. Appetitlosigkeit bei Kindern (Dosierung: 3mal so viele Tropfen wie das Kind Jahre alt ist. Mehr als 3 x 8 Tropfen täglich ist jedoch nicht zu empfehlen).

Versuchsweise kann man das Mittel bei Cholesterinerhöhung einsetzen.

Drüsen/Hormone (Feld 6)

Achtung: Eine Selbstbehandlung dieses Bereiches ist wie bei dem Feld 1 nicht empfehlenswert. Krebs kann sich hier sehr gut tarnen; deshalb ist auf eine fachärtzliche Diagnose *nicht zu verzichten*! Ich gebe Ihnen aber Mittelempfehlungen, die - wenn nötig - sehr gut zusammen mit einer allopathischen Behandlung anzuwenden sind und die Wirkung derselben verstärken.

Spongia - D8 bis D12

Hyperthyreose (Überfunktion der Schilddrüse)

Hierbei muß man darauf achten, daß keine Jodallergie vorliegt, was häufig vorkommt.

Clematis - D6
Modalitäten:
Große Schläfrigkeit
Knoten der weiblichen Brust. Hoden- und Prostataentzündung.

Badiaga - D4
Negative Folgen von Impfungen. Ich gebe dieses Mittel an diese Stelle, weil es häufig vorkommt, daß Impfungen gerade das Drüsensystem belasten.

Sepia - D8, D10 oder D12
Modalitäten:
Als ob alles durch die Scheide entweichen wolle. Menses spät und spärlich oder früh und reichlich.
Allgemeine klimakterische Beschwerden

Sabina - D6
Modalitäten:
Menses reichlich und hellrot
Zwischenblutungen

Cimicifuga - D4
Modalitäten:
Schmerzen durch das Becken von Hüfte zu Hüfte
Eierstockentzündung, besonders rechts

Lachesis - D8 oder D12
Eierstockentzündung, besonders links
Im Falle einer beidseitigen Ovaritis ist es zu empfehlen Cimicifuga und Lachesis zusammen einzunehmen.

Caulophyllum - D6 oder D 8
Abortneigung

Fraxinius - D4 und niedriger
Modalitäten:
Uterusvergrößerung
Uterusmyom

Viburnum opulus - Ø (= Urtinktur) bis D2
Modalitäten:
Menses kurz (meistens nur ein paar Stunden) spät und spärlich, häufige, sehr frühe Fehlgeburten (vgl. Caulophyllum).
Menstruationskolik, Scheidenkrampf

Aletris - D4

Modalitäten:

Druck nach unten im Leibe als Folge einer Gebärmuttersenkung. Blutungsanomalien im allgemeinen Vaginalspasmen.

Fluor vaginalis

Achtung: Alle Störungen, die direkt oder indirekt mit dem Genitalraum verbunden sind, gehören *in die Hände des entsprechenden Facharztes.* Auch die hier angegebenen Mittel soll man vor der Einnahme mit dem Facharzt besprechen. Von der Selbstbehandlung dieses Raumes ist *absolut abzuraten.*

Herz und Kreislauf (Feld 7)

Crataegus - D4

Modalitäten:

Starke Atemnot bei leichter Anstrengung. Schmerzen unter dem linken Schlüsselbein. Puls unregelmäßig.

Leichte bis mittlere Herzinsuffizienz

Camphora - Ø

Modalitäten:

Patient will nicht bedeckt sein, trotz Kälte des Körpers.

Hypotonie (niedriger Blutdruck). Dadurch bedingte Müdigkeit und Schwäche. Kollapsneigung

bei Bedarf 6 bis 8 Tropfen auf ein Stück Zucker lutschen. Diabetiker nehmen ein kleines Stück Brot.

Aesculus - Ø

Modalitäten:

Völle in verschiedenen Körperteilen

Durchblutungsstörungen im allgemeinen. Krampfadern.

Barium jodatum - D4 oder D6

Schwindelgefühl im Alter

Kalmia - D6 oder D 8

Modalitäten:

Langsamer Puls. Verschlimmerung der Beschwerden beim Bücken.

Endocarditis, Pericarditis, Myokarditis (nur als Unterstützung!)

Cactus – D1
Modalitäten:
Herzschmerzen, die zum linken Arm ausstrahlen. Verschlimmerung bei Liegen auf der linken Seite.
Angina pectoris
Rp
Cactus D1
Glonoinum D12 jeweils 10 ml
MDS.: 3mal tgl. 10 Tropfen im Laufe des Tages.
Beklagt sich der Patient auch über Stiche im Rücken, dann
Rp
Cactus D1
Glonoinum D12
Tabacum D10 jeweils 10 ml
MDS.: 3mal tgl. 10 Tropfen im Laufe des Tages.
Nimmt man Cactus als Einzelmittel, dann nur in Ø oder D1, nicht höher.

Strophantus – D4
Herzinsuffizienz, kardiale Ödeme (nur als Unterstützung!)

Spigelia – D4 und D6
Modalitäten:
Muß auf der rechten Seite liegen mit erhöhtem Kopf.
Nervöse Halsschmerzen

Hypertonie (erhöhter Blutdruck)

Eine sehr häufige Krankheit unserer Zeit. Ihr ist mit homöopathischen Mitteln allein kaum beizukommen. In diesen Fällen sollte man ein allopathisches Mittel einnehmen. Nur bei ganz leichten Erhöhungen des Blutdruckes kann man es probeweise mit RAUWOLFIA D4 versuchen.

DREIFACHER-ERWÄRMER-MERIDIAN (3E) (FELD 8)

Das einzig spezifische Mittel für die Behandlung dieses Feldes ist der Meridiankomplex Nr. 9 (endokrines System).*

Indirekt kann man über die Organe, die von diesem Feld beeinflußt sind, behandeln, doch dies ist für eine Selbstbehandlung zu kompliziert.

---

* Vgl. die Ausführungen über die Meridiankomplexe.

Eine gute Möglichkeit ist, die verschiedenen Schwächen und Belastungen des Pentagramms *für sich* zu behandeln und den Meridiankomplex zusätzlich einzusetzen.

Beispiel:

Geburtsdatum: 19.4.1937

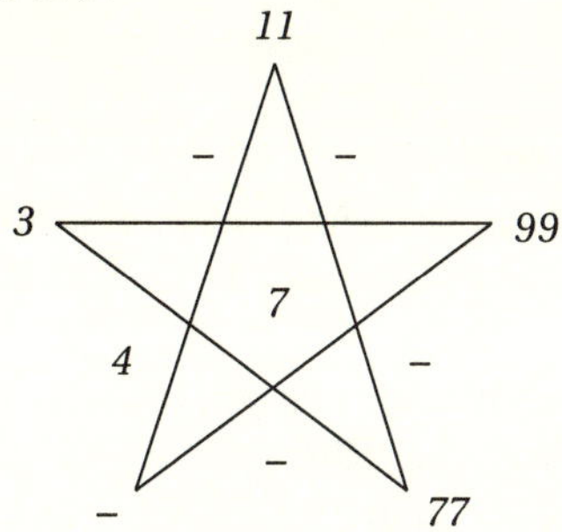

1 + 9 + 4 + 1 + 9 + 3 + 7 = 34 = 3 + 4 = 7.

Wir behandeln zuerst Herz/Kreislauf und Nieren, weil sie hier die Belastungen darstellen. Als Mittel wählen wir den Meridiankomplex Nr. 9.

NIEREN (FELD 9)

Lamium album - D4

Enuresis diurna et nocturna

Die Enuresis ist der unfreiwillige Harnabgang, sei es während des Tages *(enuresis diurna)*, sei es in der Nacht *(enuresis nocturna)*. Bei Bettnässern (enuresis nocturna) ist immer auf die seelische Situation des Kindes zu achten. Psychologisch gesehen »weinen« diese Kinder mit der Harnblase und versuchen die Aufmerksamkeit ihrer Umgebung auf sich zu lenken. Allerdings sind, bevor man zu dieser Diagnose kommt, andere Prozesse - wie chronische Blasen- und/oder Nierenentzündungen, Harnröhrenanomalien etc. - auszuschalten. Auf Prozesse der Mandeln, Nebenhöhlen und Nase ist zu achten.

Asparagus - D4 bis D8

Nierenerkrankungen und allgemeine Nierenschmerzen

Cantharis – D6
Modalitäten:
Urin läuft tropfenweise. Dauernder Harndrang.
Nephritis. Prostatitis.
Cystitis

Solidago – D4 oder D6
Modalitäten:
Urin schwierig und spärlich
Nierenkatarrh. Blasenkatarrh. Akute und chronische Nephritis.

Petroselinum – Ø
Modalitäten:
Plötzlicher unwiderstehlicher Harndrang.
Chronische Nierenkatarrhe. Reizblase.

Lithium carbonicum – D2 oder D4
Nieren- und Blasensteine
Nieren- und Blasensteindiathese

Sabal – D4 oder D6
Modalitäten:
Verlust der Sexualkraft
Prostatitis

Juniperus – D4 bis D8
Nierenschmerzen, besonders, wenn kein Befund erhoben wird.

Uva ursis – D4 oder D6
Urethritis. Prostatitis.

Darm (Feld 0)

Cerium oxalicum – D6 oder D8
Colitis (Dickdarmschleimhautentzündung)

Nux vomica – D4
Modalitäten:
Übelkeit morgens nach dem Essen. Schwäche des Leistenringgebietes.
Enterocolitis (Dünn- und Dickdarmschleimhautentzündung)

Colocynthis – D6 oder D8
Modalitäten:
Sehr bitterer Geschmack. Patient krümmt sich vor Bauchschmerzen.
Darmschleimhautentzündung mit Diarrhöe
Achtung: atypische Blinddarmentzündung?

Robinia - D6 oder D8
Modalitäten:
Saures Aufstoßen. Erbrechen von saurer Flüßigkeit.
Dünndarmschleimhautentzündung

Croton tiglium - D8 bis D12
Modalitäten:
Immer gewaltsame Entleerungen des Stuhls. Beschwerden beim Bücken.
Gastroenteritis (Magen- und Dünndarmschleimhautentzündung) mit Diarrhöe

Aloe - ab D10
Modalitäten:
Pulsieren im Rektum (= Enddarm). Volles, schweres, heißes, gebläh-tes Gefühl im Bauch. Schleimabgang mit Schmerzen im Rektum nach der Entleerung.
Dickdarmkatarrh

Argentum nitricum - D6 oder D8
Modalitäten:
Stark flatulente Auftreibung. Stuhl grün wie Spinat.
Zwölffingerdarmgeschwür

Carbo animalis - D4 bis D8
Modalitäten:
Schlechte Verdauung. Blähungen.
Zwölffingerdarmschleimhautentzündung
Zwölffingerdarmgeschwür

Plumbum aceticum - D6 oder D8
Blähungskoliken

Anacardium - D6 bis D12
Modalitäten:
Leeres Gefühl im Magen. Schmerzen, als ob ein stumpfer Pflock in die Eingeweide gepreßt wäre.
Akute und chronische Zwölffingerdarmschleimhautentzündung.
Mundgeruch

Obstipation (Verstopfung)

Obwohl sehr häufig, ist das eine der Krankheiten, die, wenn sie ernsthaft auftritt, nicht selbst behandelt werden dürfen. Es gibt ernsthafte Ursachen dafür, die vor einer Behandlung geklärt werden müssen, wie Ileus, Polypen im Darm, Tumore, Krebs u.ä.

7. Phytotherapeutische Empfehlungen

Kopf (Feld 1)

Johanniskraut und
Baldrian: in gleichen Teilen bei depressiver Neigung
Passionsblume: bei Schlafstörungen
Roßkastanie: bei Schwindel (allerdings nur in der homöopathischen Potenz D1)
Gingopräparate: bei Durchblutungsstörungen

Wenn Beschwerden im Kopfbereich vorhanden sind, versäumen Sie bitte auf keinen Fall, einen Fachmann zu konsultieren!

Pankreas (Bauchspeicheldrüse) und Milz (Feld 2)

Die Behandlung der Bauchspeicheldrüse verlangt tiefes Wissen und diesbezügliche Empfehlungen könnten sich als kontraindiziert erweisen.

Magen (Feld 3)

Kamillenblüten
Anis
Jasmin: Jasmintee fördert die Verdauung, besonders nach üppigen Mahlzeiten und bei Neigung zu Gasbildung
Fenchel: hat sich bei Blähungen bewährt
Enzian: Schwangere Frauen und Hypertoniker dürfen Enzian nicht genießen!

Lunge (Feld 4)

Pfefferminze: bei Verschleimung der Bronchien
Sonnentau: besonders bei leichtem Asthma
1 gehäuften Eßlöffel voll mit einem Viertelliter Wasser zum Sieden bringen und kurz aufkochen. Davon 3mal tägl. eine Tasse nach dem Essen
Fenchel: bei Erkältung
1 Teelöffel voll in einer Tasse mit kaltem Wasser ansetzen, 5–6 Stunden ziehen lassen, dann abseihen und trinken

Ipecacuanha: (Brechwurzel)	Dies ist ein Mittel, das den Auswurf fördert, allerdings nicht als Tee, sondern in der homöopathischen Potenz D2. 3mal 20 Tropfen nach dem Essen

Leber / Galle (Feld 5)

Löwenzahn:	Auch die Blätter als Salat sind sehr wirksam und fördern die Tätigkeit der Galle. Besonders gut schmecken sie, wenn man sie etwa eine halbe bis dreiviertel Stunde vor dem Essen in einer Marinade aus Himbeeressig und Olivenöl ziehen läßt. Das Olivenöl hat eine verstärkende Wirkung auf die Gallentätigkeit.
Artischocken:	nicht zuviel, denn die Artischocke neigt dazu, den Organismus zu übersäuern
Wermut:	besonders bei langsamer Verdauung, aber nicht regelmäßig. Zwei- bis dreimal in der Woche eine Tasse nach dem Essen
Enzian:	1 Teelöffel der Wurzel in ca. einem Viertelliter Wasser 5 Minuten kochen lassen

Drüsen / Hormone (Feld 6)

Im Fall von Erkrankungen des Endokrinums (Drüsen mit innerer Sekretion) ist fachmännischer Rat unentbehrlich.

Herz und Kreislauf (Feld 7)

Weißdorn zusammen mit

Baldrian:	wirkt positiv bei leichten Fällen von Angina pectoris
Kümmeltee:	wirkt bei Herzbeschwerden nach großen Mahlzeiten

Nieren (Feld 9)

Sarsaparilla

Ackerschachtelhalm:	1 Teelöffel voll pro Tasse; etwa 6–7 Minuten leicht kochen lassen
Goldrute:	hat auch eine indirekte Wirkung auf die Leber und wirkt blutreinigend

Darm (Feld 0)

Bitterklee:	wirkt sehr gut für Darm und Galle, besonders in Verbindung mit Pfefferminze
Pfefferminze	
Oregano:	vor dem Trinken etwa 8 Minuten ziehen lassen
Waldmeister	

8. Die Meridiankomplexe

Zum Schluß möchte ich Ihnen die Meridiankomplexe vorstellen, die Sie über Ihre Apotheke bestellen können:

Meridiankomplex Nr.	*entsprechender Meridian*
1	Dünndarm
2	Herz
3	Milz/Pankreas
4	Magen
5	Dickdarm
6	Lunge
7	Leber
8	Galle
9	3E = Dreifacher Erwärmer (endokrines System)
10	Kreislauf/Sexus
11	Nieren (und Harnwege)
12	Blase

Tabelle 32

Diese Mittel können Sie verwenden:

- als Verstärker einer Akupunkturbehandlung,
- *anstatt* einer Akupunkturbehandlung (die Wirkung ist allerdings geringer),
- zur Verstärkung der schwachen Felder im Pentagramm und
- zur Behandlung des 8. Feldes im Pentagramm (3E).

Ich habe diese Mittel auch zur Regulation der Chakren eingesetzt: Wie wir wissen, arbeitet jedes Chakra mit mehreren Meridianen zusammen. Finden wir z. B. eine Dissonanz im 2. Chakra, so fahnden wir im Pentagramm nach Schwächen und Belastungen in den Bereichen Nieren, Darm, Milz/Pankreas und Herz/Kreislauf (das sind die Meridiane, die mit dem 2. Chakra zusammenarbeiten). Ist eine Schwäche bzw. Belastung in einem dieser Organe vorhanden, kommt der entsprechende Meridiankomplex zum Einsatz, d. h., wenn eine Schwäche in der Harnblase sichtbar wird, setzen wir den Meridiankomplex Nr. 12 ein, bei einer Schwäche der Bauchspeicheldrüse Nr. 3 usw.

Dadurch erzielen wir einen doppelten Effekt: Wir stabilisieren das entsprechende Chakra und behandeln gleichzeitig das entsprechende Organ. Die Resultate sind nach meiner Praxiserfahrung gut.

Diese Art der Chakrenregulation ist eine elegante, schnelle Möglichkeit, das System auszugleichen. Sind jedoch mehrere Organe involviert (wenn das Pentagramm z. B. sowohl Schwächen/Belastungen in der Bauchspeicheldrüse, im Herz, den Nieren und im Darm zeigt), dann ist es besser, die Regulation des Systems durch fachkundige Akupunktur durchführen zu lassen oder mit Reiki zu behandeln, anstatt drei oder vier Medikamente einzusetzen. Dies könnte - besonders in der Selbstbehandlung - für Verwirrung sorgen.

GLOSSAR

der wichtigsten verwendeten medizinischen Begriffe

Adrenalin	Hormon des Nebennierenmarks
Affinität	leichte Verbindbarkeit, Verwandtschaft
Amenorrhoe	Fehlen der Menstruation
Anämie	Blutarmut
Anamnese	Krankheitsgeschichte
Anomalie	Unregelmäßigkeit
Anorexia nervosa	Magersucht
antiseptisch	Krankheitserreger abtötend
Arthritis	akute Gelenkentzündung
Arthrose	chronische Gelenkentzündung
Autoagression	Angriff gegen sich selbst
Bronchitis	Entzündung der Bronchien
Defizienz	Mangel
Dekompensation	Versagen der körpereigenen Ausgleichsmaßnahmen gegen eine Organschwäche
Dermatitiker	Hautkranker
Diabetes	Zuckerkrankheit
Diagnose	Feststellungen einer Krankheit
Disposition	Neigung
Ekzem	juckender Hautausschlag
Elektrolyte	Spurenelemente
Enzym	Ferment
Flatulenz	Blähungen, Blähsucht
Gastritis	Magenschleimhautentzündung
genetisch	erblich
Gonaden	Geschlechtsdrüsen

hepatogen	von der Leber ausgehend
hyperton	übermäßig angespannt
Hypertonie	erhöhter Blutdruck
Hypertrophie	Vergrößerung
Hypoglykämie	Blutzuckermangel
Hypophyse	Hirnanhangdrüse
hypoton	zu wenig angespannt
Hypotonie	zu niedriger Blutdruck
Hysterie	abnorme seelische Reaktionsformen, oft mit krankhaften körperlichen Begleiterscheinungen und Bedürfnis nach Anerkennung
Indikation	Anzeige, Veranlassung zur Anwendung eines bestimmten Heilverfahrens
Infarkt	Absterben eines Gewebebezirkes durch den Verschluß der ihn versorgenden Arterie
kardio-vasculär	die Herzgefäße betreffend
Kolon	Dickdarm
Konstitution	allgemeine körperliche und seelische Beschaffenheit
konsumierend	verbrauchend, auszehrend
Kontraktion	Zusammenziehung
Latenz	Verborgenheit, unbemerktes Vorhandensein
Lithotherapie	Edelsteintherapie
Lymphe	Körperflüssigkeit, die dem Stofftransport dient
maligne	bösartige
Malignom	bösartiger Tumor
manifest	deutlich erkennbar
Medulla oblongata	verlängertes, zwischen Hirn und Rückenmark gelegenes Nervenmark
Neurose	psychische Störung
Obstipation	Stuhlverstopfung
Pankreas	Bauchspeicheldrüse
physiologisch	den organischen Lebensvorgängen entsprechend

Reiki	japanische Heilmethode, um dem Patienten kosmische Energie durch die Hände des Behandlers zu leiten
Rektum	Mastdarm
Resorption	Aufnahme (von gelösten Stoffen in die Blut- und Lymphbahnen)
Retention	Zurückhalten auszuscheidender Stoffe im Körper (z.B. des Harns)
sedieren	beruhigen
sensorisch	die Sinne/Gefühlsempfindungen betreffend
Sklerose	Gewebe- oder Organverhärtung
solarisiert	mit Sonnenenergie angereichert
somatisch	körperlich
Symptom	Krankheitszeichen
Tonus	Spannungszustand der Muskeln und der Gefäße
Urogenitaltrakt	Harn- und Geschlechtsorgansystem
Uterus	Gebärmutter
Vega-Test	Gerät zur Messung der Energien
viral	durch Viren bedingt, in bezug auf Viren
zellular	die Zelle betreffend
Zellulitis	Orangenschalenhaut (vor allem bei Frauen auftretend, bes. an den Oberschenkeln)

Anmerkung: Die Erklärungen basieren z.T. auf *Pschyrembel, Klinisches Wörterbuch*, Berlin, und *Wörterbuch medizinischer Fachausdrücke*, Duden, Stuttgart.

Bibliographie

Bachmann, Gerhard: *Die Akupunktur – eine Ordnungstherapie*, Heidelberg 1980.

Bittlinger, Arnold: *Das Vaterunser. Erlebt im Licht von Tiefenpsychologie und Chakrenmeditation*, München 1997.

Boericke: *Homöopathische Mittel und ihre Wirkungen. Materia Medica und Repertorium*, Leer 1995.

Fuye, R. de la / Schmidt, H.: *Die moderne Akupunktur. Theorie und Praxis*, Stuttgart 1951.

Goethe, Johann W. von: *Die Farbenlehre*, Berlin und Weimar 1966.

Hay, Louise L.: *Heile Deinen Körper. Seelisch-geistige Gründe für körperliche Krankheit*, Freiburg 1998.

Hofmann, Antje / Hofmann, Helmut G.: *Die Botschaft der Edelsteine. Meditation und Spiel*, München 1995.

Janov, Arthur: *Der Urschrei. Ein neuer Weg zur Psychotherapie*, Frankfurt 1993.

Kern, M.: *Meridiankomplexe und Spezialitäten*, Bühl.

Mann, A. T.: *Astrologie und Heilkunst*, Grafing 1989.

Marshall, Henry und die Playshop Family: *Mantras – Magische Gesänge der Kraft*, Freiburg 1992.

Papus: *Die Kabbala*, Wiesbaden 1996.

Papus: *Tarot der Zigeuner*, Genf 1979.

Saraswati, Sunyata / Bohdi, Avinasha: *Juwel im Lotos*, Freiburg 1991.

Shalila, Sharamon / Baginski, Bodo: *Das Chakra-Handbuch. Vom grundlegenden Verständnis zur praktischen Anwendung. Eine umfassende Anleitung zum Harmonisieren der Energiezentren durch Klänge, Farben, Edelsteine, Düfte, Atemtechniken, Naturerfahrungen, Reflexzonen und Meditationen*, Aitrang 1990.

Silver, Jules: *Numerologie. Ihre Glückszahlen – Eine Kabbala des 20. Jahrhunderts*, München 1991.

Stock, Jürgen: *Chakra-Bewußtsein. Die 7 Quellen des Lebens. Geführte Meditationen mit Musik*, Freiburg 1996.

Strobl, Anton: *Die Zungendiagnostik als Hilfsmittel des praktischen Arztes*, Heidelberg 1992.

Sun, Howard und Sun, Dorothy: *Neuer Schwung durch Farbe. Wie die richtigen Farben Ihr Leben verändern*, Freiburg 1994.

Thali, Trudi: *Das Vaterunser als Chakra-Meditation*, Freiburg 1994.

Essener Friedensbruderschaft: *Schöpferkraft der Farben. Farbenergien erkennen und anwenden*, Freiburg 1995.

Wenn Sie eine persönliche Analyse durch den Autor wünschen, wenden Sie sich bitte an

A. Wagener Gimeno
Avenida 3 de Mayo, 22
Edificio Maggi
E-38001 Santa Cruz de Tenerife
Teneriffa / Spanien
Telefon 00 34 / 9 22 / 21 21 58
oder 00 34 / 9 09 50 11 97